木渎镇志

LOCAL RECORDS OF MUDU

江苏省苏州市吴中区木渎镇志编纂委员会　编

图书在版编目（CIP）数据

木渎镇志 / 江苏省苏州市吴中区木渎镇志编纂委员会编 .—北京：方志出版社，2019.9

（中国名镇志丛书）

ISBN 978-7-5144-3823-9

Ⅰ. ①木… Ⅱ. ①江… Ⅲ. ①乡镇—地方志—苏州 Ⅳ. ① K295.33

中国版本图书馆 CIP 数据核字（2019）第 251225 号

·中国名镇志丛书·

木渎镇志

编　　者：江苏省苏州市吴中区木渎镇志编纂委员会
责任编辑：陈　菁

出 版 者：方志出版社
地址　北京市朝阳区潘家园东里 9 号（国家方志馆 4 层）
邮编　100021
网址　http://www.fzph.org
发　　行：方志出版社图书经销中心
电话　（010）67110500
经　　销：各地新华书店
排　　版：北京纺印图文设计制作有限公司
印　　刷：北京中科印刷有限公司

开　　本：787 × 1092　1/16
印　　张：23.75
字　　数：445 千字
版　　次：2019 年 9 月第 1 版　2019 年 9 月第 1 次印刷

ISBN 978-7-5144-3823-9　**定价**：189.00 元

序一

习近平总书记指出："不忘历史才能开辟未来，善于继承才能善于创新……只有坚持从历史走向未来，从延续民族文化血脉中开拓前进，我们才能做好今天的事业。"中国优秀传统文化是在漫长的历史长河中历经无数次涤荡和沉淀而形成的思想精髓，蕴藏着无穷的宝藏和无尽的力量。发掘和继承优秀传统文化，是延续中华文明"根"与"魂"的必由之路。与时俱进，推动传统文化不断开拓创新，是中华文明常葆勃勃生机的重要保证。

"国有史，邑有志。"编修地方志是中国特有的文化现象，是中华民族的优秀文化传统。数千年来，连绵不断的志书编修为保护中华民族根脉，传承中华文明发挥了不可替代的作用。中国现存古志有8000余种，占现存古籍的十分之一。中华人民共和国成立以来，编修完成数万种省、市、县三级综合性行政区域志、部门志、行业志、专志等，编纂数万种地方综合年鉴、行业年鉴和专门年鉴等，整理出版数千种历代方志及相关研究成果，发表相当数量的方志理论与年鉴理论研究成果。这既是对我国国情、地情持续开展的大规模普遍调查，也是对各地自然与社会发展状况进行的综合研究，其成果构成了一座丰富的文化资源宝藏，为各级领导科学决策提供了重要参考，为推动经济社会发展和文化建设发挥了重要作用。

当前，中国特色社会主义进入新时代，全国地方志事业也进入新时代。如今的地方志事业围绕党和国家利益、经济社会发展，以人民为中心开拓创新，志、鉴、馆、史"四驾马车"并驾齐驱，志、鉴、馆、网、库、用、会、刊、研、史"十业并举"，加快实现在全国范围内全面推进地方志从一项工作向一项事业转型升级。在党中央、国务院的亲切关怀和各级地方志工作者的共同努力下，一批紧密结合社会发展需求、具有独特创造性的工作逐步开展，涵盖中国名镇志、中国名村志、中国名山志、中国名水志、中国名街志等"名志"系列文化工程是其中代表。作为首个"名志"系列文化工程的中国名镇志文化工程，启动于2015年，至今已是第三个年头。中国名镇志丛书在记述主体上，选择中国历史文化名镇、经济强镇、特色镇等在全国具有影响力和代表性的乡镇，旨在全面展示中国名镇的文化精髓；在内容题材选择上，重在突出不同名镇的“名”和“特”，力求集中体现不同名镇最精彩的部分，增强可读性；在志书编纂程序设置方面，志书申报、篇目设计、专家审读、专家组验收等流程环环相扣，紧密结合，力争把每一部志书都打造成精品佳志。

习近平总书记指出：“历史和现实都表明，一个抛弃了或者背叛了自己历史文化的民族，不仅不可能发展起来，而且很可能上演一场历史悲剧。”2018 年是改革开放 40 周年，40 年来中华大地发生了翻天覆地的变化，乡镇发生了极为深刻的改变，从粗茶淡饭到有机食品，从粗布衣裙到精美时装，从土屋平房到高楼大厦，人民生活水平大大提高，城乡差距不断缩小。然而，在感受辉煌成就的同时，我们也应该看到，许多精巧的古建、精湛的工艺、亲切的乡音、独特的乡俗也在快节奏的发展中与我们渐行渐远，曾经的家乡正逐渐变为记忆中的故园。

党的十九大报告提出乡村振兴战略，此后党中央、国务院又推出一系列重大举措。实施乡村振兴战略，必须全面加强乡村文化建设，培养乡村文化自信，培植文化之“根”，铸牢文化之“魂”。没有乡村文化的高度自信，没有乡村文化的繁荣发展，就难以实现乡村振兴的伟大使命。振兴乡村文化，既要塑形，更要铸魂，必须遵循乡村发展的客观规律，在发展中把文化的精髓保留下来，把乡土味道、乡村风貌的“魂”传承下去。在保留优秀乡村文化内核的基础上，用现代表现方式，把反映时代精神、先进理念的内容通过群众喜闻乐见的文化产品表达出来，才能够让乡土文化具有更强大的生命力。用创新性的模式书写乡镇志，传承和抢救乡土历史文化，激发爱国爱乡情怀，为探索中国特色新型城镇化发展经验、发展模式、发展道路提供历史智慧和现实借鉴，正是实施中国名镇志文化工程的目的和意义所在。

“月是故乡明”。中国人素有“家国情怀”，家乡的山水是最为美丽的，家乡的风俗是充满温暖的，一声亲切的乡音，一口熟悉的家乡菜，都能拨动游子的心弦，让其魂牵梦萦。中国名镇志丛书是一套全面梳理中国名镇历史人文，挖掘文化特色，突出“名”和“特”的镇志。它能让人民群众深刻感受到本土本乡自然的优美、历史的醇厚、人物的杰出、艺文的风雅等，有助于培养人民群众对家乡文化的自信，激发起人民群众浓烈的爱乡爱国情怀，助力国家新型城镇化建设和乡村振兴战略的实施。

是为序。

中国社会科学院院长
中国地方志指导小组组长　谢伏瞻

序二

连绵不断地编修地方志是我国特有的文化传统，为传承中华文明作出了巨大的贡献。在党中央、国务院的高度重视和支持下，这一古老的文化传统焕发勃勃生机，展现新的活力，成为保存、继承、发扬光大中华优秀传统文化的重要依托，培育和践行社会主义核心价值观的重要媒介，社会主义先进文化建设的重要组成部分，发展中国特色社会主义，增强道路自信、制度自信、理论自信的重要载体，在实现“两个一百年”奋斗目标和中华民族伟大复兴中国梦进程中具有不可替代的地位和作用。

事物总是在不断发展中前进。经过改革开放以来30余年的发展，中国特色地方志事业与传统的编修地方志已不可同日而语，形成了志（志书）、鉴（年鉴）、库（地情数据库）、馆（方志馆）、网（地情网站）、刊（期刊）、会（学会）、研（理论研究）、用（开发利用）等多业并举的新格局。截至2015年10月底，全国编纂完成首轮、二轮省、市、县志书8000多种，编修部门志、行业志、专业志、乡镇村志27000多种，编纂地方综合年鉴2300多种，累计整理旧志2500多种，还编纂出版了大量的地情书，字数以百亿计，形成以反映国情、地情为主要内容，全面系统、持续不断、卷帙浩繁的社会科学成果群。另外，还开通了27个省级网站、230个市级网站、816个县级网站；建成国家方志馆1个、省级方志馆16个、市级方志馆86个、县级方志馆近300个。这些成果，成为国家极为重要的文化资源，是国家文化软实力和公共文化服务体系的重要组成部分。

最近几年，地方志工作的触角在不断延伸，部门志、行业志、专业志、特色志、乡镇村志编纂方兴未艾，成为当前地方志事业发展新的增长点和亮点。特别是乡镇志，兴起了编纂热潮，从自发的民间行为逐渐过渡为政府组织的文化行为，有的省份以政府令形式将其纳入地方志编修范畴，像河南省还以省政府办公厅名义要求全省普修乡镇志。乡镇志并不是一个新生事物，据现有资料可考，宋代常棠所撰《澉水志》是现存最早的一部乡镇志。与省、市、县三级志书相比，乡镇志虽属小志，但意义却不小，特别是在当前国家全力推进新型城镇化建设的背景下，乡镇志的作用更显重要。

启动中国名镇志文化工程，是适应当前新型城镇化建设形势发展需要、地方志事业发展形势需要的重要举措，也是充分发挥地方志存史、资政、育人功能的重要手段。作为最基层行政组织的志书，镇志是最接近中国社会发展变迁的国情、地情记录文本，具有重要的历史文献价值。而作为充分反映本区域自然、政治、经济、文化和社会的历史与现状的资料性文献，镇志又能全面展示发展脉络，摸索发展经验，为探索中国乡镇未来发展方向提供借鉴和参考。当然，对于祖祖辈辈生于斯长于斯的中国人来说，故乡就是一个魂牵梦萦的地方，故乡的情怀终生难忘。留得住乡愁，记得住乡思，充分展示名镇文化魅力，激发爱乡、爱国情怀，正是中国名镇志文化工程题中应有之义。

是为序。

中国社会科学院原院长
中国地方志指导小组原组长 王伟光

序三

“国有史，邑有志”，中国自古就有注重编史修志的传统。按照我国目前地方志行政法规，国家各级地方志机构的法定职责是编纂省、市、县三级志书，并不包括县以下的乡镇志和村志。这种规定，一方面可能因为全国有数百万自然村落和数万乡镇，全部实行官修很难实现；另一方面可能因为我国历史上就有“皇权止于县”的说法，县以下的民间社会历来是一个以自治为主的领域。然而，改革开放几十年来，我国社会正在发生巨变，这种巨变在基层社会的乡镇、村落、家庭领域更为深刻。作为“乡之首，城之尾”的镇，逐渐被日益崛起的大都市淹没了光彩，村落在快速的城镇化过程中每天都在大量消失，农村家庭的小型化、空巢化趋势非常突出。在这种情况下，我一直在思考，如何留得住历史文化记忆和乡愁，如何把修志的工作向基层社会延伸？

中国人的“家国情怀”，是从“诚意、正心、修身”开始，到实现“齐家、治国、平天下”。所以从国家一统志，省、市、县三级志，到乡镇志、村志、家谱，也是一个完整的系统。

正是在这种背景下，我们决定启动中国名镇志文化工程。乡镇是无数中国人生命的底色和成长的摇篮。如何在城镇化进程中，留得住乡愁，记得住乡音，忘不了乡思，事关城镇化进程的人文关怀和文化保护，事关文化血脉的传承。同时，科学记录城镇化进程，反映城镇化成就，也为今后探索城镇化发展规律、积累经验提供了基本素材。作为全面系统记述一定行政区域的自然、政治、经济、文化和社会的资料性文献，志书是以上功能最好的载体。

我国目前有 4 万多个乡镇，全部修乡镇志还不具备条件。中国名镇志丛书选择的是传统文化名镇、历史军事重镇、革命历史名镇、民族特色名镇、特色经济名镇、旅游景观名镇等类型的乡镇，应该是最具代表性的，在中国乡镇文化传承和社会发展中具有标杆意义。

编纂中国名镇志丛书是对乡土历史文化的保护。随着城镇化进程加快，有不少乡镇被撤并，有些还是在历史上有重要意义的历史文化名镇、特色镇等。如不及时对其历史进行整理、记录，这些重要的历史资料将散佚殆尽。因此，中国名镇志丛书的编纂是对宝贵历史资料的抢救。

编纂中国名镇志丛书是对乡土意识的传承。什么东西有魅力？故乡的山水，乡音乡情的记忆，乡土的气息和家乡菜的味道，不管走到哪里，总是触动心弦。中国名镇志丛书记录的是家乡的山山水水，家乡的历史文化，家乡的风土人情，留住的是乡愁。这些最能激发远方游子和本地民众的爱乡情怀、爱国情怀。

编纂中国名镇志丛书是一种学术探索。镇志的编纂，实质也是一次深入的社会调查研究。“麻雀虽小五脏俱全”，相比省、市、县，乡镇第一手资料的获得需要付出更大的努力。我们也希望在志书编纂上有所创新，使中国名镇志丛书成为一套图文并茂、雅俗共赏的新型志书。

中国社会科学院原副院长
中国地方志指导小组原常务副组长

中国名镇志丛书编纂委员会

中国名镇志丛书编纂委员会办公室

《木渎镇志》第一届编纂委员会

顾　　问　戈福林

主　　任　顾玉琪

副 主 任　黄　敏　顾金坤　王　军　周金林　俞　菊
　　　　　冯　印

委　　员　孙玉林　唐耀冰　陈小兴　李云海　顾德胜
　　　　　顾巧根　许　军　钱　军

编委会办公室

主　　任　顾金坤

副 主 任　俞　菊　冯　印　陈　旻

《木渎镇志》第二届编纂委员会

主　　任　刘叶明

副 主 任　郁文明

委　　员　陆建明　王　军　周金林　陈小兴　冯　印
　　　　　许　军　钱　军　张伟忠　顾国培　王　华
　　　　　郭　宝　赵丽君　戴水清　孙德群　周志锋
　　　　　朱华新

编委会办公室

主　　任　顾国培（兼）

副主任　徐　华　葛一涛　孙传红　张继芳
特约编审　陈兴南　陈其弟　傅　强　翁建明　陈　萍

《木渎镇志》第一届编辑部

主　　编　黄林森
副主编　肖林生　陈　军　殷建平
成　　员　高建春　王雅静　沈炳春　万鸣忠　周土龙
陈其虞　钱桂锋

《木渎镇志》第二届编辑部

主　　编　李嘉球
编　　撰　万鸣忠　周土龙　陈　军
图片编辑　李嘉球　钱桂锋
编　　务　马崇仪　张　达　殷红菊　周　婷　王雅静　顾　昱　虞丹凤
摄影及图片提供　张炎龙　钱桂锋　李嘉球　郑思年　梅祥根　赵永清
沈铮泓　周建华　江　峰　钱建宗　焦　青　沈梦石
陈云刚　江利娟　李　路　金福生　张朝阳　严鹤龄
顾　娟　华晓忠　章　晨　钱肇淇　陈锡铭　沈嘉乐
吴建华　武燕飞　徐军奎　杨　娴　陈　军　黄林森
孙传红　陆珮琳　万鸣忠　周土龙　宋卫中　邢华清
戈春男　孙明利　姚建青　顾再兴　王红勇　姜　辉

中国名镇志丛书凡例

一、以马克思列宁主义、毛泽东思想、邓小平理论、“三个代表”重要思想、科学发展观、习近平新时代中国特色社会主义思想为指导，坚持辩证唯物主义和历史唯物主义的立场、观点和方法，存真求实，全面、客观、系统记述中国名镇城镇化进程和改革开放成果，传承和抢救乡土历史文化，激发爱国爱乡情怀，留住乡愁，为探索中国特色新型城镇化建设、服务乡村振兴战略提供历史智慧和现实借鉴。

二、为全面反映入志事物发展脉络，各志上限追溯至事物发端，下限一般断至各镇志启动编修年份，个别重大事项可延至搁笔。详今明古，着重反映时代特色和地方特点，重点体现各镇的“名”与“特”。

三、记述地域范围以下限年份的行政辖区为主。为体现名镇在更大区域内的意义，可以从更开阔的区域视野记述与该镇相关的内容。

四、统一采用纲目体，设类目、分目、条目三个层次。横排门类，纵述史实，述而不论。

五、综合运用述、记、志、传、图、表、录等各种体裁，以志体为主。体裁运用适当创新，篇目设置不求面面俱到，一般意义上的乡镇级内容略去不载。

六、除引用文字和附录文献资料外，统一使用规范的现代语体文记述，行文力求朴实、严谨、简洁、流畅、优美，具有较强可读性。

七、人物部类遵循“生不立传”原则，人物传主按生年排序，只选录对本镇发展有重大影响的人物，不面面俱到。

八、各项数据一般采用国家统计部门数据。数据缺乏的，采用主管部门或主办单位正式提供的数据。

九、数字用法、标点符号、计量单位分别执行国家标准《出版物上数字用法》（GB/T 15835—2011）、《标点符号用法》（GB/T 15834—2011）、《国际单位制及其应用》（GB 3100—1993）和《有关量、单位、符号的一般原则》（GB 3101—1993）。历史上使用的计量单位，如斗、石、里、尺、磅、华氏度等，在引文时可照录。考虑到社会使用习惯，全书中亩不统一换算。

十、中华民国成立前的纪年，使用朝代年号纪年，括注公元年份；中华民国成立后的纪年，均使用公元纪年。志中所称“解放前（后）”，以该镇解放日为界；“新中国成立前（后）”，以中华人民共和国成立日 1949 年 10 月 1 日为界；“改革开放前（后）”，以 1978 年 12 月中共十一届三中全会召开为界。本志“× × 年代”，凡未加世纪者，均指 20 世纪。

十一、为节省篇幅，避免重复，本志采用条目互见法。参见条目的表示形式为：参见本志“× × 类目 · × × 分目 · × × 条目”。

十二、对旧志、古籍中的繁体字、冷僻字一般用简化字或通用字替换，易引起误解的则保留。

十三、记述各个历史时期的党派、机构、职务、地名等，均以当时的名称为准。对频繁使用的名称，首次用全称并括注简称，其后用简称。

十四、各镇志需要单独说明的事项，均在各自编纂始末中记述。

木渎镇在中国的位置

黑龙江省
哈尔滨
吉林省
长春
沈阳
辽宁省
内蒙古自治区
呼和浩特
北京市
北京
天津市
天津
河北省
石家庄
山西省
太原
乌鲁木齐
新疆维吾尔自治区
甘肃省
宁夏回族自治区
银川
青海省
西宁
兰州
陕西省
西安
济南
山东省
郑州
河南省
江苏省
南京
吴中区
木渎镇
上海市
上海
安徽省
合肥
湖北省
武汉
杭州
浙江省
西藏自治区
拉萨
四川省
成都
重庆市
重庆
南昌
江西省
长沙
湖南省
福州
福建省
贵州省
贵阳
昆明
云南省
广西壮族自治区
南宁
广东省
广州
香港
澳门
台北
台湾省
台湾岛
钓鱼岛
赤尾屿
东沙群岛
海口
海南省
海南岛
西沙群岛
永兴岛
中沙群岛
黄岩岛
南沙群岛
曾母暗沙
黄河
长江
渤海
黄海
东海
南海
图例
北京 首都
天津 省级行政中心
未定 国界
省、自治区、直辖市界
特别行政区界
名镇(乡)所在区域
名镇(乡)
1：32 000 000
审图号：GS（2019）4425号

木渎镇在江苏省的位置

丰县
沛县
贾汪区
鼓楼区
徐州
铜山区
徐州市
邳州
睢宁
新沂
东海
赣榆区
东西连岛
连云区
连云港
连云港市
灌云
沭阳
宿迁
宿豫区
宿迁市
灌南
响水
滨海
阜宁
射阳
涟水
淮阴区
淮安
淮安区
泗阳
泗洪
洪泽区
盱眙
金湖
淮安市
建湖
盐城
盐都区
大丰区
东台
盐城市
宝应
高邮
兴化
泰州市
扬州市
姜堰区
海安
泰州
江都区
广陵区
扬州
仪征
高港区
如皋
如东
南通市
通州区
南通
海门
启东
六合区
浦口区
栖霞区
南京
江宁区
南京市
镇江
丹徒区
句容
丹阳
镇江市
扬中
泰兴
靖江
江阴
张家港
常熟
太仓
昆山
常州
武进区
金坛区
常州市
溧水区
高淳区
溧阳
宜兴
无锡市
惠山区
锡山区
无锡
相城区
虎丘区
苏州
吴中区
吴江区
苏州市
木渎镇
洪泽湖
高邮湖
骆马湖
太湖
黄海
长江
图例
南京 省级行政中心
苏州 地级市行政中心
溧阳 县级行政中心
省级界
地级市界
名镇(乡)所在区域
名镇(乡)
1：3 060 000
审图号：GS（2019）4425 号

木渎镇地图
木渎镇
胥口镇
枫桥街道
狮山街道
横塘街道
越溪街道
香山街道
苏州市政府
高新区
虎丘区
姑苏区
光福镇
胥口镇
越溪街道
香山街道
太湖
轨交1号线
有轨电车T1
金枫路
金枫南路
藏福中路
藏福东路
藏福西路
中山西路
中山东路
孙武路
汾湖路
玉山路
塔园路
滨河路
西环路
沪常高速公路
苏绍高速公路
（绕城西南线）
天池山景区
天平山风景区
灵岩山风景区
穹窿山风景区
白象湾生态旅游区
五峰山道院
孙武文化园
上真观
宁邦寺
西山互通
光福互通
太湖服务区
苏州经贸职业技术学院
苏州科技大学（天平校区）
木渎高级中学
木渎实验中学
木渎金山高级中学
藏书中学
苏州欣升护理院
维也纳国际酒店
中华园大饭店
花苑大酒店
木渎镇社区卫生服务中心
图例
市政府驻地
镇政府、街道驻地
自然镇驻地
行政村、社区驻地
自然村
景点
医院、学校、酒店
高速公路及编号
省道及编号
快速路
一般道路
互通
轨交1号线及站点
有轨电车T1
隧道
区、县（市）界
镇界
村界
山名及山体
河流、湖泊
S9
S58
S230
S454
S607
审图号：苏S（2019）031号
（图内界线不作划界依据，仅供参考 版权所有 不得翻印）

〔清〕徐扬《姑苏繁华图》木渎段（局部）

木渎全景（2015年）

穹窿来鹤（2014 年）

灵岩雪景（2016 年）

天平胜景（2016 年）

天池胜迹（2017 年）

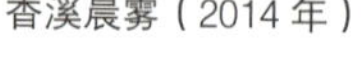
香溪晨雾（2014 年）

寿桃湖影（2015 年）

羡园深秋园（2015 年）

虹饮山房之夏（2017 年）

榜眼府第显志堂（2009 年）

古松园花园（2016 年）

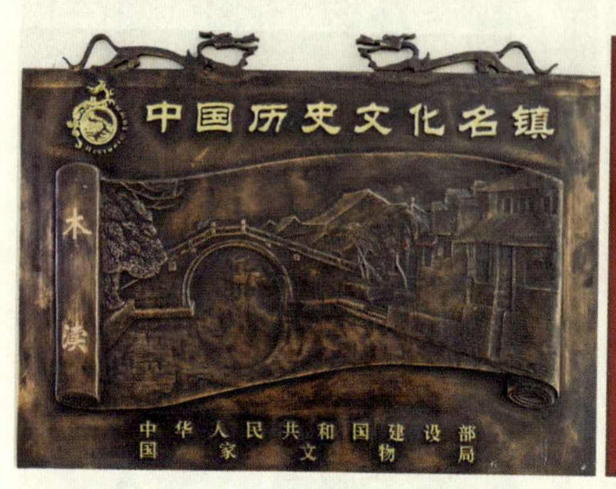

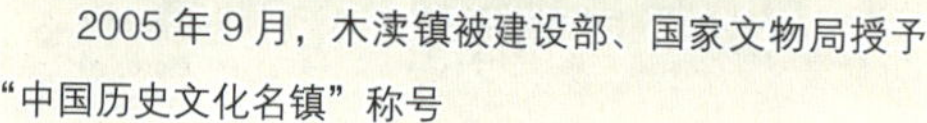

2005 年 9 月，木渎镇被建设部、国家文物局授予“中国历史文化名镇”称号

2011 年 11 月，木渎镇被文化部授予“中国民间文化艺术之乡”称号

2006 年，木渎镇被全国爱国卫生运动委员会授予“国家卫生镇”称号

2013 年 8 月，木渎镇被国家体育总局授予“全国群众体育先进单位”称号

目录

姑苏繁华地　吴中第一镇

徐徐打开苏州市地图，在苏州古城西南有烟波浩渺的太湖，巍峨耸立的穹窿山，悠长如练的胥江，青葱苍翠的灵岩山，幽幽流淌的香溪河，蜿蜒连绵的七子山，笔直如箭的采香泾，小桥幽巷的古镇老街……好一幅壮美而秀丽的江南山水图。

在湖山之间，有座古老的国家级历史文化名镇——木渎。这座因吴王建造馆娃宫“积材三年，连沟塞渎”而得名的古镇，环境优美，风景秀丽，历史悠久，文化灿烂，经济繁荣，交通发达，享有“吴中第一镇”的美誉。自古以来，木渎“人物浩穰，农贾凑集，虽名曰镇，其实县也”(清沈钦韩《木渎桂隐园记》)。

2017年，木渎辖区面积74.59平方千米，辖行政村（社区）12个、居委会13个，常住人口99891人，登记外来暂住人口17.26万人。实现地区生产总值167.5亿元，全口径财政收入39.96亿元，公共财政预算收入22.64亿元。综合实力名列全国百强镇第62位。

中国历史文化名镇　穹窿山东侧乌龟墩出土的新石器时代陶片告诉人们，距今 7000 多年的马家浜文化时期，木渎的先民就在此繁衍生息。

木渎是吴文化的重要发源地。木渎春秋古城北起五峰村，南至合丰村，西通太湖，群山环抱，依山而筑，沿盆地边缘而建，气势恢宏、雄伟。古城规划之科学，规模之巨大，工程之伟大，令人叹服，被列为 2010 年度全国十大考古新发现之一。七子山、五峰山山顶上的一个个土墩石室，人称是“江南长城”。2500 多年前，吴王阖闾、夫差在姑苏山、灵岩山上筑高台，建行宫，“吴王春夏游姑苏台，秋冬游馆娃宫、兴乐、华池、南城之宫，又猎于长洲之苑”（宋范成大《吴郡志》）。穹窿山顶上的藏兵洞，相传是伍子胥训练吴军水师处；穹窿山茅蓬坞纡曲纵深，相传“兵圣”孙武曾在此“辟隐深居”，著述兵法。阖闾“将孙武，相伍胥，据山水，建城池，缮甲兵，实仓庾，破楚入郢，威晋慑齐，显名诸侯，号称大吴”（明莫旦《苏州赋》）。木渎这片土地上曾经见证了吴国历史的辉煌与悲壮。

秦台山巅上“秦台”两个摩崖石刻大字，向人们讲述 2200 多年前“千古一帝”秦始皇巡游到木渎，登山眺望湖山胜景的传说。汉初三杰之一的张良曾到穹窿山，山上的国师彘留下“乃汉留侯从赤松子采赤石脂于此”（清《穹窿山志》卷四）的记载。茅蓬坞里的读书台，向人们讲述朱买臣采樵读书，实现人生理想与抱负的故事，琅琅书声依然在山谷回荡。史学家司马迁为撰写《史记》千里迢迢来到木渎，登姑苏台之废墟，眺望五湖之烟波，感慨唏嘘，淹留踌躇。东晋陆玩舍宅为寺，后经扩建，成为我国著名的佛教净土宗道场。

北宋，木渎设镇，逐渐成为苏州古城西部的中心。明洪武二年（1369），木渎设立巡检司，管辖阊门、胥门、盘门外及木渎、横塘、新郭 3 镇。清康熙、乾隆两朝帝王南巡到木渎访古寻胜，其中乾隆皇帝 6 次到木渎，写下诗歌 200 多首。清乾隆十一年（1746），吴县县丞移驻木渎，又设千总驻防。

2005 年，木渎被建设部和国家文物局评为第二批中国历史文化名镇。2014 年，木渎被列为苏州市“强镇扩权”改革试点镇之一，赋予部分县级经济与社会管理权限。

国家级风景名胜区　木渎地处太湖之滨，山河毓秀，形胜地美，名胜古迹星罗棋布，自古就是苏州西部风景名胜核心区。1982 年，木渎被列为国家级太湖风景区 13 个景区之一。

木渎境内有山丘 20 多座，拥有穹窿、灵岩、天平、天池、花山、尧峰、七子（横山）等吴中名山。位于境内西南的穹窿山是苏州海拔最高、山体最大的山峰，山势俊秀，纡曲幽深，三峰突起，群山拱卫，自古有“吴郡名山第一山”（北宋杨备语）之称。位于古镇西侧的灵岩山青松苍翠，万木葱茏，素有“秀绝冠江南”之誉，奇石或坐或立，或卧或挺，形象众生，俨然是一座天然石雕艺术馆。天平山怪石林立，清泉潺潺，红枫万丈，人称“三绝”，驰名中外。七子山绵延起伏，以林涧之美、峰壑之秀、云景之丽、泉石之怪，享誉吴中。天池山奇峰异石，天池古泉，以幽静著称。

木渎寺院道观众多，宗教文化发达。穹窿山上真观始建于西汉元始二年（2 年），是苏州最古老的道教场所，鼎盛时有殿宇 36 座、房屋 5048 间。穹窿山因此跻身中国道教十大名山，被誉为“穹窿福地”“聚灵胜境”。建于宋朝的宁邦寺，依山而建，凿崖构屋，气势雄伟，海云禅洞里的唐彩观音卧佛，长 18.8 米、高 3.8 米，成为江苏卧佛像之最；寺旁的玩月台，铭刻的是韩世忠与部将仰面冷月、抹泪长叹的痛楚和无奈。天池山寂鉴寺的石屋、石佛，是江苏省内罕见的元代石构建筑。灵岩山寺历代高僧辈出，香火绵延；近代高僧印光卓锡灵岩山寺，修道弘法，灵岩山寺成为举世闻名的净土宗专修道场。1980 年创办的中国佛学院灵岩山分院，为全国寺院培养输送了一批批有文化、懂佛学的青年僧侣。1983 年，灵岩山寺院被国务院列为汉族地区佛教重点寺院。

木渎拥有独特的植物资源，穹窿山茅蓬坞里的紫楠林是苏南地区罕见的中亚热带过渡到北亚热带的地带性天然次生森林区，1981 年被列为江苏省首批自然保护区。穹窿山森林覆盖率达 99%，山上生长着 210 多种植物和 150 多种中草药材；山里的空气负离子含量达每立方米 2 万个，被誉为苏州最大的“天然森林氧吧”。1993 年，被林业部批准为“东吴国家森林公园”。天平山红枫闻名海内，是全国四大赏枫胜地之一。

2006 年，木渎被国家环境保护总局评为全国环境优美镇。2017 年，木渎有国家 AAAAA 级旅游景区 1 处、国家 AAAA 级旅游景区 3 处，全年接待中外游客 500 多万人次，实现旅游综合收入 15 亿元。

中国园林古镇 春秋时期，吴王夫差在灵岩山上建亭台，筑长廊，凿池井，植嘉木，种香卉，馆娃宫成为中国最早的山顶花园，开创吴地人工造园之先河。

木渎以其独特的地理环境和社会环境，成为文人雅士卜居隐逸的首选之地。宋朝，张廷杰归隐天池、花山，营造“就隐”，搜奇选胜 30 年，刓剔岩窦，疏导泉源，负山崖，创亭榭，佳花美木满庭园，四时景色有奇观。明朝，徐政在西跨塘桥侧筑凝翠楼，与文徵明、王宠辈结吟社于此。书画家陈道复在白阳山下筑五湖田舍，茂林修竹，花源柳隩，鸭阑鹤圃，极幽居之胜。郭仁后裔在七子山北麓建花园，辟桃浪馆、静文阁诸胜，花园山因此得名。赵宧光构造寒山别业，千尺雪、绿云楼、飞鱼峡、驰烟驿、澄怀堂、清晖楼，错落有致，冠绝吴中。范允临筑天平山庄，寤言堂、鱼乐国、来燕榭、听莺阁、宛转桥……依山而造，因地建筑，成为一代名园。

明末清初，灵岩山北麓的水木明瑟园，有升月轩、听雨楼、暖翠浮岚阁、桐桂山房诸胜，著名画家王石谷曾绘以画。清康熙年间（1662—1722），吴铨在木渎东街筑遂初园，楼阁亭榭、台馆轩舫连缀相望，嘉花名卉、四方珍异荟萃于园；裔孙吴泰来又构掬月亭、鸥梦轩、凝远楼、清旷亭、横秀阁，盛极一时。徐惇复在西跨塘青龙涧旁构筑“茧村”，有经耒堂、如谷斋、碧深、梅畛、疏雨林亭、紫香庵、螺龛、饮虹涧，“水木峥泓，房廊深静，为（横）山北园亭之冠”（清《横山志略》）。清乾隆年间（1736—1795），状元毕沅在灵岩山麓筑灵岩山馆，占地2万平方米，耗银数十万两，有御书楼、九曲廊、澄怀观、画船云壑、砚石山房等，极其雄丽壮观。山塘街上的虹饮山房，既有江南园林之秀美，又有皇家园林之雄伟，“高庙四次巡幸，词臣随扈必信宿于此”（民国《木渎小志》），俗称“乾隆民间行宫”。山塘街的羡园（俗称严家花园），四季景色荟萃一园，亭榭池阁新意层出，建筑学家刘敦桢称“清幽之趣，为园林翘楚”，园林专家童寯称“斯园结构之精，不让城市”（《江南园林志》）。

明清时期，木渎有私家园林30多处，故有“中国园林古镇”的美誉。岁月沧桑，2017年古镇老街上尚有羡园、虹饮山房、古松园、榜眼府第4处古典园林，已被列入苏州古典园林名录。

人文荟萃之地　木渎自古人文荟萃，西汉朱买臣家贫而好学，励志奋发，最终实现人生的远大理想。东汉高士梁鸿偕妻孟光，不远千里来到木渎，寓居在灵岩山北梁巷，留下举案齐眉的千古佳话。唐朝“诗仙”“诗圣”“诗豪”“诗王”先后到木渎，留下了“旧苑荒台杨柳新，菱歌清唱不胜春”（李白），“东下姑苏台……抚事泪浪浪”（杜甫），“艳倾吴国尽，笑入楚王家”（刘禹锡），“天平山上白云泉，云本无心水自闲”（白居易）等优美的诗篇。“温李”“皮陆”也来了，留下了“吴王此地有楼台，千年事往人何在”（温庭筠），“水打城根古堞摧，尽日伤心人不见”（李商隐），“半夜娃宫作战场，血腥犹杂宴时香”（皮日休），“吴王事事须亡国，未必西施胜六宫”（陆龟蒙），一首首隽永的诗歌，令人感慨万千，荡气回肠。

五代时，隐士陆遹隐居金山，山顶巨石上“最胜”两字，“字径丈余，笔力奇劲，翩翩动人”（明《金山杂志》）。宋朝，范仲淹迁葬祖坟于天平山，留下的是中华传统美德；伫立高义园、忠烈庙前，让人想起一代名臣“先忧后乐”的胸襟与情怀。韩世忠情缘灵岩山，墓前巍巍“中兴佐命定国元勋之碑”，长近 1.4 万字的碑文叙述的是一代名将收拾金瓯的传奇与悲壮。大诗人范成大尤爱木渎，长眠于天平山仰天坞。张可九、柯九思、郑元祐、杨维桢、萨都剌、倪瓒等元朝名流到木渎寻古探幽，吟唱抒情。杨基曾结庐赤山。元末明初“黑衣宰相”姚广孝在穹窿山为僧，朝廷赐第茅蓬显忠寺。相传建文帝税驾穹窿积翠庵，皇驾坞、皇驾庵、皇坟见证了那段离奇诡谲的历史。状元吴宽读书尧峰山，归葬花园山，墓前状元浜涓涓流淌着绵绵不绝的中华优秀文化。徐有贞、沈周、王鏊、祝允明、唐寅、徐祯卿、蔡羽、文徵明先后到木渎，无不留下诗文书画。杨循吉读书金山，著有《金山杂志》。明末，状元大学士文震孟在竺坞读书，卒后长眠于此。

清朝，汪琬在尧峰山麓筑山庄，叶燮在横山讲诗学，沈德潜在山塘街潜心读书著述……多少名流曾在木渎演绎人生的辉煌。沈磐、张永夫、黄子云、盛锦才思横溢，诗情勃发，被誉为“灵岩四诗人”。沈钦韩贯通经史，旁及诸子百家，是著名训诂学家、考据学家、历史地理学家。近代改良主义先驱冯桂芬晚年退居木渎，纂修府志，会聚各路才俊于一堂。民国期间，李根源隐居小王山，庐墓守孝，经营“松海十景”。

木渎又是一个名家辈出的工艺美术之乡，“书家事社，琴客印人，工艺之巧，罔不绝伦”（民国《木渎小志》）。宋代，袁遇昌以像塑婴孩名播四方，王惟清以善制墨闻名八乡。元代，朱碧山制造的银器，精妙绝伦。明代，金山石匠陆祥曾参与北京紫禁城营造；朱端擅长锡器制作，造型奇古，被誉为“朱象鼻”。“吴中铁工不绝，今出灵岩山下数家，能炼铁成钢，制刀者资之……铜作亦出木渎，王家其制香球及锁皆精巧”（明《姑苏志》）。清代，灵岩山钟士奇仿制诸葛亮木牛流马，能盘走几上；孙庄周寿民妻汤氏制麦柴团扇，“极工巧，他人仿之莫能及，四远皆购之，为山中之贽”（民国《木渎小志》）。这里曾经走出陈道复、王宠、徐枋、张宗苍、黄孝锡、沈祚昌、吴健甫、袁培基、沈玉山、韩树青等书画与篆刻名家，以及沈寿、顾文霞、李娥英等刺绣工艺大师。

2008 年、2011 年，木渎被文化部两度命名为中国民间文化艺术之乡。木渎现有中国作家协会会员 1 名、中国书法家协会会员 4 名、中国摄影家协会会员 10 名；各级非物质文化遗产项目 12 个，各级各类“非遗”代表性传承人 20 名。

全国经济百强镇　木渎自古就是苏州西部的经济重镇。宋代建造翠坊桥、斜桥将胥江和香溪两岸联成一体，木渎从此成为郡西经济中心。明朝，除传统农桑外，花岗石的开采和刺绣业的遍及，使木渎经济得以快速发展。清朝，“木渎为市易都会……自南而东，隶吴县者乡聚百数，并投最于木渎”（清沈钦韩《竺林庵碑记》），为吴县六大名镇之首。清末，上海滩开埠，花岗石大量开采，造就了金山浜、石码头两个集镇的兴盛。木渎古镇上商贾云集，严、蔡、郑、徐“四大家族”纷纷投资兴业。民国时期，木渎呈现小发电厂、碾米、榨油等民族工业和工场、作坊、城镇个体手工业以及农民家庭手工业多层次并存的经济格局，集镇上商铺鳞次栉比，交易活跃，市场繁荣。

1956 年，木渎通过公私合营和合作化组建米厂、石灰厂及手工业生产合作社（组）。1958 年大办地方工业，组建创办农具、农机、建材、服装、针织、苏绣等工厂 32 家。60 年代后期，创办阀片、味精、饮料、草包、纸箱等工厂。70 年代，木渎东郊先后创办县属工厂 22 家，成为吴县工业重镇。80 年代，村镇工业迅猛发展。1985 年，农、副、工三业总产值首次超亿元，被列为江苏省首批对外开放重点工业卫星镇。电扇“小骆驼，跨进大上海”，曾经成为工业产品的一时佳话。此后，木渎工业经济总量连续跻身苏州市十大重点乡镇之列，连续多年获中国乡镇企业“十大”百强乡镇称号。90 年代起，积极发展外向型经济，村镇集体企业全面转制，建立股份合作社，大力发展民营经济，跨入全国十亿元乡镇和全国综合实力百强镇行列。1995 年，木渎名列江苏省农村经济百强镇第 9 名，各项主要经济指标曾连续 9 年名列吴县市榜首。

90 年代起，木渎规划建设经济开发区，构筑宽敞、便捷的交通网，为经济发展奠定基础。进入 21 世纪，推进城乡一体化，调整产业结构，优化经济布局，创建金桥民营经济工业园。2007 年，木渎镇（不含原藏书镇）被纳入苏州中心城区。2012 年，被列为苏州城乡一体化先导区。苏州轨道交通 1 号线起始于灵岩山东麓，南环西延高架、中环西线两大立体交通建成，有力助推经济发展。木渎现有经济开发区、金桥开发区、古镇保护区、穹窿山（藏书）风景管理区“四大平台”，拥有（地产）招商服务、金枫集团、新城镇、文旅集团等镇属“十大公司”，以创新创意产业、商贸流通产业、精密制造业、生态旅游业“四大产业集聚”为驱动，推进“两山一镇”、镇区、胥江城、金桥工业园、古镇及穹窿山（藏书）“五大区域”的产城融合、文旅融合，打造现代化苏州中心城区。2017 年，木渎实现地区生产总值 167.5 亿元，综合实力排列 2017 全国综合实力百强镇第 62 名。

吴中首镇，渎上名区。清乾隆年间（1736—1795），著名画家徐扬绘有《姑苏繁华图》，木渎画景占全图的三分之一。如今，木渎正全面实施改革创新、区域联动、绿色发展战略，古老的木渎青春永驻，活力四射，木渎人正以勤劳、智慧的双手描绘新的“姑苏繁华图”。

基本镇情

木渎，别名渎川、渎上、胥江、香溪，自古为吴邑首镇。相传，春秋时吴王筑姑苏台、馆娃宫，“积材三年，连沟塞渎”，木渎因此得名。木渎之名，始见于北宋《元丰九域志》，明清时为吴县六大名镇之一。清代沈钦韩云:“木渎自唐以来，人物浩穰，农贾凑集，虽名曰镇，其实县也。”民国以来，木渎为区、乡、镇政府（公所、署）驻地。

80年代改革开放以来，木渎大力发展经济，推进城乡一体化建设，先后荣获全国工业先进镇、中国历史文化名镇、全国环境优美镇、国家卫生镇、中国民间文化艺术之乡、全国综合实力百强镇等称号。2014年，木渎被列为苏州市“强镇扩权”改革试点单位，被赋予部分县级经济社会管理权限。2017年，全镇辖区面积74.59平方千米，辖行政村（社区）12个、居委会13个，常住户籍人口99891人，登记外来暂住人口17.26万人。实现地区生产总值167.5亿元，全口径财政收入39.96亿元，公共财政预算收入22.64亿元。城镇居民人均可支配收入6.05万元，农民人均纯收入3.51万元。综合实力名列全国百强镇第62位。

区位　交通

区位　木渎镇位于苏州市西南，距离苏州古城中心市区12千米，北纬31° 22~31° 33′，东经120° 43′~120° 58′。东与苏州高新区（虎丘区）横塘街道相邻，南与越溪街道、横泾街道相接，西南与胥口镇相连，西与光福镇、香山街道毗邻，西北、北、东北分别与苏州高新区（虎丘区）东渚镇、浒墅关镇、枫桥街道、狮山街道接壤。距离上海虹桥国际机场80千米，西距苏南硕放国际机场40千米。

交通　木渎是苏州市西南部重要交通枢纽，交通便捷。苏州中环西线高架穿镇而过，南环高架西延直达镇区。沪宁高速、苏嘉杭高速、312国道及京杭大运河近在咫尺。苏州轨道交通1号线的起始站位于木渎灵岩山麓，在建的苏州轨道交通5号线在木渎过境，230省道、绕城高速从镇域西部穿越而过，苏（州）（光）福公路（木渎段现名中山路）横穿东西。胥江运河横贯东西，东接京杭大运河横塘段，西通胥口太湖。由苏州市区通达木渎或经过木渎的公交车线路有28条，境内连通各村的区间公交车线路有8条。

木渎高架夜色（2017年）

建置 区划

建置 木渎地区，商末属勾吴国。周时，先后成为吴、越、楚诸侯国辖地。

秦始皇二十六年（前221），秦以吴国故都设立吴县，木渎隶属吴县。

汉至唐，木渎均属吴县。北宋始建镇，属吴县，镇以渎名。元代沿袭旧制。明清两朝为吴县六镇之一，置木渎巡检司，设官分治。清雍正年间（1723—1735），木渎镇属吴县长寿乡。清乾隆十一年（1746），吴县县丞移驻木渎。清光绪三十二年（1906）七月，组织自治会（自治公所），参照英美两国自治相关章程，董事由投票选举，两年一任。“时苏省惟上海、常熟有之，他处未有也”（民国《木渎小志》）。

1912年实行地方自治，设木渎市，木渎、金山隶属吴县。1916年，建立木渎公益

木渎镇政府大院（2016年）

事务所。1928 年改为行政局。1929 年，实行区、乡镇建制，隶属吴县第二区（木渎）。1937 年 11 月，木渎沦陷。1945 年 8 月，恢复吴县第二区（木渎）。1947 年 2 月，吴县将第二区（木渎）、第三区（光福）合并为吴西区。1948 年 2 月并编乡镇，木渎、金山仍隶属吴西区。

1949 年 4 月 27 日，木渎解放。设立木渎区人民政府，区政府驻地在木渎山塘街 23 号。并建木渎镇，隶属吴县木渎区。

1952 年 11 月，木渎集镇升为吴县直属镇。镇政府驻木渎镇西街 139 号。

1954 年，木渎镇及金山、姑苏、石城、新华、七子等乡，随木渎区划归苏州市郊区。

1958 年，木渎镇、金山乡复划归吴县。12 月，改乡为公社，成立金山人民公社，实行政社合一体制，公社驻木渎镇山塘街 23 号。1968 年，木渎镇政府驻地由西街迁至中市街 12 号。

1983 年，政社分设，恢复金山乡人民政府，乡政府驻木渎镇山塘街 23 号。

1985 年 9 月，金山乡与木渎镇合并为木渎镇，建立镇管村建制，镇政府驻木渎镇翠坊北街 28 号。1996 年 6 月，镇政府迁到金山南路 8 号。

2006 年 9 月 25 日，原藏书镇 230 省道以北区域并入木渎镇，并设立藏书办事处。

2014 年 11 月，木渎镇被列为苏州市“强镇扩权”改革试点单位，由乡镇科级建制提升为副县处级建制，形成“七局二办一中心”的内设机构格局，撤销藏书办事处。2016 年 11 月，穹窿山风景管理区委托木渎镇管理，并设立穹窿山（藏书）风景管理区。2017 年，木渎镇政府驻地为金山南路 8 号。

区划　清代，县以下设乡，乡以下为都、图、村，清增保、甲。清末，木渎“区内五、六都为太平乡，十一、十二都为至德乡，十三、十四都为胥台乡”（民国《木渎

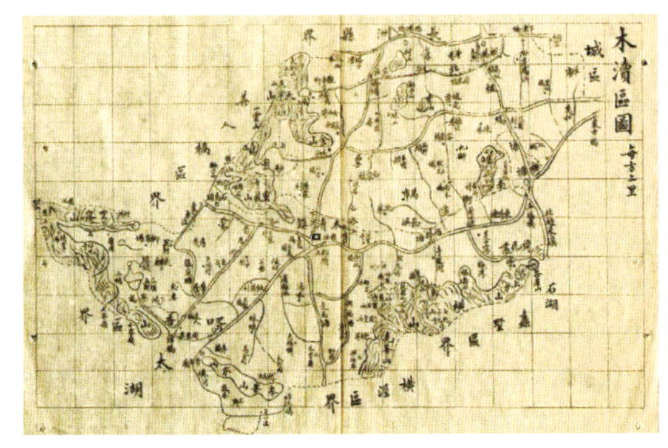

清末《木渎区图》

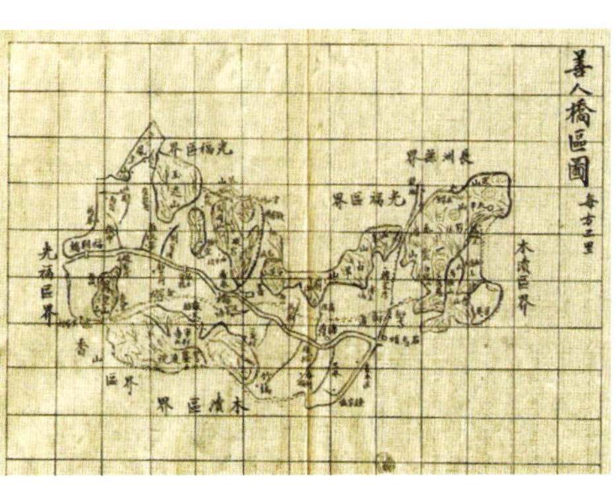

清末《善人桥区图》

小志》)，共有3乡6都93图。其中，五都有12图，十一都有30图，十二都有4图，十三都有16图，十四都有19图。

民国前期，沿用清制。1931年，吴县第二区（木渎）下辖东街、西街、南街、胥口、焦山、善人桥、金山、枫桥、铁铃9个镇和七子、姑苏等30个村，计457闾、2314邻，总面积97.5平方千米。1934年，第二区（木渎）下辖木渎、胥口、金山、枫桥、善人桥、焦山、蠡墅7个镇和横泾、龙桥、新郭、杨凤、红蓼、姑苏、皋尧、藏书、玉遮、狮山、兰舟、白塔、支硎13个乡，计192保、2021甲、22209户，总面积165.5平方千米。1941年7月，第二区（木渎）辖木渎、金山等5个镇11个乡。

1947年2月，吴县第二区（木渎）、第三区（光福）合并为吴西区，下辖木渎、善玉、焦山、藏书、金山、白狮（白塔、狮山合并）、支硎、枫桥、胥口、姑苏、七子、龙凤、横塘、新蓼、蠡墅、光福、邓尉、迂溪、东渚、天池、香山、五云、新丰、石帆、西夏25个乡镇，计324保、3396甲。

1948年2月再次并编乡镇，吴西区下辖光福、西华、东渚、善桥、石湖、枫桥、金山、横塘、木渎9个镇和香山、胥口2个乡。

1949年4月27日，木渎解放。建立木渎区人民政府，下辖木渎、枫桥、横塘、金山、善桥、光福、东渚、西华8个镇及石湖、胥口、香山3个乡，共计50保。

1950年区乡调整，木渎区下辖木渎、善桥2个镇及卫湖、胥口、姑苏、西塘、天池、藏书、焦山、石城、清明、金山、新华、香山12个乡。是年年末，调整为木渎、善桥2个镇和金山、焦山、藏书、香山、卫湖、清明、姑苏、新华、石城、七子、胥口、天池12个乡，计111个行政村、864个行政组。木渎镇设立4个街道小组，后改为居委会。

1955年，金山、姑苏、新华、石城、七子等乡共建有初级农业生产合作社129个。翌年1月，金山、新华两乡及石城乡的大部分合并为金山乡。姑苏、七子两乡及木渎镇的新东、新农两村合并为姑苏乡，并建立高级农业生产合作社13个。1957年3月，撤区并乡，金山、姑苏两乡合并为金山乡。木渎镇未作变动。

1958年，分别改镇（乡）、村、组为公社、大队、生产队，同年12月成立金山人民公社，下设15个生产大队。一度改为15个营、80个连。1959年年底，恢复建立21个生产大队、229个生产小队。此后，生产大队、生产小队略有调整。

1977年，金山公社金星、姑苏2个大队划归木渎镇。1978年，金山公社设有谢村（新建）、孙庄（五星）、马庄（东风）、兴隆（新兴）、白塔（新华）、南浜（和平）、谢巷（三星）、灵岩、尧峰、长浜、七子、凤凰、明星、石城、新升、金山、天平、天灵、沈巷19个大队。

1983年，政社分设，恢复镇（乡）、村、组，恢复金山乡建置，改生产大队为行政村、生产小队改为村民小组。

1985年9月，金山乡与木渎镇合并为木渎镇，建立镇管村建制，全镇辖有1个街道办事处、8个居民委员会和22个行政村、239个村民小组。

1993年4月，兴隆、明星、石城、新升4个行政村划给苏州市高新区。1996年年末，全镇辖1个街道办事处和13个居民委员会、18个行政村、198个村民小组。

2003年11月行政村撤并，七子村、姑苏村、凤凰村合并为姑苏村，尧峰村、谢村、孙庄村合并为尧峰村，长浜村、马庄村、沈巷村合并为西跨塘村，南浜村、金山村合并为金山村，灵岩村、谢巷村合并为灵岩村，新华村、天平村、天灵村合并为天平村，金星村与香溪、山塘、塔影居委会合并而成立新的香溪社区（居委会）。

2006年9月25日，原藏书镇230省道以北的藏东村（五峰）、藏北村（天池）和藏中村（善人桥）一半以及藏书社区善人桥集镇并入木渎镇。2017年9月，穹窿山风景管理区并入木渎镇。

2017年年底，木渎镇辖灵岩、天平、姑苏、金山、尧峰、西跨塘、五峰、天池、善人桥、香溪、穹窿、接驾12个行政村（社区）和胥江、南亭、翠坊、下塘、同春、白塔、花苑、竹园、金山浜、凯马、金枫、长浜、藏书13个居民委员会。

村（社区）居委会

行政村（社区）

2017年年底，木渎镇有12个行政村（社区）。

灵岩村 紧靠木渎古镇，因灵岩山而得名。总面积3平方千米。村委会驻地翠坊南

街 17 号。2017 年年底，辖廖里、吴家场、仓基、官桥头、东窑村、姜窑村、陆家场、谢巷村、河西巷、郭家村、牛车浜 11 个自然村，14 个村民小组，1124 户，户籍人口 4216 人，外来人口 4880 人。村级集体资产 3.64 亿元，净资产 2.25 亿元；村级资产可支配收入 3303 万元，村民人均收入 3 万元。

天平村 地处灵岩山、天平山麓，因紧邻天平山而得名。总面积 5 平方千米。村委会驻地新华路 116 号。境内天平山以奇石、清泉、红枫著名江南。2017 年年底，辖照山嘴、惠家场、陶家村、唐岸上、殷巷上、叶家桥、新村、沈家弄、范家场、范家村、徐山嘴、祥里、赵巷上、陆家、高家场、山里旺、下李塔村、灵岩街上、邓家场 19 个自然村，38 个村民小组，1383 户，户籍人口 5757 人，外来人口超过 3 万人。村级集体拥有总资产 9.5 亿元，净资产 4.29 亿元，股份合作社股红分配 2249.76 万元。拥有天虹、华润等商业实体，村级可支配收入 10515 万元，村民人均收入 4 万元。

姑苏村 位于宝带西路金桥开发区地段，因姑苏山而得名。总面积 9.6 平方千米。村委会驻金枫南路 1229 号。2017 年年末，有竹窝里、东钟家塔、西钟家塔、山湾里、凤凰池、旺家村、上李塔、潘家场、河上村、北弄堂、田沟村、船舫头、兴福堂、邱巷上、小桥头、夏家场 16 个自然村，34 个村民小组，1539 户，户籍人口 6169 人，外来人口 1.6 万人。村级集体拥有总资产 3.5 亿元，净资产 3.35 亿元，村级资产可支配收入 4336 万元，村民人均收入 3.66 万元。

金山村 位于木渎镇北部，因金山而得名。总面积 5 平方千米。村委会驻地金山村梅家桥 1 号。以盛产优质金山石（花岗石）而闻名遐迩。2017 年年末，有梅家浜、夏家

灵岩村（2016 年）

天平村（2016 年）

浜、三仙桥、田塘巷、新金浜、大家场、上岸、池古沿、塘棣巷、上山头、柳家上、茶坞浜、金山浜、南浜、南浜河北、南浜河南、北沿 17 个自然村，30 个村民小组，1162 户，户籍人口 4732 人，外来人口 3550 人。村级集体拥有总资产 2.66 亿元，净资产 2.15 亿元。拥有红枫商业广场。村级资产可支配收入 3272 万元，村民人均收入 3.31 万元。

尧峰村 位于木渎镇金桥开发区，因尧峰山而得名。总面积 6 平方千米。村委会驻宝带西路 4679 号。2017 年年末，辖李车浜、巨下、汲水桥、南谢、钱家场、张家场、江湾里、孙庄、谢村、陈家舍、唐家场、大杨树头、柴场村、钱塔村、肖家巷、巨塔里、仇家木桥、西塘、北旺、高田上、雀梅浜、下塔里、旺弄里、孙家场、汪家园、栲栳湾、潭上、姜家堂、刘庄、走马塘、顾家场 31 个自然村，34 个村民小组，1062 户，户籍人口 4478 人，外来人口 1.72 万人。村级集体拥有总资产 1.76 亿元，净资产 1.3 亿元，村级资产可支配收入 2650 万元，村民人均收入 3.9 万元。

西跨塘村 位于木渎镇东部，因西跨塘而得名。总面积 5 平方千米。村委会驻地花苑东路 98 号。2017 年年末，辖沈巷、虎林桥、袁家浜、大治村、长浜村、杨家塔下、戈塔浜 7 个自然村，15 个村民小组，1197 户，户籍人口 5113 人，外来人口 1.8 万人。村级集体拥有总资产 6.75 亿元，净资产 3.48 亿元，村级可支配收入 4230 万元，村民人均收入 3.52 万元。

五峰村 位于灵岩山西麓，因五峰山而得名。总面积 6 平方千米。村委会驻穹灵路 788 号。境内有花木市场、石码头商业圈、石材产业园以及五峰山道院、韩世忠墓、金圣叹墓等，曾以焦山花岗石、塘湾里车木闻名吴中。2017 年年末，辖北野竹、南野竹、

尧峰村（2013 年）

五峰村（2017 年）

西巙村、横泾上、塘口头、枣园里、周家墩、博士坞、陈家堰头、韩家湾、徐家坟、公房里、钱家弄、吴家场、山水沟、狮子口、王家场、东旱泾、河家桥、华家村、於家上、朱家场、桐桥头、庙桥头、象形巷、石码头、廖里、蒋家村、湾兜里、于巷上、枣木泾、塘湾里、石码头新村 33 个自然村，43 个村民小组，1448 户，户籍人口 6162 人，外来人口 6984 人。村级集体拥有总资产 1.67 亿元，净资产 8542 万元，村级可支配收入 1695 万元，村民人均收入 3.55 万元。

天池村 位于藏书地区北部，因天池山而得名。总面积 9.8 平方千米。村委会驻藏北路 2007 号。是花木生产专业村，也是江苏省命名的“藏书花木之乡”发源地，山林面积超过 1 万亩，其中苗木种植面积 4500 余亩。2017 年年末，辖白象湾、西旺街、龙岗里、周店巷、北竺坞、北峰坞、许家场、旺山桥、岭脚下、钱家门、北山湾、上市、下市、祝家桥、后巷里、曹家泾（里浜）、河西巷、马路上、上山门、曹家泾（外浜）、沈家角、官桥、庄上、堰头、高家上、施口头、山渚头、席家桥、鳝坞里、凌公桥 30 个自然村，52 个村民小组，1623 户，户籍人口 6916 人，外来人口 1454 人。村级集体拥有总资产 5474 万元，净资产 2129 万元，村级可支配收入 2104 万元，村民人均收入 3.19 万元。

善人桥村 位于穹灵路两侧，因善人桥集镇而得名。总面积 6 平方千米。村委会驻穹灵路 3000 号。以澄泥砚雕刻、羊肉美食闻名。2017 年年末，辖牛场上、小汤上、大汤上、油车弄、张家上、雅宜山、邵家上、高泾上、马巷上、西山、南毛坞、蒋家场、

天池村晨曦（2014 年）

善人桥村蒋家场（2014 年）

香溪社区（2017 年）

羊家场、钱家场、下官山、上官山、陈家岭、上山、顾塔里、小河上、下塘 21 个自然村，27 个村民小组，1134 户，户籍人口 4793 人，外来人口 1500 人。村级集体拥有总资产 7825 万元，净资产 7134 万元，村级可支配收入 1888 万元，村民人均收入 3.2 万元。

香溪社区　位于木渎山塘街，因香水溪而得名。前身是建于 1950 年的香溪街道。总面积 1.8 平方千米。2003 年进行村改社区试点，金星村与香溪、山塘、塔影 3 个居委会合并，成立新的香溪社区（居委会），办公地点在潜园街 181 号。社区经济由木渎金星经济合作社负责实施。2017 年年末，有山前、念店 2 个自然村，32 个居民小组，有居民 1827 户，户籍人口 5449 人，外来人口 1.28 万人。社区集体拥有总资产 4.61 亿元，净资产 3.01 亿元，村级可支配收入 3204 万元，居民人均收入 3.36 万元。

穹窿社区　位于穹窿山东麓。2006 年成立。总面积 6.43 平方千米。社区居委会驻地朱买臣路 532 号。境内有穹窿茅蓬森林自然保护区，有小王山、孙武苑、孙武文化园等景点。现有耕地面积 2922 亩。以经营藏书羊肉著名，社区有 500 多户、1600 余人在外地经营藏书羊肉店。2017 年年末，辖捞桥头、岭脚头、上堰头、朱家场、堰头村、石臼亩、徐家场、柳家场、仰家村、周家场、朱店村、小堰头、塘冈头、皇驾坞 14 个自然村，28 个居民小组，居民 721 户，常住人口 3164 人，外来人口 350 人。社区集体拥有总资产 1510 万元，净资产 733 万元，社区资产可支配收入 519 万元，居民人均收入 4.3 万元。

接驾社区　位于穹窿山东北麓。2006 年成立，因接驾堂村而得名。总面积 4.15 平方千米。社区居委会驻地上泾村。境内有穹窿山上真观、宁邦寺等多处景点。拥有耕地面积1040亩。社区有300户左右、1000余人在外地经营藏书羊肉店。2017年年末，辖南竹坞、庙前、山毗、上泾、接驾堂、吴家堂、宁邦坞7个自然村，19个居民小组，居民502户，常住人口2120人，外来人口239人。社区集体拥有总资产2688万元，净资产1138万元，社区资产可支配收入240万元，居民人均收入4.4万元。

居民委员会

2017年年底，木渎镇有13个居委会。

南亭居民委员会 位于胥江运河北。1950年成立，因南亭子而得名。总面积0.6平方千米。办公地点在南亭路28号。2017年年底，有居民1570户、4598人，外来人口1.64万人。

金山浜居民委员会 位于木渎镇北部。1953年成立，因金山浜而得名。总面积2.1平方千米。办公地点在金山路779号（金山浜花园B区）。2017年年末，有居民367户、930人，外来人口1.17万人。

翠坊居民委员会 1982年成立，因翠坊街而得名。总面积0.5平方千米。办公地点在东街39号。2017年年末，有居民1181户、3179人，外来人口2637人。

下塘居民委员会 1982年成立，因胥江河下塘而得名，总面积0.41平方千米。办公地点在姑苏路107号。2017年年末，有居民1150户、3350人，外来人口2293人。

藏书居民委员会 位于原藏书市

藏书居民委员会所在地（2017年）

镇区。1986年成立，2007年更为现名。总面积0.3平方千米。办公地点在穹灵路2280号。境内有善人桥集镇。2017年年末，有居民493户、2179人，外来人口1164人。

白塔居民委员会 1988年成立，因白塔河而得名。总面积1.8平方千米。办公地点在金山南路55号。2017年年末，有居民1152户、3145人，外来人口7035人。

同春居民委员会 1993年成立，因同春桥而得名。总面积0.38平方千米。办公地点在香溪东路翠坊公园东侧。2017年年末，有居民1445户、3999人，外来人口3248人。

花苑居民委员会　1996年成立，因花苑路而得名。总面积1.3平方千米。办公地点在香港路馨乐花园A区48号。2017年年末，有居民1347户、3619人，外来人口5816人。

胥江居民委员会　位于胥江运河以南。2006年成立，因依胥江运河而得名。总面积0.87平方千米。办公地点在金运花园7幢。2017年年末，有居民308户、761人，外来人口1.65万人。

长浜居民委员会　位于木渎镇东部。2008年成立，因原长浜村而得名。总面积1平方千米。办公地点在塔园路55号新旅城3楼。2017年年末，有居民2519户、6173人，外来人口1.64万人。

竹园居民委员会　2012年成立，因临竹园路而得名。总面积0.26平方千米。办公地点在竹园路788号桃花园物业二楼。2017年年末，有居民444户、1149人，外来人口3892人。

凯马居民委员会　位于木渎镇东中部。2012年成立，因凯马汽车城而得名。总面积0.41平方千米。办公地点在中山东路91号金枫美地28幢1楼。2017年年末，有居民1567户、3961人，外来人口1.39万人。

金枫居民委员会　位于木渎镇北中部。2012年成立，因金枫路而得名。总面积0.43平方千米。办公地点在金枫南路289号枫华紫园2幢201室。2017年年末，有居民828户、1903人，外来人口1.18万人。

自然环境

山丘

木渎镇内群山连亘，有名字的大小山体有20多座。东南部主要有七子山、万禄山、花园山、姑苏山（俗称和合山）、尧峰山、凤凰山，中部有灵岩山，北部主要有天平山、金山，西部主要有穹窿山、焦山、五峰山、马冈山、蒸山（又作真山、贞山）、雅宜山，西北部主要有天池山、花山等。

穹窿山　位于木渎西部，距离苏州古城西南 20 千米。古名由钟山、钟吾山，“因钟吾诸侯遁迹其间而名”（《穹窿小记》）。又名穷隆山、穹崇山、同岭、铜岭。东汉《越绝书》云：“由钟穷隆山者，古赤松子所取赤石脂（处）也。”二茅峰顶两峰并列，俗称同岭；曾出产自然铜，故又名铜岭。又称烂柯山，相传晋朝“王质烂柯”的故事曾发生在此，因此得名。穹窿山山势高峻，宽阔伟岸，绵延木渎、光福、胥口和苏州太湖国家

穹窿山落日（2016 年）

灵岩雪景（2016 年）

天平秋色（2017 年）

天池瑞雪（2017 年）

旅游度假区香山街道之间。山体呈北西走向，长约 7.5 千米，北高南低，北宽南窄，最宽处 4 千米。山体由石英砂岩构成，主峰大茅峰海拔 341.7 米，为苏州市最高峰。民谚云“阳山高高高，不及穹窿半截腰”，享有“吴中第一峰”之誉。

灵岩山　位于木渎古镇西北。山上多奇石，以灵芝石为最，因此得名。海拔 182 米，山体由花岗岩构成。山西麓巇村产石可作砚，亦名砚石山。山南有石鼓奇石，故又称石鼓山。春秋时期，吴王阖闾曾在山上兴建乐石城，故亦名石城山。远望山势右旋，状似巨象回顾，因此亦称象山。以春秋吴王遗迹、奇峰异石著名。

天平山　位于木渎古镇北部。山顶平正，可容聚数百人，因此得名。山势高峻，常有白云缭绕，故又称白云山。宋朝名宦范仲淹将祖坟迁葬于天平山三让原，朝廷赐为家山，故又名赐山，俗称“范坟山”。山体呈南北走向，南连灵岩山，北接支硎山，东为金山，南北纵向 4.4 千米，东西横向 1.4 千米，山地面积 92.6 公顷，主峰海拔 201.6 米。东为翁家山、鸡笼山。以奇石、清泉、红枫著称吴中。

天池山　位于善人桥集镇北。半山有天然水池，“横浸山腹，逾数十丈”（明《姑苏志》），因此得名。主峰莲花峰海拔 169 米，登临 668 级“灵峰天梯”台阶直达莲花峰。另有牛头岭、虎跑峰、石鼓峰、石衬峰、孩儿峰、金蟾峰、天门峰，群山环抱，奇石林立，泉流丰美，景色清丽。

七子山　位于木渎古镇东南。山上有 7 个土墩，相传是古人埋葬 7 个儿子的地方，因此得名。因山体四面皆横，旧名横山。又称踞湖山、五坞山、荐

烟雨七子山（2017 年）

福山、万禄山。山体呈北东西南走向，纵向 6.6 千米，横向 3.9 千米，跨横塘、木渎、横泾、越溪，南与尧峰山相连。主峰海拔 294.8 米，次峰凤凰山海拔 254 米。南为黄山，东北为福寿山和上方山，东南为吴山与陆墓山，西北为花园山。地理位置重要，“此山镇郡西南，临湖控越，实吴时要地。隋开皇中，尝迁郡于横山东，亦以是为屏蔽也”（北宋《吴郡图经续记》）。山顶 7 个高墩，为春秋战国遗迹。

链接：七子山土墩石室之谜

在七子山、尧峰山、五峰山等山脊线上，散布着一个个隆起的土墩石室。它是人工建成的人类活动场所，其建筑技术已达到相当精巧的程度。这些盛行于西周早、中期到战国时期的建筑物，其性质和作用学界则说法不一。

其一，军事说。据历代《吴县志》《太湖备考》等记载，这些都是春秋、战国时期吴越两国交兵中遗留下来的军事设施遗迹，即烽火台或藏军洞。七子山“临湖控越，实吴时要地”，兴筑土墩，与北方筑长城一样都是古代重要的攻防设施。发掘证明，土墩内部都有用岩石砌成的坚固石室，是卫戍部队藏军之处。

其二，墓葬说。民间传说七子山上的 7 个土墩，是渔家 7 个儿子的墓。在句容、溧阳一带的山坡上，确实发现了不少土墩墓，均是一个个隆起的、杂乱的土包，为西周到春秋战国时期所筑，从时代和形制上十分相似。

其三，居住说。这是人类从穴居发展到地面建房居住的过渡形态，在石室土墩中发现瓶、罐、簋、豆、壶、盂、坛之类原始青瓷和几何印纹陶生活器皿，还有木炭、红烧土块、禽兽骨、烟炱以及类似灶具等人类活动的遗迹，由此有人认为该石室是人类活动场所。

其四，祭祀说。石室内发现许多珍贵、崭新、成组、有特定布局的原始青瓷器，有些器物造型奇特，如九足盘、高足盆状多管器等，是古人祭祀用器物。

此外，民间还称之为“风水墩”。但真正性质、用途是什么，仍是个不解之谜。

姑苏山 位于花园山西北。又名姑胥山、姑余山、胥台山，海拔 60.2 米。春秋时期，吴王阖闾、夫差在山上建姑苏台。因“吴王”二字音讹，民间俗呼和合山。山下村落旧有吴王夫差庙，“世传此庙拆姑苏台木建成”（民国《木渎小志》）。山上现有姑苏台纪念亭。

尧峰山 位于木渎古镇东南。相传因唐尧时洪水泛滥，吴人避居于此而得名。海拔 223.7 米。山中旧有清辉轩、碧玉沼、多境岩、宝云井、白龙洞、观音岩、偃盖松、妙高峰、东斋、西隐十景。山半有叆叇岭，俗称鸭踏岭，岭下石坞中产文石，人称“尧峰石”，用以叠假山。东南为宝华山，北有凤凰池、紫石山。又有紫薇坞、瑞云坞、殊胜坞、褒忠岭、青霞岭、长旗岭、感慈坞、梅湾等。清朝，汪琬在山下构筑尧峰山庄，令“尧峰之名与渔洋并播天下”。

尧峰山（2017 年）

焦山远眺（2017 年）

金山 位于木渎镇北部、天平山东南。属天平山支陇，原名茶坞山，相传晋宋年间，因凿石得金而易名金山。山体呈东南、西北走向。纵向 1.6 千米，横向 0.9 千米，主峰金顶山，海拔 126.7 米。山上旧有育王塔、方石池、金山寺（亦名文殊庵）。山体为花岗石岩体，以质地细腻、坚硬著称于世，具有色泽古朴典雅、晶莹美观、抗压强度高、耐磨、耐酸性好的特点，因此民间统称金山，其附近出产的花岗石被称为“金山石”。自明朝起，山体被大量开采。1999 年 12 月后停止开采。

焦山 位于灵岩西北，俗称大焦山，以区别镇江焦山。南北长约 2.5 千米，东西宽约 2 千米，最高峰为白鹤顶，海拔 200 米。以产花岗石著称，开采历史悠久。民国《香山小志》云：“焦山坐落灵岩山之西，北上为白鹤顶，孙权葬母其顶，焦山禁开，移开高景山。自明嘉靖后复采石，迄今数百年，划凿愈甚。其下即巉村。”清末上海列入通商口岸后，焦山被大规模开采。民国时期，经营石业的宕户有 33 家（一说 36 家），“焦山产石料，占苏沪建筑上重要位置”（《善人桥区政录》）。新中国成立后，焦山花岗石采石业成为当地主要产业之一，1999 年 12 月后停止开采。

五峰山 位于穹窿山东北、天池山西南，因有五峰而得名。东与天平山、灵岩山毗邻，为灵岩山分支，主峰海拔 101 米。又称白阳山（或作白羊山）、伏龙山、清流山。北有金井坞，东南为博士坞。山脊有土墩石室 25 个，呈椭圆形馒头状，经考古发掘证明，年代为西周至春秋时期。

河湖

木渎紧临太湖，境内河道纵横，密如蛛网。六七十年代，实施农田水利整治改造工程，曾新开向阳河、长浜河、凤凰河、中心河、竖河等交通和生产河道 20 余条。90 年

胥江运河（2016 年）

代起，随着大交通的发展，特别是城市化的推进，境内河道逐渐减少。2017 年，木渎镇有河浜 180 多条，主要河湖有胥江运河、木光运河（旧称香溪）、采香泾、向阳河、南街河、下沙塘河、白塔河、长浜河、官桥塘、寿桃湖等。

胥江　又名胥江河、胥口塘。周敬王十四年（前 506），吴国相国伍子胥率众开挖，因此得名。一说因胥山得名。它是世界上最早人工开凿的运河之一，是太湖东西向主要出水河道。西起胥口（今苏州太湖国家旅游度假区香山街道）的太湖，经木渎古镇、西跨塘，至苏州虎丘区横塘，与京杭大运河相接，沿枣市街在泰让桥与外城河会合，全长 16.6 千米，底宽 10~20 米。横贯木渎东西，为境内重要的交通、运输航道。木渎古镇区市河段长 2 千米、宽 8 米、深 1.5 米。1959 年，在木渎古镇南木东公路与胥江交会处建造船闸，为绕开木渎古镇开挖月牙形走向新河，在同春桥西和西津桥西分别与老河交汇，新河全长 2.41 千米、底宽 20 米。船闸现已移至太湖入口处。

香溪　又名香水溪。相传吴王夫差为取悦越女西施，在灵岩山顶建馆娃宫，西施在宫中每日用香料沐浴，水流入山下河中，日久脂留满河生香，故名香溪。俗称脂粉塘，据《续吴都文粹》卷十一云："香水溪在吴故宫中，俗云西施浴处。一云吴王宫人洗妆于此，故又呼为脂粉塘。"1958 年，改称木光运河。香溪源自光福铜坑港口，由西崦湖、

香溪（2017 年）

东崦湖而来，经善人桥、石码头，东至木渎斜桥口入胥江，全长 13.1 千米。木渎段长约 9 千米，自东向西有斜桥、虹桥、王家桥、方家桥、胡家桥、石马桐桥、庙桥、长史桥、高木桥、塘湾桥、福寿桥、鸾和桥、汇源桥，民间有“香溪九里十三桥”之谚，木渎古镇区段长 1 千米、宽 12 米、深 1.5 米。

采香泾 位于灵岩山前，从胥口香山南受太湖之水，向北流至灵岩山前与香水溪汇合。传说当年吴王夫差为讨得越女西施欢心，在灵岩山上弯弓搭箭，向太湖旁香山方向射出一支箭，下令依照箭飞行路径，开凿河道，故俗称箭泾河、一箭泾。采香泾北起灵岩山前香水溪，南接胥口香山嘴河，在津桥附近流入胥江，全长 4.41 千米，河面宽 15 米，底宽 8 米，河底高程 1 米。

寿桃湖 由金山采石宕口而形成，因寿桃山而得名。晋宋以后，金山因花岗石质地优良成为石料开采最佳处，历代采石不止。1999 年 12 月《苏州市禁止开采矿石条例》公布实施后，金山地区的采石矿厂关闭。此时金山仅存下次峰寿桃山，在寿桃山东侧因开山采石留下的宕口形成一个巨大水潭，即为寿桃湖。2013 年，木渎启动“两山一镇”（即天平山、灵岩山、木渎古镇）环境整治和生态提升工程，将宕口改造成山水自然景观。寿桃湖面积 0.2 平方千米，平均水深 10 米以上，最深处达 15.16 米。

气候　木渎地处长江三角洲腹地、苏州西南部丘陵盆地。受亚热带季风气候和太湖水体调节作用的影响，境内四季分明，日照充足，气候温和，雨量适宜，土地肥沃，基本无洪涝灾害。自有气象记录至2017年，年平均气温为15.9℃，最冷月为1月，平均气温3.3℃；最热月为7月，平均气温为28.6℃。根据气象记录，最高气温41℃，出现在2013年8月7日；最低气温－12℃，出现在1933年1月10日。年平均降雨量1096毫米，日最高降雨量291毫米；年平均日照数为2189小时，年平均日照率为49%。

矿藏　木渎矿藏资源分布在山体及沿山区域，主要矿藏资源有花岗石、石英砂岩、砚台石、沉积型铝铁矿石。其中花岗石（俗称金山石）资源是木渎的主要矿物资源，分布在灵岩山、金山、焦山、天平山、天池山、鹿山，石质硬度高，色泽清白（或透红），为花岗石精品，广泛用于建筑、建材与化工工业及工艺雕刻等。石英砂岩资源是玻璃制造的主要原料和冶金辅料，分布在七子山、尧峰山、穹窿山。砚台石资源为制砚石料，境内有黄、青、红等色的澄泥页岩（巘村石）和马冈山青灰色的苏砚页岩两种。铁矿石资源分布在花园山，铌、锌矿石资源分布在灵岩山、西龙池，铝矿石资源分布在七子山青石桥村北小山。产于尧峰山的尧峰石（亦称文石）以古朴著称，用于建造园林假山。2000年1月1日起，全镇所有山体禁止开采石矿。

人口　民族　姓氏

7000多年前，木渎地区就有人类活动。春秋末年，木渎形成居民点。唐宋时期，木渎形成集镇，人口增多。明清时期，商贸繁荣，“人物日盛，出为仕宦商贾者亦复不少”。清末，木渎镇上“居民稠密，入太湖者皆取道于此”（清同治《苏州府志》）。

人口总量　民国时期，木渎人口呈稳定缓慢增长。1934年，吴县第二区（木渎）共有22209户。1945年11月，吴县第二区（木渎）有男性42663人、女性41241人。

1949年，木渎镇14743人，金山镇10508人。1953年第一次全国人口普查，木渎区

全民健身活动（2015 年）

孩子放学（2017 年）

有 13034 户、52455 人，其中，七子乡 4014 人，石城乡 3473 人，姑苏乡 4212 人，新华乡 4000 人，金山乡 4115 人；木渎镇 2012 户、8027 人。

此后，随着人民生活水平和医疗卫生技术的提高，人口增长较快，人口寿命不断延长。70 年代起实行计划生育，木渎镇人口保持有计划的平稳增长。

2010 年 7 月 1 日全国第六次人口普查，木渎镇有 26449 户、87249 人，其中男性 43170 人、女性 44079 人，男女性别比为 102。

2017 年年末，木渎镇有居民 29909 户，常住人口 99891 人。

人口结构 2017 年，全镇人口年龄构成：0~18 岁未成年人占常住人口的 18%；60 岁以上老年人占常住人口的 22%；其中，70 岁以上 5759 人，80 岁以上 2499 人，90 岁以上 296 人，100 岁以上 1 人。文化构成：大学以上文化程度 6884 人，占 7%；大专、中专文化程度 10170 人，占 10%，高中文化程度 11253 人，占 11%。

外来人口 90 年代起，随着木渎经济的快速发展，外来人口不断增多。2017 年 12 月，全镇外来人口登记数达 172662 人，其中男性 100227 人、女性 72435 人。按省份统计，江苏 48198 人、安徽 37984 人、河南 20908 人、四川 10545 人、山东 8351 人、湖北 6459 人、陕西 5560 人；其余超过 3000 人的有江西、甘肃、湖南、浙江，超过 2000 人的有云南、贵州、福建、山西，超过 1000 人有黑龙江、重庆、河北，其他地区 4998 人。

民族 木渎人口以汉族为主。2017 年，全镇有少数民族人口 793 人，约占常住人口的 0.08%，其中，满族 177 人、回族 175 人、土家族 89 人、壮族 74 人、朝鲜族 68 人、蒙古族 54 人、苗族 52 人、侗族 19 人、布依族 14 人、畲族 11 人、彝族 11 人、仡佬族

9人、瑶族8人、藏族7人、锡伯族7人、白族4人、土族2人、鄂温克族2人、黎族2人、维吾尔族1人、傣族1人、羌族1人、水族1人，另有穿青人4人。

姓氏 2017年年末，木渎有姓氏361个，其中，1000人以上姓氏21个，依次为：王姓5714人、周姓4791人、张姓4696人、陈姓4532人、朱姓4292人、吴姓4129人、徐姓3667人、顾姓3188人、李姓3123人、沈姓2882人、许姓2394人、陆姓1915人、杨姓1771人、黄姓1738人、钱姓1590人、刘姓1516人、孙姓1477人、赵姓1370人、金姓1275人、马姓1186人、柳姓1107人，独人的姓氏25个。

链接：木渎部分姓氏来历

朱氏 古代高阳帝之后，周朝时封于邾（今山东邹城境内），后为楚灭，子孙被迫离开，逃至沛国（今江苏徐州），居住下邳。汉元始三年（3年），其中一支自下邳迁居苏州穹窿山。为不忘故乡，村子就叫“邳村”。朱氏人丁兴旺，人才辈出，成为吴地旧时“四大家族”之一。

范氏 祖籍邠州（今陕西彬县）人。唐咸通十一年（870），范仲淹四世祖范隋任丽水县丞，遭离乱，“家于苏之吴县，自尔遂为吴人”。居住在苏州城区灵芝坊（今普济桥旁、雍熙寺之后）。北宋时，范仲淹将迁吴始祖范隋、曾祖范梦龄、祖父范赞时、父范墉之墓迁葬到木渎天平山三让原。从此，范氏后裔陆续居住木渎，成为当地望族。

殷氏 祖先曲阿（今江苏丹阳市）人。北朝宋元嘉十三年（436），尚书仆射殷景仁为避祸，“托言采药，结庐吴郡香山”，卒后赐葬香山小苑岭，“给采田六顷，守冢六十家”。后裔殷怿，唐朝天宝末避乱东归，正式定居香山，后人遂为吴人。明朝殷褒（字伯扬），“洪武中官嘉兴教授”。其子殷哻、其叔殷奎均为教谕，故有“殷学官之家”之称。殷褒始移居木渎，逐渐成为渎上望族，与淡氏并称。

周氏 祖先为纪氏，祖籍常熟福山，世为望族。明朝末，纪瑞宇避兵到木渎，依附亲戚周顺宇而居，从其姓改纪为周。三传至周补梅，英英擢秀，以文学著称，逐渐成为木渎大族。

严氏 祖籍东山。清嘉庆年间（1796—1820），严征祥到木渎经商，其

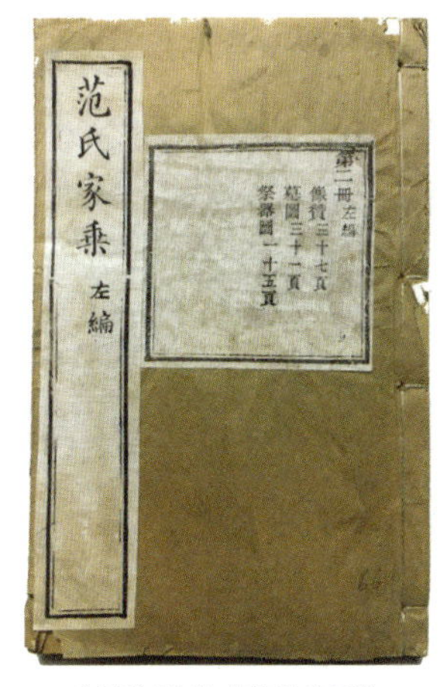

〔清〕道光《范氏家乘》

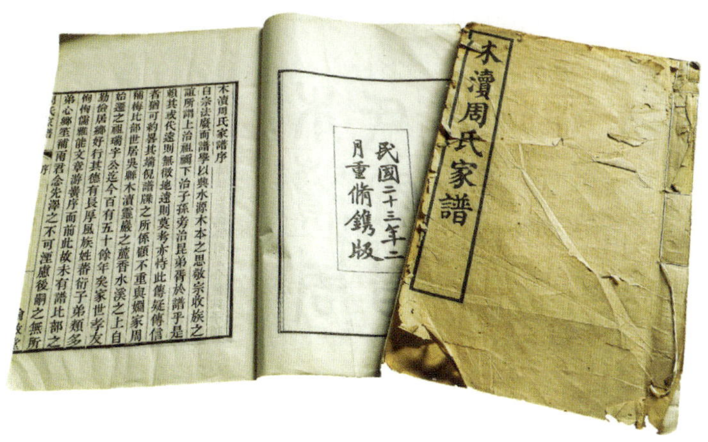

〔民国〕《木渎周氏家谱》

子严国馨正式迁居木渎西街。至清光绪年间（1875—1908），严家经商富甲一方，与郑、徐、蔡合称木渎“四大家族”。

集镇建设

2017 年，木渎镇有木渎、善人桥、石码头、官桥 4 个集镇。另有西跨塘、金山浜 2 个近期已消亡的小集镇。

木渎 春秋时期，吴王夫差在灵岩山上建造馆娃宫，大批工匠、民工集聚山下，逐渐形成集镇。北宋正式设镇后，商业、家庭手工业逐渐发展，灵岩山雕制的石砚、王惟清制作的墨、袁遇昌捏制的泥娃娃，曾经闻名吴中。元明时期，木渎集镇上银作、铜作等手工作坊享有盛名。明清时，木渎为市易都会，商贾云集，成为方圆几十里的经济、文化中心。清末民国初期，严、郑、徐、蔡“四大家族”办企业，开商店，占据整条山塘街。30 年代，集镇上有永宁庄、元益庄等夏布庄二三十家；香山班、西山班、湖州班轮船在此设站。

1952年，集镇区面积4.1平方千米（建成区2.5平方千米）。中市街为政治、商业、文化中心。60年代后期，郏巷弄及南街一带创办阀片、味精、饮料、草包、纸箱等工厂。70年代，镇区东郊创办石灰氮、制氧机、钢铁、农药等县属工厂22家。集镇区面积扩大至7平方千米左右，人口2.3万人，成为吴县最大的集镇。80年代后期，商业闹市中心发展到翠坊街。1990年，木（渎）东（山）公路拓宽，集镇区北延，由翠坊桥通至苏福公路。1992年修建金山路。1994年，位于苏福路与金山路交界东北侧的木渎商城建成。1995年，翠坊集贸市场（北区）开业。1996年，金山路与竹园路通车。集镇区东扩至苏州高新区横塘街道；南至尧峰山，与横泾街道相连；北接苏州高新区枫桥街道。同年6月，镇政府由翠坊北街迁到金山南路。随后，木渎的金融、商贸中心相继北移至金山南路。

2017年，集镇区道路呈“五纵五横”格局。“五纵”即：南北主干道——翠坊街北延，跨越苏福公路（木渎段现名中山路），连接金山南路，直通金山浜；东边有金枫路、珠江南路、长江路；西有灵天路，并向南延至新姜窑路，接通宝带西路。“五横”即：东西主干道——中山路，镇南是宝带路，北边是竹园路、玉山路、渔洋街。并形成四大经济功能区域，北部（即中山路北）为木渎经济开发区，有金枫路创新、创意产业街区；东部为凯马汽车城和长江路五金机电城；南部为金桥民营工业园；老镇区和镇西部为旅游产业及民居休闲区。

2017年，木渎集镇区总面积21.44平方千米。区内有经济开发区2个、大型商场12家、住宅小区22个、中小学校8所、银行12家，常住户籍人口5.3万人，外来暂住人

木渎街市（2016年）

繁华的金山路（2015 年）

口 172662 人。

善人桥 位于穹窿山东北麓。集镇西原有横跨查金浜石桥——善人桥，集镇以桥得名。明清形成集镇，街道呈东西走向，分布在木光运河（旧称香溪河）两岸，北岸称上塘街，南岸称下塘街。民国中后期先后为吴县善人桥区、吴西区署及善人桥镇公所驻地。民国至新中国成立初期，上塘街有各类商店 30 多家，下塘街有铁铺、柴行 7 家。新中国成立初，为善桥乡政府驻地。1952 年成立善桥供销社，在上塘街开设百货部、粮

善人桥街市（2017 年）

油供应站。1957 年 12 月后，为藏书公社、镇（乡）政府驻地。1958 年起，下塘西街开设粮管所、粮库。此后，陆续创办农机厂（制冷机厂）、石料厂（总部）、毛纺厂、装饰布厂、电子厂等乡办企业 20 多家。80 年代中期，集镇区域向东扩展，金融、行政管理机构向新疆街集聚。90 年代，建成新市一街、二街、三街及新市路。此后，以苏福路（现名穹灵路）、穹窿路段形成“藏书羊肉美食街”，开设羊肉店 30 余家；开设砚台、石壶工艺店多家。2006 年 9 月藏书镇撤销前，善人桥集镇区有财政所、税务所、工商所、

善人桥牌楼（2017 年）

交管所、土管所、水利站、电力站、邮政电信支局、文化站、农科站、公安派出所和卫生院、影剧院、藏书中学、实验小学、成教中心、老年大学、实验小学幼儿园。

2017 年年末，善人桥集镇面积 0.6 平方千米，有主次干道 13 条，全长 5 千米余，有 7 条公交车路线经过，集镇区设有车站 8 个。有超市 4 家，其他商店 130 余家，民营企业 4 家，合资企业 2 家；幼儿园、小学、中学、医院、邮政电信局、派出所各 1 所，银行 3 家。有住宅小区 5 个，常住户籍人口 3000 余人。

石码头　位于灵岩山西麓、焦山南。原为东巙村，因焦山花岗石开采而成为石料码头。焦山开采历史悠久，清末上海开埠通商后，各国列强在上海租界大规模建设，纷纷到焦山采购花岗石作为建材，东巙村成为石料运输码头，香溪（现木光运河）“沿河堆石数百万件，运石船达二三百艘，石工力夫四五千人”（李根源《吴郡西山访古记》卷一），路边及河道两边石料堆积如山。石料商贾频繁往来，因此形成集镇，人称石码头。集镇街道沿河而建，东西长150余米，商店林立，街市繁荣。民国初期，有烟酒杂货店、粮油豆饼店、面饭店、茶馆、肉店、布店等。石作、石铺有周元泰、赵安泰、陆兆茂、殷正源、许正茂、费福昌等30多家。1932年，在石码头设立焦山镇。抗日战争期间，侵华日军在焦山一带打山洞、筑工事，强行抢去码头石料达200余船。之后，石料销路不畅，集镇渐见萧条。

新中国成立初期，石码头先后为焦山乡（小乡）和藏书乡（中乡）政府驻地。1958年后，相继创建石料厂、砖瓦厂、车木厂、环保设备厂、花岗石板材厂、福利包装厂等乡办企业。80年代后，石码头集镇区向东南拓延，形成新街区，主街香溪路（现名石胥路）南北长980米、宽12米（不含人行道），工厂、商店纷纷落户。香溪桥北堍东首建有农贸市场，占地面积400平方米，建筑面积200平方米。

2017年，石码头集镇面积0.4平方千米。老街区有42户、179人。新街区有企业20余家，超市3家，各类商店60余家；有幼儿园、小学、村老年大学、医院各1所，银行1家，居民新村1个。集镇区有外来人口600余人。

官桥　位于善人桥集镇北5千米。旧名观桥，镇上有石桥，桥西堍北侧有道观，因此得名。1932年成立善人桥区，观桥为观桥乡公所驻地。至解放初期，有面店、点心店、烟糖杂货店、豆腐店、肉店、茶馆、理发店，还有酿酒坊、油坊、酱品店、铁铺等近20家。1958年，藏书医院在此设诊所。1971年，藏书供销社设官桥下伸店（供应百货、生产资料等）。1987年，在桥西堍开发建成80米长、4米宽的新街区，与苏锡高速公路（今名藏北路）相接。1995年，兴建农贸市场，占地面积2600平方米，建筑面积1100平方米。1998年，藏书医院在此建官桥分院。1997年起，官桥村在此开发房地产，沿公路两边扩大市场建设，街道总长延伸至600米，集镇面积拓展至2万平方米，店铺有60余家，车来人往，客流如潮。2000年后，因苏州高新区开发，邻乡镇村民搬迁，顾客逐步减少，商市渐减盛势。

2017年年末，官桥集镇有店铺26家，另有农贸市场、医院、老年活动室等。常住

官桥（2017 年）

居民 35 户、141 人。苏州公交车设有停靠站。

西跨塘 位于木渎古镇东部 3.5 千米处，因西跨塘大桥而得名，俗称大桥头。胥江运河与通往横山的陆路交汇，舟来人往，自然形成集镇。清朝后期设西跨塘镇。民国时期，西跨塘有各式商店，还有医院、市立小学等。50 年代，小镇街路长 100 余米，有居（村）民 20 多户，街上有小商店、作坊和医疗室、小学。80 年代，附近创办吴县钢管厂、吴县木渎墙地砖厂、金猫水泥厂、吴县民房构件厂等企业，有小学、中学。随着城乡一体化发展，至 90 年代中期商店迁走。21 世纪初，企业转制，农村拆迁，集镇消失。

金山浜 明朝中后期，金山被大量开采，离山最近的金山浜成为石料集散地，逐渐形成集镇，因此得名。清末民国初期，金山采石业进入昌盛时期，船只云集，商贾频繁往来。集镇街道长约 250 余米，商业区长 100 余米。民国时期，集镇为金山镇镇公所驻地。50 年代为金山乡政府驻地，有小学、邮局、银行及商店 30 余家（所），有居民 115 户、350 多人（非农户 35 户、100 余人）。六七十年代，金山有村办、乡办、县属石料企业各 2 家。集镇区面积扩大至 0.3 平方千米，南部有 700 米长水泥路，西接苏金公路，东抵达木渎市镇公路，并设金山浜汽车站。80 年代，外来民工纷纷涌至金山浜，从事采石、轧石、运石，集镇热闹繁荣。1999 年 12 月，金山采石企业全部关停。

2014 年起，金山浜集镇拆迁、改造，周边先后建成苏州国际影视娱乐城和金山浜花园、金域蓝湾花园、樾园、青山溪语花园等居民住宅小区，以及苏州市聋哑学校分校等，老镇消失。

石码头（2017年）

镇域经济

木渎经济发达，除农业、工业、商业、房地产业外，还有文旅、采石、刺绣、羊肉、花木、山陵等特色产业。木渎是全国百强镇，2017 年，全镇实现地区生产总值 167.5 亿元，其中，工业总产值 71.68 亿元，服务业总产值 95.5 亿元，一、二、三产业产值比重为 1.91∶42.79∶57.01。全口径财政收入 39.96 亿元，公共财政预算收入 22.64 亿元。

农业 木渎农业向以水稻、三麦、油菜、蚕桑为主，直至 80 年代中期仍占据木渎经济的主导地位。1983 年，木渎全面推行以农户为单位的家庭联产承包责任制，90 年代推行适度规模经营。1996 年年底，木渎有种粮大户 24 家，占木渎责任田面积的 94.5%。是年，木渎镇（不包含藏书镇）粮食作物种植面积 1.88 万亩，粮食总产量 1.4 万吨，农业总产值 6151 万元。2000 年，藏书镇粮食作物种植面积 1.56 万亩，粮食总产量 1.07 万吨，农副业总产值 2.44 亿元。随着城乡一体化的加速推进，木渎被列入苏州中心城区，大批粮田被用作工业用地和房地产用地。2002 年起，木渎不再种植水稻。2010 年起，藏书地区不再种植水稻。2015 年后，木渎镇不再种植三麦、油菜。2017 年，木渎的农业经济主要为花木业（参见本志“基本镇情・镇域经济・花木业”）。

工业 北宋设镇后，木渎手工业逐渐发达，至元明之际出现手工业与作坊并存的格局。明代有织麻、织布、焙茧、刺绣、采石等产业，清代有米、酱、酒、油、豆、糕饼等作坊、工厂。清末，形成食品加工业、碾米业、棉麻纺织业、铁器业、木业、竹业、成衣业等 10 多个行业。1920 年，镇区有碾米厂 17 家，成为苏州西部稻米加工中心。1956 年，木渎实行公私合营和合作化，组建成米厂、石灰厂及手工业生产合作社、组。1958 年，组建工厂 32 家。70 年代，在木渎东郊创办钢铁冶炼、农药制造等 22 家县属厂，成为吴县工业重镇。80 年代，通过联营或办分厂的形式，创办乡村工业，经济总量突破亿元。90 年代后期发展外向型经济，1993 年木渎工业总产值 15.34 亿元，被国家统计局公布为“全国十亿元乡镇”。1996 年，木渎镇（不包含藏书地区）有县、镇、村工业企业 156 家，形成建材、医药、电子、机械、服装、工艺、食品等 12 个门类，工业总产值 25.25 亿元。进入 21 世纪以后，木渎调整产业结构，发展创新创意产业、总部经济、产研综合体。2017 年年末，木渎镇拥有工业企业 3472 家，实现工业总产值 165.24 亿元，全口径财政收入 11.34 亿元。

商业 木渎自古商业繁荣，清代成为苏州西部最大的商埠。1912 年至 1937 年抗日战争前，木渎是苏州西部稻米、麻布交易中心；集镇上商店鳞次，铺肆栉比，交易活跃，市场繁荣。1949 年解放前夕，木渎商业有米行、百杂货、棉布、南北货、饮食服务等 40 多个行业，经营商户 228 家，摊贩 800 多个。1950 年后，木渎相继成立国营粮管所、商业和供销合作社。1956 年私营商业实行社会主义改造后，形成以国营商业为主体、集体商业为辅助的商业体系，商家店铺主要集中在古镇区的中市街、西街、翠坊街。90 年代起，规划建设木渎新区、商城和小商品市场。1996 年，木渎（不包含藏书地区）有个体商业 979 户，供销社 1 家、经营网点 22 个，国营商业 5 家、销售点 26 个，从业人员 2300 多名。2000 年后，木渎商业进入全面繁荣，形成以凯马汽车、长江路五金机电、江南汽配、藏书花卉苗木等专业市场以及惠润邻里中心、金山路商圈等商贸流通业。2017 年年末，木渎镇拥有商贸服务企业 17715 家，实现商贸服务总产值 476.76 亿元，全口径财政收入 20.76 亿元。

繁华街市（2015 年）

金山石开采（1984 年）

采石（1996 年）

采石业　木渎矿产资源丰富，尤以花岗石著称。花岗石，俗称金山石，主要分布在金山、天平山、灵岩山、焦山、天池山、五峰山、鹿山、庙山等处。三国之前，花岗石就有开采。《香山小志》记载，东吴孙权葬母于焦山白鹤顶，“焦山禁开，移开高景山”。晋宋年间，天平山前的茶坞山因“凿石得金”而更名金山。金山石料质地坚硬，色泽清白，成为花岗石的精品，民间因此统称金山附近开采到的花岗石为“金山石”。宋代，屡禁屡开，产量甚微。明代，金山、焦山大量开采，并延扩至灵岩山，山上奇峰异石大半被采去。随着开采工具的改进和技术的提高，至清代，金山石料用途日益广泛。清末上海开埠后，列强各国在上海租界大规模建造商行、银行、宾馆、饭店、教堂、住宅，金山石开采进入鼎盛时期。至 1937 年抗日战争爆发前，金山地区开山宕户有 70 多家。1949 年 4 月木渎解放前夕，金山地区开山宕户有金洽来、陆同泰、唐生泰、李大丰、陆祥泰、严森泰、周全泰、郁明泰、朱怡昌、朱宏泰、周松泰、蒯田号等 30 多家。

新中国成立初期，金山石开采仍以私营宕户和个体户为主。1952 年，华东水利局苏南海塘工程处苏州石料采运处、苏州市采石公司在金山开办采石场。1955 年，南京军区工程兵在金山浜开设采石场，并铺设小铁路运输石料。1956 年，木渎的金山石厂与周全泰、严森泰、郁明泰等 8 家石号并入地方国营石料公司，实行公私合营；藏书的费福昌、蒋兴泰、殷正源心记、殷正源全记、殷妙泰瑞记 5 家宕户参加公私合营焦山石业联销处。1958 年，吴县采矿公司金山矿区建立。金山、藏书人民公社分别建立金山大石厂、藏书（焦山）花岗石料厂。60 年代初，石厂下放给大队生产经营。1968 年，恢复成立金山石料厂、藏书采矿石料厂。七八十年代，藏书公社采石宕口有焦山、五峰山、天池山、鹿山、庙山等 16 处。1977 年，金山、藏书和枫桥石厂承接北京毛主席纪念堂（南北甬道）的采石加工及安装工程。1984 年，藏书采矿石料厂分成 6 家乡办采石厂。此后，木渎、藏书地区的采石业十分兴盛，成为重要经济产业。1999年12月起，贯彻苏州市人大《苏州市禁止开山采石条例》，木渎停止金山石开采。

羊肉业 木渎藏书地区农民自古有养羊、开羊作（羊肉店）、卖羊肉的传统，作为家庭副业世代相传。90年代起，政府把发展藏书羊肉产业作为一项民生工程，通过引导、扶持、鼓励，成为当地一大特色产业。2017年，藏书人在外地开设藏书羊肉店1600多家，从业人数6000余人，年产值约12亿元。

刺绣业 刺绣曾是木渎地区妇女必须掌握的活计，母女、婆媳、妯娌，互为影响，世代相传，绣艺益精。清代，木渎地区几乎家家有绣绷，户户有绣娘。善人桥一带妇女擅长袍褂、补子等。清末民国初期，苏绣艺术家沈寿创仿真绣，开创一代新风。民国前中期，木渎地区刺绣兴盛，尤以盘金绣著名。抗日战争期间，刺绣业陷入困境，农村绣女纷纷抛弃绷架，另谋生路。

新中国成立后，刺绣业复苏，成为农村主要的传统副业。木渎、官桥等集镇设立刺绣发放站。1954年，善人桥供销社下设刺绣部。翌年，成立木渎刺绣生产供销合作社，有绣工3276名。1956年，木渎成立刺绣生产合作社，绣工发展至4283名，其中社员3204名。1958年，金山、藏书公社分别成立刺绣厂，有绣工120名（其中金山92名）；藏书公社的永新、兴奋、生建、合丰、社光等生产大队也建立刺绣厂，各有绣工15~30名不等。金山公社刺绣从业者有4057名（专业人员700名），木渎集镇区刺绣从业者有274名。60年代起，刺绣仍以家庭为主。1980年，成立吴县木渎剧装绣品厂。90年代初，藏书镇有刺绣个体户20多户。1996年，木渎有镇办刺绣工艺服装企业2家，总产

刺绣现场表演（2010年）

花木之村——天池村（2015 年）

值 24483 万元，占木渎镇工业总产值的 12.44%。此外，还有众多的家庭绣娘。90 年代后，刺绣逐渐向高档工艺品趋势发展。21 世纪起，从业者因年龄老化人数锐减，刺绣已不再成为独立的产业。

花木业　木渎地区丘陵众多，山地约占全镇总面积的 30%，当地农民有种植、销售花卉苗木的传统。1958 年，藏书公社官桥大队创办全社首个集体苗圃——真山苗圃，并逐步影响周边生产大队，篁村、天池相继兴办苗圃。1971 年，木渎在七子山创办育苗基地，面积 500 亩。70 年代中期，藏书有东方、永新、生建、兴奋、农林、社光等 10 个苗圃，面积 1800 余亩。1984 年，木渎多服公司改名为木渎镇花木公司，木渎有苗圃花木场 13 个、面积 450 亩，农民自营苗木 500 亩。翌年，藏书成立花木公司，有花木经纪人 200 余名。1985 年，篁村（现属天池村）苗木专业户陈根兴成为吴县首个万元户，1986 年 2 月 11 日江苏省省长顾秀莲曾专程走访。

1991 年，藏书乡被农业部确定为优质花木盆景生产基地，苗木基地面积扩大至

花木基地（2017 年）

4000 余亩，草坪基地面积有 2000 亩。1998 年，藏书镇被江苏省农林厅、省花木协会命名为“花木之乡”。2000 年年底，藏书镇栽培花木面积 5000 亩、草皮 3000 亩，占藏书镇经济作物面积的 80%，花木销售额达 3000 多万元。2017 年，木渎镇花卉苗木种植面积 1.4 万亩，品种有 73 科、360 余种，分为花卉、苗木、盆景、草皮 4 大类。花木销售形式有开设专业公司、专业市场设立摊位、网上销售。2017 年，木渎镇花木从业人数 5500 人左右，其中经纪人 520 人。全年花木销售额 3.38 亿元，其中，花木市场 3 亿元，农户零售 0.38 亿元。

山陵业 木渎山峰绵亘，拥有穹窿、灵岩、天平、七子、尧峰、真山等山丘数十座，满目苍翠，形胜地美。自古以来，木渎就是达官贵人、骚人墨客心目中的风水宝地，理想的终极家园，历史上曾有数以千计的名人归葬于此，形成七子山麓钱氏、天平山范氏、花园山吴氏、北竺坞文氏、五峰山黄氏、穹窿山韩氏等多个家族墓地，其中天平山范氏墓地从唐末五代以降葬有范氏家族人员 80 多人。民国时期，木渎有灵岩、天平、穹窿、五龙、金牛、麒麟等公墓，成为苏沪名流安息之地。60年代实行殡葬改革后，木渎以得天独厚的条件赢得人们的青睐，成为上海、苏州等地居民百年后归宿的最佳选择地。1978年，在天平山创办苏州公墓。1981年，在七子山西麓创办凤凰公墓。随后，木渎利用山丘优势，因地制宜，规划建设公墓，形成凤凰、七子、灵天、藏书四大公墓片区，总面积133.4万平方米。至2017年年底，木渎山陵墓穴总数20余万穴，全年实现经济收入1.27亿元。

每年清明节前后，大批墓主亲人纷纷前往木渎各墓区祭扫，形成数量庞大的祭扫人群，火车站、汽车站均开设扫墓专线车，各墓区也设专车运送祭扫人群。据交通、公安部门统计，2017年到木渎各墓区祭扫的人数达142.9万人次，累计自驾车辆17.37万辆次。祭扫后，祭扫者前往木渎各景区旅游、就餐、购物，由此产生规模可观的消费，成为木渎经济的重要组成部分。

社会事业

教育

元至元年间（1335—1340），范仲淹裔孙范邦瑞、范士贵在天平山建范氏义塾。明清时期，盛行私塾教育。清光绪三十年（1904），创办木渎公立初等小学堂。民国初期，木渎有公立国民小学10所。1937年，创办私立吴西讲习所（不久停办）。1945年，开办私立灵岩初级中学。1947年，创办吴县县立初级实用职业学校。

1949年以后，木渎教育事业不断发展。1978年改革开放后，全镇教育事业日益昌盛。1996年，全镇有中学3所，小学9所，附设幼儿园2所，成人教育中心校1所，中专以上学校6所。同年，木渎镇被列为江苏省现代化教育试点镇，获得“全国社区教育示范乡镇”称号。2017年，木渎高中有江苏省木渎高级中学、木渎金山高级中学，共计教师358人、班级70个、学生2901人；初中有木渎实验中学、藏书中学、南行中学 3 所，共计教师 258 人、班级 65 个、学生 3089 人；小学有江苏省木渎实验小学、木渎中心小学、藏书实验小学、姑苏实验小学、南行实验小学、范仲淹实验小学 6 所，共计教师 755 人、班级 323 个、学生 14273 人。各小学均设附属幼儿园，小区配套幼儿园 15 所。另有民办小学 4 所、老年大学 1 所、全日制民办普通高等院校 1 所。

木渎实验小学附设幼儿园 园址在翠坊南街 12 号。前身是木渎砚山女子小学附设幼稚园。1954 年，由 2 个班增至 4 个班，有幼儿 191 名。1968 年停办。1969 年复园，设 2 个班。1981 年更为现名。1986 年，搬迁至香溪东路建新园，占地面积 3303 平方米，建筑面积 1681 平方米。1996 年，有 9 个班，幼儿 368 人，幼儿教师 23 人。2017 年，幼儿园有 18 个班，幼儿 612 人，幼儿教师 50 人。

江苏省木渎实验小学 校址南亭路 18 号。前身是清光绪三十年（1904）创建的木渎公立初等小学堂。民国时期，改名木渎镇中心国民学校。1950 年，更名为吴县木渎中心小学。1962 年，定为吴县重点小学。1969 年 1 月，改名为吴县农机厂红旗小学。1971 年 9 月，复称木渎中心小学。1978 年，被定为江苏省首批办好的 14 所重点小学之一。1981 年改为现名，1983 年定为省级实验小学。1989 年被评为一类实验小学。1996 年，有班级 41 个，学生 1924 人，教职工 117 人。2017 年，学校占地面积 1.58 万平方米，建筑面积 8194 平方米，有班级 49 个，学生 2513 人，教职工 175 人，其中教师 160 人。

江苏省木渎高级中学 前身是 1937 年创办的私立吴西讲习所。苏州沦陷后停办。1947 年建立吴县县立初级实用职业学校，1950 年改名为吴县县立初级农蚕技术学校，1952 年更名为吴县初级中学。1958 年设立高中部，改名为吴县木渎中学。1978 年成为吴县重点中学，高中部面向全县招生。1996 年改为现名。2006 年，由翠坊南街迁至天

江苏省木渎实验小学（2016 年）

江苏省木渎实验小学升旗仪式（2017 年）

江苏省木渎高级中学校园（2008 年）

灵路 588 号，占地面积 33.9 万平方米，环境优美，既有江南园林风格，又有浓郁的时代气息。学校先后荣获国家级示范高中、江苏省模范学校、省五星级高中、省文明学校等称号。2017 年，学校有班级 50 个，学生 1965 人；教职工 300 多人，专任教师 264 人，其中有教授级高级教师 2 人、特级教师 4 人。

木渎成人教育中心校 1985 年开办。1994 年，校址由香溪路迁至文昌路。学校先后举办电工、电焊工、爆破工、起重工、机动车驾驶员、锅炉工等技术工种培训以及各类岗位培训。分别与吴县电视大学、苏州大学管理学院、苏州大学法学院联办经济管理、公安法律大专班；与苏州市电视中等专业学校（以下简称苏州电视中专）联办财会、涉外经济、财会电算化专业班；与机械工业部苏州技工学校和苏州电视中专联办市场营销、计算机操作与维修、电子技术与电脑应用等全日制班。1995 年，被评为江苏省重点乡镇成人教育中心校。1996 年起，工作重点增加社区教育。2014 年，被评为江苏省标准化社区教育中心。联合国教科文组织授牌“农村社区学习中心（CLC）能力建设”试点。2017 年，学校占地面积 6820 平方米，建筑面积 1850 平方米，有教职工 23 名。全年开展培训 45 次，参训人数 2500 多人次。

天平学院（2007 年）

木渎镇老年大学　位于木渎香溪东路。1990 年 10 月创办，初名吴县老年大学木渎分校。开设老年保健、花卉盆景、书法、国画、烹饪、历史等课程。先后被评为苏州市教育现代化乡镇老年大学、江苏省优秀老年学校、江苏省示范老年学校。2015 年 4 月，联合国教科文组织专家到校参观考察，予以认可与赞誉。2017 年，全年开设 18 个班级、13 门课程，有各类兼职教师 36 人、学员 598 人。

苏州科技大学天平学院　原名苏州城建环保学院天平学院，位于木渎长江路 55 号。1999 年筹建，2000 年 9 月招生，2005 年成为独立学院。学院是经教育部批准的本科全日制普通高等院校，设有园林艺术系、环境工程系、土木工程系、电子与信息工程系、经济管理系、人文科学系、公共管理系、化学与生物工程系等 31 个专业（方向），形成工、理、文、管、艺等多学科协调发展格局。2017 年，学院占地面积 20 万平方米，在校全日制本科生 8000 余人。

文化

木渎历代人文荟萃，文化活动活跃。民国时期，创办有《吴声报》《木渎月刊》《木铎周刊》《白雪》等报纸杂志，张郁文、郭绍裘、徐日坤、吴雨耕、包雨亭、王心霞、

木渎镇文化中心（2007 年）

冯秋农、徐凤章等人文化活动频繁。张郁文著有《木渎小志》，郭绍裘著有《退耕庐诗话》，冯秋农著有《国耻写真记》。书画界颇有名望的有叶广钊、吴健甫、袁培基、沈玉麒、吴君一、杨公毅、郁伯扬、郑慎初、张怀渠、陈清生等 10 余人。1928 年，木渎成立吴县县立第二民众教育馆，辟有图书、阅报、乒乓、娱乐、棋类等室。

新中国成立后，木渎业余文艺创作活跃。70 年代起文艺创作蓬勃发展，彭森华、程伟、刘应天、俞振兴等人先后发表文艺作品。木渎书画、摄影蔚然成风，1978 年成立东吴摄影社，有社员 22 人。1980 年成立木渎书画研究会，有会员 40 多名。书法有沈玉山、韩树青、刘锡林、吴宗瑜、朱宏观、高建春、王田生、周赓泉；绘画有劳思、周奇盾、周均安、张肇清、徐寄明、王霄群等。全镇还有书画爱好者 2000 余人。2000 年后，木渎镇先后成立书法、摄影等协会，书法主要有张少怡、朱三南、沈伟、高建春、陆一匡、沙松华，摄影主要有张炎龙、郑思年、钱桂锋、梅祥根、赵永清、黄兴根、周建华、沈铮泓、江峰、李宝虎等。周菊坤、殷岚、周梦帆、殷建平等先后发表或出版散文、传记等文艺作品。2017 年，木渎有中国作家协会会员 1 人、中国书法家协会会员 3 人、中国摄影家协会会员 10 人。

木渎群众文艺活动活跃。1949 年后，扭秧歌、打腰鼓兴盛，越剧、沪剧、评弹等演出不断。1971 年起，公社、镇以及各生产大队成立文艺宣传队，演出活动频繁。1986 年成立百花园艺术团，有团员 32 人，常深入农村、部队演出，并参加各类歌舞大赛。朱素芳曾获全国第 2 届农村歌手大赛三等奖，潘向红曾获全国第 3 届农村歌手大赛通俗唱法二等奖，周菊坤曾获全国第 3 届农民歌手大赛民族唱法三等奖、江苏省第 3 届“金三角”歌手大赛民族唱法一等奖，马亚英曾获华东二十城市越剧演唱卡拉 OK 大赛二等奖。2008 年 11 月，木渎被文化部命名为“中国民间文化艺术之乡”。2017 年，木渎有业余文艺表演团队 3 支，有新华书店 1 家、图书馆 1 座，图书馆藏书 7.95 万册。

木渎镇文体中心 位于香港街 96 号。总投资 3500 多万元，占地面积 2.86 万平方米，总建筑面积 7578 平方米。2006 年 12 月中心开业，由影剧院、图书馆和文化休闲广场三大主体场所构成，可提供影剧欣赏、图书阅览、文化展示、艺术培训、体育健身、信息资源共享、团队活动等服务，是综合性、多功能的文化、体育、教育服务中心。中心展示木渎文明建设成果、优秀民间文化与特色文化，开设艺术类（书画、摄影、声乐、器乐、舞蹈等）、学科类（数学、英语、作文等）、技能类（电脑、下岗工人再就业培训）等类型的培训，组织开展群众喜闻乐见的体育健身活动及科普宣传，百台计算机为群众提供文化信息资源共享服务。

木渎新华书店 1951 年年初，苏州新华书店在木渎设立代销处，开设书刊柜台或门市部。1984 年 5 月，位于翠坊南街的木渎新华书店大楼建成开业，营业面积 441.47 平方米，常年经营有 5000 多种图书。1995 年 9 月 22 日起，在吴县率先试行图书超市式经营。1996 年，经营图书品种增至 1 万多种，发行量 70 多万册，销售额 365 万元，被评为江苏省先进集体。随着网络的发展，读者网上购书量增多，书店图书经营销售额逐步下降。2017 年，经营图书 1500 多种，经营额 200 多万元。

木渎镇图书馆 1945 年，吴昔芾在木渎中市街创办图书馆，纪念其老师张郁文。解放后改为吴县机关图书馆，1959 年命名为吴县图书馆。1994 年 5 月搬迁至苏州东吴北路吴县新区。1996 年 10 月 1 日，木渎镇图书馆开馆，馆址在下沙塘口。有房屋 10 间，

木渎镇图书馆（2017 年）

居民晨练（2016年）

居民健身活动（2016年）

建筑面积300平方米。设有外借室、成人阅览室、少年阅览室和书库。2017年，图书馆藏书7.95万册、报纸30种、杂志15种。年借书2.5万人次计6万册，到馆阅览者达3万多人次。

体育 民国时期，木渎有篮球、武术、气功、石担、石锁、象棋、游泳等民间体育活动。1948年有足球队、体联篮球队各1支，足球队队员10余人，体联篮球队队员12人，曾与上海、苏州等地球队开展多次比赛。1950年，木渎有九联、春光、翔队3支篮球队，1953年合并重建木渎体联篮球队，后称木渎镇篮球队。50年代，全镇有7个篮球场。1972年，建造灯光球场。1978年，灯光球场改建为吴县体育馆，有看台座位1100多个。全镇工厂和事业单位均有乒乓室与篮球场。80年代起，群众体育活动更趋频繁，先后成立太极拳队、门球队、象围棋队、桥牌队、乒乓球队、镇机关篮球队、钓鱼协会、信鸽协会等。1987年10月，木渎镇举办首届足球赛。木渎镇曾获吴县第2届、第3届农民运动会团体总分第一名，吴县第3届农民运动会乒乓球第一名、田径第一名，第4届农民运动会乒乓球第一名。90年代起，全民健身运动兴起，晨练活跃，每日清晨攀爬灵岩山者数以百计。2013年8月，木渎镇被国家体育总局评为“全国群众体育先进单位”。2017年，木渎有乒乓、篮球、门球、象围棋、桥牌等业余体育团队8支，队员500多人。

卫生

民国期间，木渎医疗以中医和私人诊所为主，开业行医者先后有60余人。1946年，设立苏南地方病防治所。1953年，私人诊所联合成立木渎第一联合诊所、木渎人民诊疗所。1955年成立木渎中医联合诊所。1957年，三家诊所合并建木渎联合医院。1958年，木渎联合医院改为金山公社医院。1970 年后，各生产大队创办合作医疗室。1985 年 9 月，金山乡卫生院改为木渎镇卫生院。1988 年改建为吴县中医院。1990 年，木渎镇 21 个村卫生室通过复审验收达标，成为合格卫生室。1993 年，木渎镇被评为苏州市农村初级卫生保健先进乡镇。1996 年，木渎有市（县）级医院 2 所，预防保健所 1 家，村、企事业卫生所（室）45 家，军队干休所卫生所 2 家，私人牙科诊所 1 家。2006 年，木渎镇被评为国家卫生镇。2017 年，木渎有公立医院、民营医疗机构各 2 家（所），村、社区医疗服务中心 11 家。行政村均通过省级卫生村验收。各村（社区）及重点安置小区均设有社区医疗服务中心。全镇有医师 1232 人、护士 1855 人，拥有诊疗、康复床位 771 张。

苏州市中西医结合医院（苏州市木渎人民医院） 位于中山西路与下沙塘交叉口西侧。前身是苏南血吸虫病防治所。1959 年，更名吴县木渎人民医院，设病床 25 张。1966 年，吴县血吸虫病防治站并入，改称吴县人民医院，院址由西街迁至下沙塘。1973 年改名为吴县木渎人民医院，1984 年复称吴县人民医院，1995 年更名为吴县市第二人民医院。1998 年，木渎吴县市中医院并入，院名为吴县市第二人民医院、吴县市中医院（“两块牌子，一套班子”）。2001 年，更名为苏州市木渎人民医院、吴中中医院。2013 年 10 月，更名为苏州市中西医结合医院，保留苏州市木渎人民医院名称。该院是三级甲等医院，设有临床、医技科室 36 个，有市级临床重点专科 4 个，蛇咬伤科为市级重点专科。2017 年年底，医院占地面积 3.67 万平方米，业务用房建筑面积 6.46 万平方米，核定床位 750 张。有医卫职工 976 人，817 名卫技人员中有高级职称者 87 人，有 20 名中医药医生受聘为南京中医药大学兼职教授、副教授。

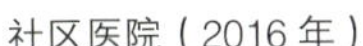
社区医院（2016 年）

苏州市木渎人民医院门诊大厅（2017 年）

居民生活

居民收入 1949年，木渎人均年收入仅数十元。1964年，人均年收入不足300元。1978年，人均年收入约600元。80年代起，居民生活水平提高较快。1996年，农村人均年收入4783元，比1964年增长近15倍。全镇职工人均年收入6738元，比1958年增长20多倍。2000年以后，城乡居民收入稳步增长。2017年，城镇居民人均可支配收入6.05万元，农民人均纯收入3.51万元。

居民消费 民国年间，百姓住房条件较差，生活清苦。1950年实行土地改革，百姓逐步摆脱贫困。逢年过节可以添置士林布新衣。60年代后期，居民身上出现的确良衣裤。70年代，男女结婚彩礼有手表、缝纫机、自行车“三大件”。镇上居民大都租住公房，出门骑自行车。70年代后期，自建住房渐多，泥墙草屋绝迹。80年代，农村居民大多数翻建楼房，多为砖木结构，或混凝土灌浇。外出以自行车代步，部分骑摩托车。

木渎镇便民服务中心（2016年）

衣着大多以呢绒、毛线为材料。90 年代起，建房向别墅型发展，装自来水，配有卫生设备；出门坐公交车，乘出租车。1996 年抽样调查，市镇居民人均住房 14.04 平方米，农村人均住房 30 平方米；居民每百户拥有彩电 87 台、黑白电视机 51 台、洗衣机 107 台、电冰箱 90 台。2000 年起，轿车进入居民家庭。2017 年，全镇私家汽车拥有量约 8 万辆。

社会保障 2017 年，全镇农村基本养老保险 21580 人，参保率 99%；医保 13785 人，参保率 100%。60 周岁以上老人意外保险实现全覆盖。低保 59 户，最低标准每月 810 元，全镇共支出低保金经费 112 万元，低保边缘生活 212 户、救助金 216 万元，重残 169 人、救助金 289 万元，抚恤人员 269 人、抚恤金 1231 万元，退役士兵一次性经济补助 242 万元。居家养老服务对象 1303 名，共购买服务 129 万元。发放尊老金 185 万元，春节敬老慰问金 109 万元，其中向 80 周岁以上的 2499 名老人发放尊老金 125.5 万元。全镇有老年护理院（养老院）8 家，床位 1559 张。

木渎立交（2017 年）

吴中第一名山——穹窿山

穹窿山濒临太湖，耸拔深秀，纡曲幽深，峰峦起伏，蜿蜒数十里，状如游龙，气势磅礴。主体由大茅峰、二茅峰、三茅峰构成，三峰插天，嶙峋突起。东有茅蓬坞、苍坞，西有紫藤坞，北有宁邦坞，南有白马坞，形成群山拱卫、鹤立独尊之势，是苏州地区山体面积最大、海拔高度最高的山峰，素有“吴郡名山第一山”之称。

穹窿山古树如林，修篁蔽日，植物众多，资源丰富，森林覆盖率达99%，被列入东吴国家森林公园，茅蓬坞楠木林被列为省级自然保护区。山上有上真观、宁邦寺、孙武苑、孙武文化园等，集儒、释、道、兵文化于一山，文化积淀深厚，名胜古迹星罗棋布，自古就有“穹窿福地”“聚灵胜境”之誉。自然景观与人文景观交相辉映，自古受到达官显贵、骚人墨客的青睐。2013年，被评为国家AAAAA级旅游景区。2017年，穹窿山旅游景区接待游客128.58万人次，门票收入5900.32万元。

国家森林公园

穹窿山风景秀美，古迹众多，文化积淀丰富深厚，自古被誉为“吴郡名山第一山”（北宋杨备语）。穹窿山植物丰茂，品种繁多，山上生长着木本植物 210 多种，除常见的松柏、银杏、香樟、黄杨、白檀、石楠、桂树、枫树、朴树、榉树外，还有中国特有的牛鼻栓，国家三级重点保护植物短穗竹，名贵的青檀、苦槠、椴树，重点保护植物野生冬青，本土常绿树种青冈栎，野生的乌桕树、杜鹃等。还是中草药材的宝库，已探明的有 150 多种，著名的有鬼箭羽、党参、参三七、牛膝、灵芝、桔梗、天门冬、鱼腥草、垂盆草、何首乌、威灵仙、金银花、虎杖、观音草、金星蕨等。还有以穹窿山命名的“穹术”，清乾隆《吴县志》载：“穹术，术随地皆生，出吴中穹窿山者曰穹术”，主治着湿头重眩晕。茅蓬坞里的紫楠木林尤珍稀。

〔清〕高晋《穹窿山图》

穹窿山云雾缥缈（2017 年）

穹窿山林地面积约 1340 公顷，森林覆盖率达 99%。山林间氧气充足，空气中负离子含量每立方米达 2 万个，是一般空间负离子含量的 400~500 倍，号称苏州最大的“天然森林氧吧”。1993 年，被林业部批准为东吴国家森林公园。

穹窿山主体由大茅峰、二茅峰、三茅峰、茅蓬坞、宁邦坞等构成，是森林的主要分布区，也是人文历史的集中区，历史文化积淀深厚。

大茅峰 穹窿山主峰，峰头如浮笠，故俗呼“箬帽峰”，被称为“吴中之巅”。山峰多石，“皤焉若翁，秃焉若童，而精神突兀，势位尊严，比菁葱蔚秀者之丘陵小阜，若大人先生之顾视婴孩也”。山顶方广百亩，有赤松子遗迹炼丹台、升仙台。山上有藏兵洞，相传为春秋伍子胥视师于此。山上旧有石龛，后人称为“国师龛”，相传为汉代张良从赤松子游处。龛东旧有三茅殿，为三茅真君最早显化处，曾留有断碑。还有衔云洞、德韶洞（又称仙人洞）。

二茅峰 峰形高低起伏，如巨浪翻涌，峰上怪石棱礲，最高处又如鱼牛马、水兕虎蛟，腾飞喷薄。峰西北下为宁邦坞，坞里有宁邦寺，东南下为皇驾庵。另有拄杖泉。

三茅峰 体秀形圆，山石和美，建有上真观，以尧山最高峰为对眉之案，明堂开旷，白虎伏降，万山齐下，水净沙明，“询非玉皇至尊之福，不足以胜此”。上真观坐落于此峰。清李标称：“林屋龙威去兹不远，苟回头觉悟，三峰便是蓬莱。”峰旁有望湖亭、

吴中之巅——箬帽峰（2014 年）

三茅峰与上真观（2017 年）

三义洞天、品泉等。

茅蓬坞　位于二茅峰西南山下，为穹窿山最深、最大的山坞，两边山峰耸立，直插云霄；坞里紫楠成林，古树参天，翠竹蔽日，环境幽静，堪称世外桃源。相传，汉代朱买臣曾读书于此，其故宅建为福臻禅院，后改为穹窿禅寺。寺原址今建有孙武苑，林中有朱买臣读书台、高鹤年居士静室、鹤来泉、法雨泉等。

茅蓬坞（2017 年）

宁邦坞 位于穹窿山北麓二茅峰下，坞里林木掩映，苍翠葱茏，蔚然深秀。现有宁邦寺，寺西有韩世忠所题玩月台，台上有玩月亭，柱联“摩挲碑碣读岁月，俯仰江山问青天”。台旁岩壁有清嘉庆八年（1803）潘奕隽所题隶书“孤峰皓月”。旁有民国吴荫培楷书“莲台”，张一麐题“四大皆空”，李根源隶书“菩提石”“南无阿弥陀佛”（1926年），于右任行楷“韩蕲王玩月台”“英雄肝胆，菩萨心肠”（1928年），章太炎篆书“彼岸”（1934年），莫荣新题书“避秦”等石刻（1936年）。

紫楠林 穹窿山森林以茅蓬坞里的紫楠木最为珍贵。紫楠别名紫金楠、金心楠、金丝楠等，喜温暖湿润气候及深厚、肥沃、湿润、排水性良好的微酸性、中性土壤。树形高大，主干挺拔，可长到20米以上，胸径可达1米。冠大浓荫，四季常青。紫楠叶子温中理气，主治脚气浮肿、气逆腹胀；根可祛瘀消肿，用于治疗跌打损伤。茅蓬坞里生有200多株紫楠，为江苏全省独存的野生林，被专家认定为中国楠木自然分布的最北边缘的中亚热带过渡到北亚热带的地带性天然次生森林区。1981年8月，茅蓬楠木林被列为江苏省自然保护区，面积40公顷。现有楠木林中树龄最长的200多年，碗口粗、树龄百年以上的紫楠树有10多株。

樱花林 位于望湖园东，由苏州市孙武子研究会、日本孙子兵法研究专家服部千春发起而建。1997年，服部千春将筹募的100万日元通过苏州市孙武子研究会交到苏州市相关部门，请其代购樱花树苗。1998年10月，首届中日孙子兵法研究会在苏州举行，两国专家、学者共同参加中日友好樱花林植树活动和樱花林揭碑仪式。此举在日本国内

楠木林（2017年）

樱花苑（2009年）

引起广泛反响，2000 年、2003 年，服部千春又募集 263 万日元，捐赠给穹窿山，扩大樱花林规模与品种。樱花林现有面积 40 余亩，林前有参与“为樱花林一株苗捐款”行动的日本友人留下的题词、日本知名人士二阶堂进“信基万事，中日永远”题词碑。樱花林枝繁叶茂，每年春天樱花迎春盛开，呈现繁花似锦、落英缤纷的景象。

景点胜迹

穹窿山钟灵毓秀，峰峦起伏，岭道纡曲，形如钗股，实峻深秀，形成鹤立独尊、群山拱卫之势。清初，有铜岭看湖、石门观瀑、东井烹茶、西廊数雪、石浪谈经、丹台采药、崇阁拈云、滕潭掬月、苍坞闻钟、茅峰招鹤的“穹窿十景”之说。清末，又形成笠峰朝云、茅蓬涧泉、三茅杜鹃、三堰春柳、海云珠茶、琴台朝曦、积翠龙松、藏书虬柏、拈花晚钟、宁邦皓月、香泾渔火、晏岭湖光的“穹窿十二景”。

穹窿山汇集儒、释、道、兵诸文化于一山。现有上真观、宁邦寺、孙武苑、孙武文

穹窿山风景区导览图

孙武苑（2017 年）

化园、望湖园、百丈泉等名胜古迹和人文景观。

孙武苑　位于茅蓬坞。1997 年，由苏州市孙武子研究会和吴县林场共同营建。苑内有张爱萍将军题写的“孙武苑”门楼、博弈亭、孙武草堂、孙子兵法碑院、《孙武圣迹图》壁画、孙武青铜塑像、兵圣堂等。书法碑院内有毛泽东“知己知彼，百战不殆”题字碑，《孙子兵法》十三篇中文碑（程可达书）、日文碑、英文碑，及 16 位将军和 17 位书法家题词碑刻。兵圣堂为仿春秋建筑，高 9.9 米，长宽均 13 米，有落地柱子 13 根。堂中央有大型红木屏风，刻有金文《孙子兵法》十三篇，底部为《水陆攻战图》。内墙嵌有清嘉庆十一年（1806）“吴将孙子像”碑。2000 年，孙武苑被中国人民解放军国防大学定为教育基地，成为国内外兵学者朝圣地。

孙武文化园　位于穹窿山苍坞与茅蓬坞交会处，占地面积 36.7 公顷。孙武文化园

孙武文化园（2017年）

由穹窿山风景区管委会实施建设，总投资约5亿元。2010年开工，2014年5月1日落成开园。有兵法广场、兵学圣典宝鼎、城楼、孙武桥、圣湖、长卿桥、长卿亭、长卿廊、长卿楼、静幽阁、香花桥、朝圣门、兵圣殿、知兵殿、洗兵殿等建筑与景点。其中，兵法广场面积3.59万平方米，圣湖面积近4万平方米。兵圣殿建筑面积1054平方米，形制仿孔庙大成殿，大殿中央置青年孙武青铜塑像，净高6米，基座高2米。大殿东西两侧墙壁绘巨幅《孙武圣绩图》，全长26米、宽3米，浮雕描述了军事世家、避乱奔吴、隐居穹窿、伍员七荐、晋献兵书、吴宫教战、吴王拜将、经国治军、西破强楚、南服越人、北威齐晋、终老吴地12个故事。

朱买臣读书台　位于茅蓬孙武苑西侧密林中，巨石“高五尺，面宽六尺，长达丈五”（清乾隆《吴县志》）。相传为西汉大臣会稽太守朱买臣早年樵柴小憩读书之处，上

朱买臣读书台及朱公祠（2017 年）

面镌刻“汉会稽太守朱公读书之处，正德己巳都穆题”字样。1986 年 3 月，公布为吴县文物保护单位。2003 年，读书台旁建有石亭——啸亭。台左上建有朱公祠，祠内有朱买臣石像，墙上嵌有“朱买臣读书台”碑等。

望湖园 位于三茅峰上真观西南，占地面积 4 万平方米。穹窿山风景管理区利用三茅峰山顶空间和原有人文景观而打造，建于 21 世纪初，集旅游、休闲、度假、餐饮、娱乐于一体。有园门、朝元亭、长廊（西廊数雪）、石浪（石浪谈经）、环翠楼、望湖楼、醉月舟、问鹤馆、听鹂馆等建筑与景点。此外，在园西南，依据山势高低，建有茶艺楼、多功能会议室、接待室；在园东有面积 300 多平方米、可供 300 人同时用餐的餐厅——望湖阁。在前面山坡花木丛中掩映着 9 栋别墅，入住其中仿佛远离尘世，环境宁静怡然，优雅舒适。

望湖亭 位于上真观乾隆行宫左上方，踞三茅峰顶。重檐八角攒尖，1999 年重建。亭内有乾隆皇帝望湖诗御碑（清代遗物），镌刻乾隆皇帝四次驾临穹窿山的题咏，正面为清乾隆二十二年（1757）第二次南巡时所做《穹窿山望湖亭望湖》诗，反面为乾隆二十七年（1762）第三次南巡时所做《穹窿山上真观》诗，左侧刻乾隆三十年（1765）第四次南巡时所做《穹窿山上真观》诗，右侧刻乾隆四十五年（1780）第五次南巡时所做《穹窿山上真观叠乙酉旧作韵》诗。一碑刻 4 首御诗，堪称一绝。站在亭上，能看到穹窿山大茅峰、二茅峰风光，又可眺望太湖风光。

乾隆御道 位于穹窿山东北麓。自山脚通往三茅峰上真观，为迎接乾隆皇帝南巡登山而铺筑的山路，故称“乾隆御道”。乾隆皇帝登山乘船，经横塘、木渎到善人桥镇停泊登岸，然后坐轿上山。山下有“接驾村”，现有御湖、迎驾亭。景区北大门中央有乾隆御笔“穹窿山”，两边楹联“太湖万顷在襟袖，穹窿亿丈凌星辰”。御道原为上山通道，南宋周必大《吴郡诸山录》有“巾车游穹窿，约八九里，入山口，即行石衢”的记述。后因年久失修，道路高低不平。传说，苏州地方官员得知乾隆皇帝要登临穹窿山，动用大量人力、物力，利用山间散石块，在一夜间修成此道。御道现存2000多米，宽1.5~1.8米不等，根据山坡高低走势分成长短不一的路段，路面用青砖竖砌成“人”字形花纹。入口处有花岗石牌坊，上书“御道”两字，两侧石柱刻有“居然五岳尊，突作三吴冠”联句，取明代状元、大学士申时行《登穹窿》诗。

乾隆御道（2017年）

御道沿途有丹泉、铁竹亭（施亮生号铁竹道人）、足畅轩、小函谷、凤眼泉、双膝泉、土地祠、半山泉（又名明珠泉）、得仙桥、乌龙潭（又称乌龙泉）、关帝庙等景点，以及太乙天都、聚灵胜境等摩崖石刻。

百丈泉 位于海云禅院（亦作海云庵）后。元代佛慧禅师卓锡海云禅院时，在荒茅聚樵间发现此泉，用竹笕“引至于庖湢之所，殆不可以丈尺计，故约而目之，曰百丈泉”

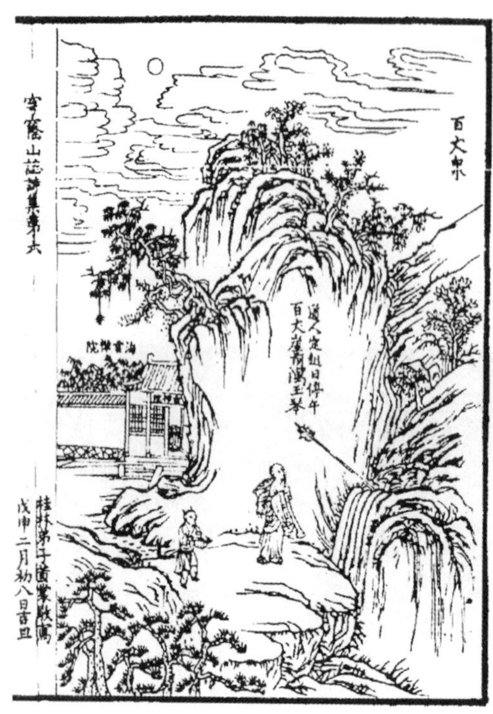

〔清〕《穹窿山志》“百丈泉图”

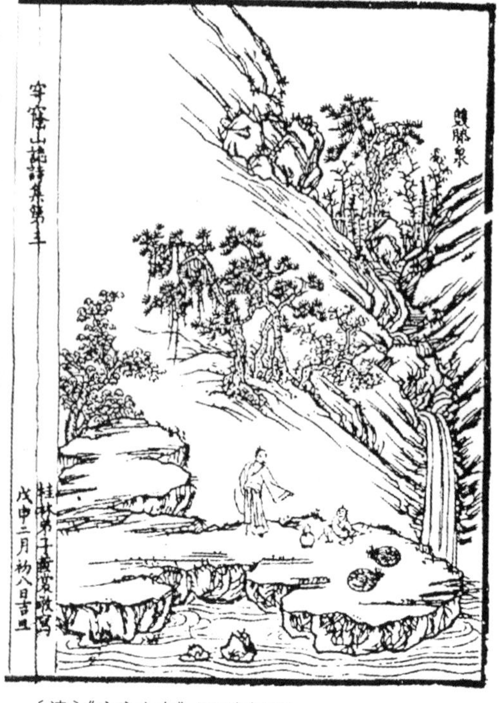

〔清〕《穹窿山志》“双膝泉图”

（明姚广孝《百丈泉铭并序》）。此泉旱涝如一，泉水甘洌，味道清香，为吴中名泉，历代许多文人墨客都曾到此游览并留下诗文。2003年8月，在泉旁建问泉亭，四方形石亭，柱联“百丈泉，泉百丈，韵也，声也；宁邦寺，寺宁邦，是耶？非耶？”亭内立有《百丈泉记》碑。旁有孙少元题书“百丈泉”刻石。亭右侧有人工所叠石台，镌刻有“宋”“韩蕲王”字样。

双膝泉 位于穹窿山半山御道旁，泉池呈双膝痕形。《穹窿山志》云：“山之半有片石，膝痕宛然，世传茅君礼斗处。膝印中潴水不涸，后人名双膝泉。”泉水大旱不枯，甘洌清香。

民间另有传说，乾隆皇帝六下江南，目的是寻找生父，苦苦寻找不得，很是沮丧。于是来到穹窿山，想借助神仙之力，祈求能父子相逢。在登临穹窿山途中，他双膝跪拜，膝痕中竟涌出两股清泉。泉旁现有“双膝孝迹”摩崖石刻，泉前建有慈孝亭。

鹤来泉 位于茅蓬坞朱买臣读书台旁。1947年春，高鹤年来到穹窿山寺，在寺后修筑小茅蓬定居。施工者在寺墙后山壁上，掘得甘泉，味厚而美。高鹤年认为“此系吾佛加被，否则数百步外取水，行步崎岖，若非此泉，难以久居。忆余昔在终南结茅多处，皆苦无水，今得此泉，因缘奇巧，不易逢也！”（《名山游访记》）吴济时题名“鹤来泉”。此泉有五眼，雨大之时，泉流成瀑布，响声震山谷，瀑布数叠，如白龙出水，雄势奇观。高鹤年作碣有“独坐松岩上，妙境现前来。泉流观水意，谁是知音者”之语。

小王山

又名小黄山、琴台山，南北长 400 多米，东西宽 300 多米，海拔 53.9 米，为穹窿山东坡余脉，顶呈浑圆状。背倚穹窿，面对灵岩，北望阳山，南临太湖，石湖茶磨山依稀可见，群山拱护，绿树环抱，环境幽清，形胜地美。1928 年起，李根源买地葬母小王山，建阙茔村舍，庐墓隐居，植树造林，营造“松海十景”。1985 年，吴县人民政府拨款修复阙茔村舍。2009 年，穹窿山风景管理区管理委员会、吴中旅游发展有限公司修复湖山堂、小隆中、听松亭、万松亭、池上亭、五枫亭诸胜，新建忠孝牌坊、书法碑廊，移建民国宅第建筑怀德堂等。

石牌坊 位于小王山景点门前，四柱三门，高 8 米、宽 12 米。牌坊正面中央镌刻行书“松柏精神”。牌坊后面是座拱桥，桥下清水碧波。走过石拱桥，是三间单檐歇山顶前厅，正面是座石库门，门额刻于右任题书“小隆中”。

小王山牌坊（2014 年）

李根源纪念堂　1985年，吴县人民政府拨款建李根源纪念馆。2003年，于原址重建李根源纪念馆。2009年，穹窿山风景区管委会重新修复并扩建，改为现名，2010年5月1日正式开放。前厅梁上高悬“清风高节”匾额。前厅后是庭院，院中地势前低后高。庭院中间竖立李根源石雕像，高6.5米、重20吨，石像背后篆刻李根源生平。纪念堂为回廊式重檐歇山建筑，面阔5间，高大雄伟。底檐悬“李根源纪念堂”巨匾；二层檐下悬“乡贤典范”匾额。纪念堂中堂悬“淡泊明志”横匾，屏风上为徐悲鸿《国殇执绋图》。四壁为李根源生平事迹介绍，内厅展柜中还陈列李根源的著作、书稿、诗文，以及中央人民政府任命书、与康克清等人的往来书信等文物。庭院两侧是书法碑廊，摹刻李根源与名人书法数十方。

摩崖石刻　分布在小王山东坡，由阙茔、松海、岳峙3部分石刻组成。李根源庐墓期间，昔日师朋好友、同僚故旧、军政显要、各地社会名流、文人墨客前来拜谒。其中有陈衍、章炳麟、于右任、黎元洪、张大千、吴昌硕、李烈钧、叶恭绰、蔡锷、谭延闿、张一麐、邵元冲、马相伯、章士钊、戴戟、林虎、金天羽、陈去病、沈钧儒、张默君、王人文、吴荫培、程潜、郑孝胥、范烟桥、邓邦述、周瘦鹃等共计240余人，或会葬展拜，或游山赏景，善书者均有题字。李根源雇用2名刻石工匠，将名人手迹全部镌诸山石，计有550余条。题书内容形式各异，真草隶篆，各体皆备，大小异同，纷呈异

摩崖石刻（2014年）

彩，令人叹为观止，被誉为“现代名人书法艺术博览馆”“露天书法艺术博物馆”。“文化大革命”结束后，摩崖石刻得到全面保护，现存200余条。1995年，小王山摩崖石刻被列为江苏省第四批文物保护单位。

名人墓葬　小王山南坡有汉驰义侯顾氏迁吴始祖顾贵、三国东吴丞相顾雍、梁建安令顾烜、宋代顾禧等墓。1928年，李根源葬母亲阙太夫人于此后，其族兄李学诗、胞弟李根沄墓亦葬于此。1965年李根源在北京逝世后，归葬在母亲阙太夫人墓旁，1982年，其夫人马树兰去世后与李根源合葬。李根源墓前罗柱刻有楚图南题书“有为有守切时望，亦武亦文胜匹俦”联。西南坡金鸡山公墓有朱梁任、吴梅、周瘦鹃、吴湖帆、费新我、钱瘦铁、应野平、陆俨少、徐子鹤、俞子才等名人冢墓。

万鸟园　位于穹窿山景区岳峙山与小王山之间，占地面积8.67万平方米，拥有各种鸟上万羽，因此得名。2011年9月建成并正式开放。万鸟园是集观赏、科普、休闲于一体的鸟类主题生态旅游景区，园内汇集国内和世界各地的珍奇鸟类150多个品种，涉及水禽类、涉禽类、飞鸟类、鸣禽类、猛禽类和广场鸽6大类别，其中世界珍稀鸟类20多种，国内珍稀鸟类30多种，主要有鹦鹉、火烈鸟、鹤、鸸鹋、鸵鸟、鸳鸯、红腹锦鸡、孔雀等特色鸟类，成为目前国内鸟类品种最全、数量最多、鸟艺表演最丰富的鸟类观赏园之一。

万鸟园（2017年）

链接：穹窿山珍禽异兽

穹窿山山高体大，树多林茂，森林中栖息各种鸟类成千上万羽，是个天然万鸟园。除常见的禽兽外，山上有国家二级保护动物仙鹤、大灵猫、画眉、獐、獾以及山鸡、狐狸、栗鼠、泉蛙等动物。

民国以前，穹窿山曾是仙鹤群集的地方。鹤有“游于阴”的习性，穹窿山为绝佳栖息地。清初，上真观施亮生养鹤、驯鹤，还有招鹤、驭鹤之术。山里的山猫，外形如狮子，体形硕大，好像小老虎，夜间出没，两眼放射出绿荧荧的光芒，令人毛骨悚然。其行踪诡秘，主要活动在三茅峰的森林及上真观殿宇间。据专家考证，这种山猫是猫科类动物中的另一种动物，名叫大灵猫，生性机警，听觉和嗅觉特别灵敏，善于攀爬蹿跳。旧时穹窿山山猫数量较多，60年代后才逐渐减少。森林中有松鼠，“栖息松上，尾蒙茸异常，捕鼠者以鸡鸭卵壳置其经过处，伺其闻猩钻入壳中而舐余味，急起惊之，首为壳里不知去路而就获之，畜之颇驯，能捕蚤蝨。然有嗜痂癖，喜录人疮痂食之，往往血肉狼藉”（民国《香山小志》）。还有一种栗鼠，长尾巴，大眼睛，毛发呈咖啡色，如同板栗颜色，因此得名。外形憨态可爱，动作敏捷，能在十几丈高的树林间上蹿下跳，且不害怕人。半山腰的双膝泉产石蟹，大如铜钱，美丽可玩。梅泉有蛙，形大如斗，柔善可爱，犹如家中饲养的宠物，带到外地竟然还认得回“家”。

上真观

上真观，位于穹窿山三茅峰。西汉元始二年（2），在大茅峰建三茅道院，祀茅氏三兄弟。此后荒废。北宋天禧五年（1021），宋真宗诏告天下，复兴道教废业，穹窿山重建道院，更名上真观。元季，兵燹遭毁。明朝，上真观湮没无闻。

清顺治七年（1650），施亮生在三茅峰重建上真观。顺治十五年（1658）正月，赐额“上真观”，时有殿宇16座，规模宏伟，蔚然为东南大道场。清康熙二十七年（1688），修葺上帝、三茅两殿以及诸真殿宇，历时两年，殿宇增加至27座。康熙四十四年（1705），康熙皇帝南巡临幸，赐“餐霞挹翠”额。康熙五十三年（1714），修葺各殿。翌年，建长兴书院。康熙六十年（1721），重葺各殿。次年，在山麓建天门亭。清雍正八年（1730），重葺三清、三官等殿。清乾隆三年（1738），重修上帝、三茅二殿，新建大士阁。乾嘉全盛时期，上真观有殿宇36座，民间传说房屋有5048间，可容万人，规模空前，人称“江南第一观”。穹窿山因此跻身中国道教十大名山之列，被誉为“穹窿福地”。清道光十六年（1836）重修。清咸丰十年（1860），遭兵燹，殿宇残毁。清同治年间（1862—1874）重建，有天妃宫、祖师殿、玉皇殿、三清殿、三元殿、三茅殿、关帝殿、纯阳殿（吕祖殿）、雷尊殿、灵官殿、玄帝殿、文昌殿、太乙殿、神虎殿、养和堂

中国道教十大名山（2017年）　穹窿福地（2017年）　江南第一观（2017年）　穹宇清都（2017年）

山门殿（2017 年）

15 座殿宇。民国前期，有三茅殿、关帝殿、龙王殿、吕祖殿、财神殿、文昌殿、天将殿、星宿殿等，房屋 2000 余间。

新中国成立后，上真观保存尚完好，香火较旺。“文化大革命”初期，上真观殿宇悉被毁坏，1976 年冬残存的山门于大雪中倒塌。1980 年以后，逐渐恢复。1986 年 3 月 25 日，被列为市级文物保护单位。1993 年，在原址逐渐恢复重建。1996 年，正式对外开放。2007 年，启动扩建工程。2017 年，上真观占地 100 余亩，依山而建，共有殿宇 16 座，沿中轴线由低到高有山门殿、三茅殿、三清阁、金钟楼，西翼有祖师殿、观音殿、车神殿，东翼有天师殿、财神殿、文昌殿、乾隆行宫，另有玉磬楼、天香阁、聚仙堂、养和堂等建筑，气势恢宏。

山门殿　为上真观镇山之门，正中悬挂乾隆御

书“穹窿山”横匾和“上真观”竖额，下檐两边悬“弘扬道法”“振兴中华”匾。殿面阔3间，重檐砖瓦，纯木结构，建筑面积172平方米。外抱、内抱均有柱联，殿内供奉王灵官，赤面三目，手执金鞭。

丹墀　为山门殿上方的巨幅青石九龙丹墀。一龙昂首，八龙环其前后，海浪翻腾，群龙飞翔，图案生动，雕刻精美。丹墀内有一个“道”字，由中国道教协会原会长闵智亭所书，下款“玉溪道人”，印章有两方，分别是“闵智亭字玉溪”和“结翰墨

丹墀（2017年）

缘”。“道”字下面是“人法地，地法天，天法道，道法自然”“上善若水，水利万物而不争”。下款“武当真人玄德书”，“玄德之宝”印章一方，为南武当道长游玄德所题。

祖师殿 位于丹墀右侧，供奉重新振兴上真观的祖师施亮生。殿柱用清代裕亲王所撰楹联：“养晦藏真不作山中宰相，泽民护国实为济代仙宗”。施亮生墓在大殿基下，墙壁上嵌有清代碑刻 7 块。左侧一殿，悬挂天师殿、雷尊殿、龙王殿三额，供奉道教正一派创始人张道陵天师神像和龙王、雷祖神像。雷祖为道教雷部 36 位正神的统帅，每年农历六月二十四，上真观都要举行盛大的“雷祖庙会”。

三茅殿 跨越丹墀 77 级台阶，即上真观主殿三茅殿。面阔 5 间，建筑面积约 500 平方米。横匾竖额为清康熙皇帝御书“三茅殿”和“句曲神宫”横匾。两边有“心容天下”“道在人中”匾额。两边庭柱分别挂有行书楹联。殿内供奉三茅真君，中间是老大茅盈，两侧分别是老二茅固和老三茅衷。三茅殿右侧为观音殿，有“朝天门”祈福坛青石牌坊，左侧是文昌殿。观音殿后原本是药王殿，供奉扁鹊、华佗和孙思邈三位神医。现三尊神医像搬至观音殿内，原殿改为车神殿。

三清阁 位于三茅殿上方，依照百年前苏州玄妙观弥罗宝阁式样设计建造，面阔 7 间，三层四重檐，高耸巍峨，阁高 27.5 米，建筑面积达 1602 平方米，再现旧时穹窿

三茅殿（2017 年）

三清阁（2017 年）

十景中的“崇阁拈云”景象。底层为玉皇宝殿，供奉玉皇大帝神像，两边分别是金童玉女和日宫月府，两侧有 12 位护法神将。第二层供奉道教六十甲子星君，同时也是道教文物展示室，有康熙年间（1662—1722）御赐铁制蜡扦、清朝历代皇帝赐上真观书画等。第三层为三清阁，供奉道教中最高神像玉清元始天尊、上清灵宝天尊和太清道德天尊，右边是财神殿。

三义洞天　位于山门殿前偏下，悬跨石径之上，宛若城门，上有三间殿堂，巍然屹立。2006 年在原基石遗址重建，殿前上方悬“义炳乾坤”匾额，殿内供关羽、关平、周仓神像，两边庭柱联云：“青灯观青史着眼在春秋二字，赤面表赤心满腔存汉鼎三分。”

品泉　位于正山门前左侧，俗称“三眼井”，井面封盖丈余石板，泉有三眼，形如“品”字，故名。原有井亭，1997 年修复加井圈。旧时，井中有木头 1 根，相传为穹窿山开山祖师施亮生“作法术，从井中拔木建道观，剩余一木”。

宁邦寺

宁邦寺位于穹窿山北麓二茅峰下宁邦坞。南宋绍兴十二年（1142），韩世忠部将“战还隐此剃发学禅”，创建此寺，赐额宁邦禅院，寓“宁国安邦，盛世太平”之意。南宋嘉熙元年（1237），寺被火毁。南宋淳祐三年（1243），僧广润（或作阔）重建。元末，复毁，仅存篆额。明永乐年间（1403—1424）再建，奏升为寺，赐名宁邦寺。明万历年间（1573—1620）后期，“僧云川募众鼎新”。明天启元年（1621）仲冬朔，苏州状元文震孟应邀撰写《重修穹窿山宁邦寺记》（吴邦域书，赵宧光篆额，碑今尚存），称“山有门，佛有殿，空谷穷山，虔虔翼翼，遂为穹窿最庄严处”。据《穹窿小记》（苏州博物馆所藏抄本）记载，寺有石罗汉 18 尊，为宋制遗物。清代，乾隆皇帝南巡曾到此。至清嘉庆、道光年间（1796—1850），殿宇颓败，逐渐被上真观挤占。清嘉庆八年（1803），潘奕隽游寺时写有“钟吾本僧庐，今为羽士宅”诗句。

宁邦寺（2017 年）

民国初期，吴荫培、张一麐、李根源、章太炎、于右任、苏炳文等名士曾游览寺院，留下多处摩崖石刻。抗日战争期间，寺院遭破坏，几不辨寺址所在。50 年代起，庙产山地划归吴县林场管理。“文化大革命”结束时，寺仅存僧房 5 间、灶房 3 间。1986 年 3 月，被列为吴县文物保护单位。2000 年穹窿山风景管理区管委会成立后，对整个穹窿山进行全面规划。2007 年起，相关部门对宁邦寺两次大规模扩建，先后建成山门殿、卧佛殿、财神殿、海云禅洞、观音殿、地藏殿、韩蕲王殿、海云精舍、大雄宝殿、钟鼓楼等殿宇。

2017 年，宁邦寺占地 9.9 万平方米，建筑面积 6000 平方米。从山门到山顶共有台阶 589 级，落差 100 余米；依山而建，凿崖构屋，坐南朝北，中轴线上有山门殿、念佛堂、海云禅洞、大雄宝殿、海云精舍、钟鼓楼。寺院殿宇，气势恢宏，巍峨高耸，平台宏阔，殿堂叠进，楼台透迤，回廊曲折，金碧辉煌，与吴中第一名山相得益彰。

山门殿　面阔三间，纯木结构，高耸轩昂。门旁有楹联“燕飞来竟啄皇孙后嗣休随和尚去，龙角葬当致天子此中惟许法王居”。此联由章太炎为穹窿山寺壮哉楼撰写（上

句“去”字，原为“误”字），现移于此是为了让人引起对建文帝税驾穹窿山的联想。另一联“斗转星移穹窿兵法修成清净世界，民安国泰宁邦古寺祈愿永久和平”，由寒山寺秋爽和尚撰题。

寺前有两株古银杏树，右边一株树龄达千年，左边一株树龄600余年。右侧石墙有清初高士徐枋楷书“山辉川媚”碑刻。

财神殿　位于山门殿左侧，面宽三间。殿前院内有明末苏州状元文震孟《重修穹窿山宁邦寺记》残碑，现用玻璃框笼罩。右侧是卧佛殿。

念佛堂　位于山门殿正后方，面宽三间。堂两边外墙有欧阳询、苏轼、赵孟頫、文徵明、董其昌、刘墉、弘一、赵朴初、启功、冯其庸、沈鹏等古今名家书写的《般若波罗蜜多心经》碑刻。念佛堂后崖壁上刻有几米大的行书“禅”字，金色闪耀，字下有三尊金色观音像。

海云禅洞　洞窟嶙峋，面积400多平方米，洞外上端书有“海云禅洞”隶书大字，洞前是宽阔平台，洞内有唐彩观音卧佛像，长18.8米、高3.8米，落成于2011年。卧佛以大山作床，侧身卧睡，右手撑头，双腿伸直，面露微笑，慈目低视，雕工精致，栩栩如生。海云禅洞右边是观音殿，左边是地藏殿，地藏殿左侧有道济禅师堂、韩蕲王殿。

大雄宝殿　位于海云禅洞后坡。由海云禅洞两侧登80级台阶到大雄宝殿，殿前平台宽阔，面积数百平方米。大殿前面中央有巨幅青石佛像浮雕，下面镂刻夏荆山行书。两侧有28级石阶，拾级而上到达大殿，门口上端悬挂赵朴初、范曾、华人德题写的“大雄宝殿”“华严香海”“放大光明”“奉献是福”等6块匾额，两边庭柱有赵朴初、杨仁恺撰书楹联。大殿面阔5间，高大雄伟，建筑面积450平方米，重檐飞脊，青瓦翘角。殿中间供奉释迦牟尼佛像，左尊为药师琉璃光佛，右尊为阿弥陀佛像，两边供奉十八罗汉像。2014年5月18日，举行大雄宝殿全堂佛像开光庆典法会。

海云精舍　亦称宁邦精舍，位于穹窿山二茅峰顶。从大雄宝殿到海云精舍有石阶327级。海云精舍为三层重檐阁楼建筑，高十余米，门口悬挂“慈云法雨”匾额，两边庭柱楹联“宽厚者毋使人有所恃，精明者不使人无所容”。三楼悬挂巨钟，重达万斤，钟身铸《金刚般若波罗蜜经》（简称《金刚经》）。后面为钟鼓楼，门口悬挂“浩月禅心”匾额，两边庭柱楹联“天地不可一日无和气，人心不可一日无喜神”。钟楼门前摩崖有明朝杨基《登穹窿》等石刻。

穹窿山二茅峰（2012年）

山中逸事

张良穹窿山随从赤松子 张良是西汉沛县丰邑人，曾为刘邦建立西汉王朝立下汗马功劳，汉高祖称他“运筹策帷帐之中，决胜于千里之外”。与韩信、萧何并称“汉初三杰”，封为“留侯”。他足智多谋，洞察世事，高祖初定天下，他便托辞多病，闭门不出。目睹彭越、韩信等开国功臣的悲惨结局后，毅然隐身告退，专心修道。相传，张良来到穹窿山。

〔清〕《穹窿山志》“张良图”

穹窿山大茅峰顶上旧有石龛，相传是西汉张良随从赤松子采赤石脂于此，人称“国师龛”。清初，陆世廉著文称：“尝考汉《留侯实录》，功成后从赤松子游此（穹窿山）。山为赤松取赤石脂处，而留侯从游遗躅宛在，山巅垒石为室，名国师龛者。后人怀留侯风烈，勒令不朽。《实录》载留侯多种，类及穹窿者十凡三四。此志穹窿者，必始于留侯也。”清康熙《穹窿山志》有张良与赤松子交谈图，配文“汉留侯张道祖讳良……侯从赤松子采赤石脂于穹窿。今天师即其后裔”。清曹曾《咏国师龛》诗云：“龙战从赤帝，鸟尽从赤松。何年采石脂，峰顶留仙踪。”张星镜也有“遥闻汉代赤松子，采药仙踪曾驻此”诗句。历史上，穹窿山上真观多位张姓道士均自称是张良后裔。

姚广孝穹窿山当和尚 姚广孝是长洲相城（今属苏州相城区）人，燕王朱棣夺取王位的第一功臣，人称“黑衣宰相”。童年时，他曾多次游穹窿山，对海云禅院迪公禅师十分崇拜。后来成为迪公禅师孙子愚庵禅师的徒弟。元至正二十四年（1364）秋，他从浙江径山回到穹窿山海云禅院。此后，他在穹窿山麝香坞购地建造净念精舍，自撰《麝香坞净念精舍记》。

明洪武六年（1373），姚广孝被征召入京。三年后赐僧服而还，回到海云禅院。后移居他最初出家处穹窿禅寺（旧址为福臻禅院）。寺旁山坞有藏军洞，亦称国师洞，清乾隆《吴县志》云：“姚广孝初出家居此，因名国师洞。”他在此构筑精舍30余椽（《穹窿小记》）。洪武十五年（1382）九月，明太祖下诏挑选高僧，分侍诸王。经朝廷僧录司左善世宗泐推荐，姚广孝离开穹窿山，到北平住持庆寿禅寺，成为燕王朱棣身边的重要谋士，并辅助燕王夺得皇位。明永乐十四年（1416），明成祖同意他退隐吴中，赐第穹窿山茅蓬穹窿禅寺，奉敕改名“显忠禅寺”。为解决他在籍食俸，特地在山里修运粮甃路，俗称“运粮道”。重回穹窿山的姚广孝欣然写下“唯有青山知我心，我心日日在山深”的诗句。他游历穹窿山名胜古迹，写有《秋日重游穹窿山海云精舍十首》等诗，其中有“昔年曾驻锡，此地喜重游”之句，还为海云禅院莲华室撰写《莲华室铭并序》。后人为纪念姚广孝，将茅蓬坞里石桥命名为“广孝桥”；在他曾待的居住处立“姚少师居此”石碑。其养孙姚迁用后曾任穹窿山显忠禅寺住持。

建文帝归隐皇驾庵 明建文四年（1402）六月十三日，燕王“靖难之师”攻至京城。杀入皇宫后，到处搜寻不见建文帝。传说建文帝趁后宫大火混乱之际带上贴身随从走地道逃离京城，祝发为僧，随从杨应能、叶希贤扮成僧人，程济则扮成道人，“负责往来道路、给衣食者六人”。建文帝得以逃脱，并归隐穹窿山皇驾庵，与僧录司溥洽和尚有关。溥洽，俗姓陆，浙江会稽（今绍兴市）人，早年出家于洞庭西山普济寺。明太祖召为僧录司右讲经，命主天禧寺（后称大报恩寺）。建文帝即位后，溥洽主僧录司。有人言建文帝为僧遁去，溥洽是知情者与藏匿者，永乐皇帝为此逮捕了溥洽。

据文献记载，建文帝先是逃到太湖中的洞庭西山，由谋臣黄子澄预先作准备。等待局势稍稳，再移至穹窿山。姚广孝晚年回到穹窿山茅蓬坞，在皇驾庵发现了建文帝及其近臣，利用其特殊身份和皇帝赐封的茅蓬坞保护建文帝。

建文帝的下落是朝廷最高“机密”，人们不敢乱言。明末，张有誉首次撰文披露建文帝隐身穹窿山，云：“吴诸山惟穹窿最为深厚，唐之韶国师，明之姚少师道场在焉。相去数武有皇驾庵一片地，尤称隐僻。庵以皇驾名者，传建文帝逊国，曾税驾于此也。”（《积翠庵记略》）当地人称茅蓬坞为皇驾坞，称积翠庵为皇驾庵，称拈花寺后的坟墓为皇坟。清乾隆《吴县志》、道光《光福志》有“万历间，其名始显”的记载。民国《木渎小志》也有建文帝隐居穹窿山的记载，在“寺观”中记载建文帝税驾皇驾庵，在“杂志”中专门记道：“穹窿山皇驾庵，明建文帝逊国时税驾于此。诸臣从亡者，多集山中。”并附“逊国诸臣录”，记载从驾出亡的随从大臣名单。

乾隆皇帝相信建文帝归隐穹窿山、死后葬于此的说法及相关记载。章太炎曾为茅蓬坞里穹窿山寺壮哉楼撰联云：“燕飞来竟啄皇孙后嗣休随和尚去，龙角葬当致天子此中惟许法王居”。其中“燕”，指燕王朱棣；“龙角”，指拈花寺后面的皇坟；“法王”，指姚广孝。张一麐对《逊国诸臣录》的记载也深信不疑，著文称：“税驾穹窿时，九人俱在，孤忠苦节，上比夷齐。”他曾为穹窿山寺拟就一副楹联，其中上联云：“从历史论人，最惊奇建文税驾，广孝登朝，有一棒当头，和尚误矣”。隐居小王山的李根源也相信此事。

1982 年起，上海学者徐作生多次到穹窿山踏勘调查，采访当地老人，查阅地方志，绘制出《明惠帝出亡穹窿山示意图》。在《史学月刊》等杂志上，先后发表《明惠帝出亡穹窿山新证》《明惠帝出亡穹窿山补证》。文章结论：建文帝在燕兵攻破京城南京之前，装扮成僧人，由地道逃出京城，在僧录司溥洽的帮助下，乘船从太湖来到洞庭西山的普济寺藏匿。之后，移居穹窿山皇驾庵。后又得到姚广孝的保护，得以长期隐居。明永乐二十一年（1423）病殁，享年 46 岁。遗骸葬在拈花寺后面山包，俗称“皇坟”。徐

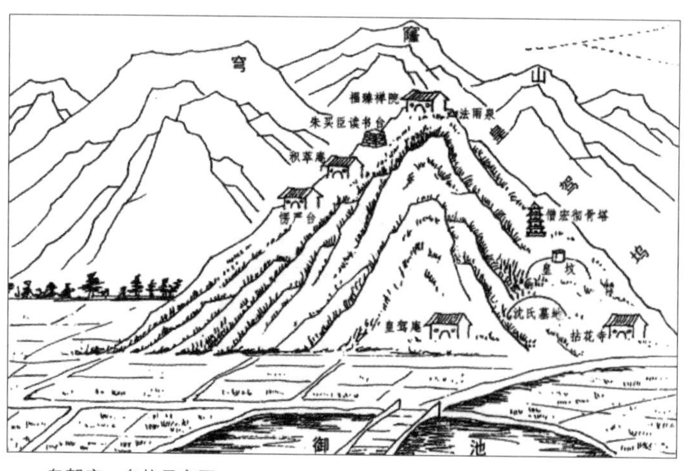

皇驾庵、皇坟示意图　　徐作生　绘

御池桥（2005 年）

皇驾庵石柱遗件（2005 年）

作生还在皇坟下发现了御池、御池桥、神道等遗址遗物。随后,《人民日报》《光明日报》《文汇报》及央视《发现中国》栏目组、江苏电视台以及苏州本地媒体先后到穹窿山考察，并进行专题报道。2006 年，苏州周姓居民公开自家祖上珍藏的两根长 7 寸半的古代指甲，据说是建文帝的遗物，苏州《城市商报》等媒体曾予报道。

施亮生振兴上真观　施亮生是清初著名道士，名道渊，字亮生，以字行，号铁竹道人，吴县横塘（今属苏州虎丘区）人。最初住持木渎尧峰山。清顺治七年（1650）春天，偕同吴晋锡、第五十三代真人张洪任等登穹窿山，见到上真观荒芜一片，“相与共盟于真君之前，决心恢复振兴”。工程极其浩大、艰辛，遇上岁饥缺粮断炊，施亮生率众“糜汤”。是年冬天大雪封山，无法下山买粮，香客被阻在山下，无法上山送食。施亮生饿得头脑发昏，翌日，有人扪雪登山，送来 3 斗大米，终于得以生存。建造三元殿的筒瓦运至山下，他身先士卒，身担两筐，攀葛而行。与此同时，施亮生凭借其道术，争取百姓信任。经过不懈努力，“不数年而丹台绀宇，辉映于巉岩绝壁、烟霞缥缈之间，俨然神仙福地也”（清彭定求《穹窿亮生施尊师墓表》），成为人们向往的仙府胜境。顺治十五年（1658），真人张洪任“敬其行，嘉其功，请于朝”（顾诒禄《铁竹道人画像记》），朝廷赐“上真观”额，赐施亮生“养元抱一宣教演化法师”称号。

施亮生开创“穹窿山派”（属正一道派神霄派支派），名声日隆，四方征请不绝，一生在全国修建道观“一百七十余所，塑像八千七百二十有奇”（清乾隆《苏州府志》）。清康熙十七年（1678）七月二十八日，逝于苏州玄妙观，葬在穹窿山上真观。

〔清〕康熙《上真观全景图》

李根源结庐小王山　李根源是国民党元老，曾任北洋政府农商总长。云南腾冲县人。1925 年，定居苏州十全街。1928 年，在小王山买地葬母，建阙茔村舍，自署“小隆中”。他庐墓隐居后，在山上疏泉凿石，植树造林，形成松海奇观，并辟万松亭、听松亭、听泉石、吹绿峰、小隆中、卧狮窝、孝经台、湖山堂、梨云涧、灵池“松海十景”。其间，他在此创办小学，实行新式教育。协同张一麐创办善人桥农村改进会，开展实验新农村活动，开办轿役、农具使用、蚕桑技术训练班；设立农民教育馆、民众夜校、茶园谈话、民众壁报、书报处、代笔处、问讯处、娱乐室，举办循环演讲、元旦同乐会、纳凉会；开辟农场苗圃，试办稻麦特约田（试验田），成立蚕桑合作社；疏浚河浜，修桥筑路，绿化山岭，整修穹窿山三堰五闸；凿水井，造浴室，戒鸦片，种

李根源纪念堂（2017 年）

牛痘，倡导文明生活。

1937 年 11 月苏州沦陷，李根源挥泪离开小王山。“大兵一退民逃尽，炸弹朝昏不断投。救难扶伤今已矣，老夫挥泪别苏州”。1950 年 7 月，李根源重返小王山。1965 年 7 月病逝于北京，遵照他的遗愿安葬于母亲阙太夫人墓旁。

雾沐问泉亭

园林古镇

春秋时期，吴王在木渎灵岩山巅建造中国最早的山顶园林——馆娃宫。宋朝，张廷杰在天池山、花山营造“就隐”，顾禧在穹窿山下修筑“漫庄”。明清时期，“吴中豪富，竞以湖石筑峙奇峰隐洞，凿峭嵌空为绝妙”，就是“闾阎下户，亦饰小山盆岛为玩”（明黄省曾《吴风录》），达官贵人纷纷在木渎修建宅第园林，先后建有凝翠楼、秀野园、萧萧斋、茧村、尧峰山庄、石坞山房、水木明瑟园、耐久园、乐饥园、二弃草堂、灵岩山馆、遂初园、怡园、虹饮山房、潜园、端园、息园、古松园等30余处，其中古镇区有遂初园等12处，成为江南著名的园林古镇。“苏州园林甲天下，三分秀色在木渎”，园林专家童寯、建筑学家刘敦桢曾到木渎考察，分别著录《江南园林志》《苏州古典园林》。

90年代起，木渎镇政府全力打造“中国园林古镇”品牌。2017年，古镇区有羡园、虹饮山房、榜眼府第、古松园4处古典园林，并被收录入苏州古典园林名录。

羡园

羡园，俗称严家花园，位于木渎山塘街王家桥侧。清道光八年（1828），木渎诗人钱照（字端溪）在王家桥侧购得旧园，整理修复，新增眺农楼、延青阁诸胜，次年三月建成，取名“端园”。

清光绪二十八年（1902），木渎首富严国馨购得此园，聘请香山名匠姚承祖率良工进行重葺，在保留原有建筑的基础上，设计春夏秋冬“四季花园”格局，更名“羡园”。1926年严家搬迁，羡园逐渐荒芜。1935年，建筑学家刘敦桢两赴此园，撰文称：“园面积颇广，院宇区划，稍嫌琐碎，然轩厅结构，廊庑配列，下逮门窗阑槛，新意层出，处处不肯稍落常套。最后得小池一处，中跨石梁，作之字形，环池湖石错布，修木灌丛，深浅相映，为境绝幽。人为之美，清幽之趣，并行而不悖，而严氏此园，又其翘楚也。”(《苏州古典园林》）园林专家童寯亦称：“园内布置，疏密曲折，高下得宜。木渎本多良工，虽处山林，而斯园结构之精，不让城市。”(《江南园林志》）1937年木渎沦陷后，侵华日军驻兵其间，园林被毁。

羡园平面图

1999年春，木渎镇人民政府重修复园，历时岁余。园林占地面积1万多平方米，建筑面积3244平方米。布局形成中路是住宅、三面为花园的新格局。中路为五进主体建筑，依次为门厅、怡宾厅、尚贤堂、明是楼、眺农楼，以中路大厅尚贤堂与四季花园尤为著名。门厅门口屋檐正中悬挂翁同龢题“严家花园”匾额；正门悬挂赵朴初题“羡园”匾额；门楣嵌有4个圆木户对，正园面分别刻有牡丹、荷花、菊花、梅花四季花卉；大门两侧放置一对扁圆鼓形青石门当，鼓面刻“双狮滚绣球”图案。正对门厅有一座青砖照壁，砖壁长14米、高3.5米，用御窑金砖菱形平铺，青石裙座长15米、高0.6米，浮雕“双狮滚绣球”等图案，加上苏瓦硬山式壁顶，整个照壁长15米、高5米。

怡宾厅 俗称轿厅，正中为劳思的彩色漆雕作品《羡园揽胜图》；上悬孙伯翔所题“怡宾厅”匾额，厅中圆柱有于曙光所书楹联“园中来客忘还府，云上游仙错认家”。厅里西侧有顶大红海棠花轿，又称龙凤花轿，运用浮雕、透雕、贴金等装饰手法，雍容华贵。整个花轿长1.4米、宽1.1米、高2.6米，共有轿基、轿身、挂落、轿面、轿栏、轿笼、牌坊、面首、轿亭、轿顶10层。由650块银杏木雕花板拼接而成，全部用木榫衔接。轿身镂雕有“百子闹春”“五子夺魁”“麒麟送子”图案，四面镶嵌的玻璃上配有“鲤鱼跳龙门”“鹤鹿同春”等彩绘图文。花轿整体红漆所刷，再用金粉描框，富丽堂皇，吉祥喜庆。

厅后是座清代砖雕门楼，枋镌“桂馥兰芬”四字，为清光绪二十四年（1898）时任四川总督丞奎俊所书。上枋雕刻“四儒四士”像，即：儒相、儒将、儒医、儒商和儒士、处士、名士、隐士。左右兜肚雕刻儒家之“入世”“出世”两图，“入世”图一人端坐马上，春风得意，入仕朝廷；“出世”图一人侧坐马上，功成名就，归隐田园。下枋雕刻“独占鳌头”。

尚贤堂 即大厅，为明式楠木厅，建筑面积200多平方米，有400多年历史。厅内正悬沈鹏所书“尚贤堂”匾额，两侧大柱挂赵雁君所书对联“几多知，沈钱冯叶，巨著鸿篇，咸是当年此寓呕心酬壮志；无不晓，陆范徐张，高风亮节，并非今日来游盲目仰名贤”。大厅直梁的两侧装饰有棹木，形状像古代官帽上的帽翅，故又叫官帽厅。大厅粗大的直柱由楠木所做，柱下楠木鼓，墩坐青石莲花座之上。大厅陈列天然几、圈椅、四方桌及半圆桌等明式大红酸枝木家具，造型优美；厅里一对高大的紫檀红木清式落地屏风，中间镶嵌天然大理石，自然纹理是一幅天然山水画。

厅后清代砖雕门楼，字枋“绿野流芳”，由冯桂芬所书；上枋雕刻“恋故报恩”云

羡园游人如织（2010 年）

鹤图；左右兜肚雕刻唐代“陆羽论茶”和东晋“书圣墨海”两图；下枋雕刻“众仙祝寿”图，图中祝寿的南极仙翁、麻姑、八仙等惟妙惟肖、栩栩如生；门楼顶部的砖雕斗拱结构紧密、雕刻精细。

明是楼 三楼三底苏式楼厅，是羡园内宅、严氏主人生活起居处；楼下正厅柱挂书法家谭以文所书对联“云崖缥缈，时隐三农，遥瞻佛界，茫然铁砚无心铸；山路崎岖，常颠一钵，顿悟人生，勤属樵风有日期”。底楼三间现改成山塘书院，邀请苏州评弹名家现场演出，供游客歇息欣赏。

见山楼（眺农楼） 相连的两幢双层绣楼，中间用风火墙隔离，是严家小姐和女眷的内宅。“见山”取自陶渊明“采菊东篱下，悠然见南山”诗句，在楼上凭栏远望，可看见对面灵岩山、天平山的秀姿；在这里可以眺望后面大片的田园景色及人们在田间躬耕劳作的情景。楼下现为蔡云娣石雕艺术馆。

西备弄 由门厅通向明是楼，长 65 米，将厅堂与西花园隔断。备弄走廊两边墙壁上挂满在木渎取景的电视剧与电影宣传画，其中有中国首部无声武侠片《火烧红莲寺》、首部国际上获奖的影片《渔光曲》、首部有声影片《桃李劫》及《南征北战》《华佗与曹操》《武林外史》《康熙王朝》《射雕英雄传》《姑苏十二娘》等。

四季花园

住宅西北东三面分别按春夏秋冬设四季花园，形成各具特色的小景区。花园由香山帮名匠姚承祖率良工历时两年修造完工，布局疏密有致，曲折多姿，局部处理精巧雅致。建筑学家刘敦桢、梁思成极为推崇，入选古典园林建筑教科书。

春景园 位于怡宾楼西边，以古玉兰为中心，园南部为清荫居，园西部为静中观，园北部为友于书屋。古玉兰树为端园旧物，历经百年沧桑，蓊郁如故，每逢春季来临，千葩万蕊，满园花香；树下湖石上书有“惜缘”两字。清荫居，造型似船，中间是船舱，两头是船头、船尾。静中观，出自《菜根谭》“静中观心，真妄毕见”之语，每当夜深人静，万籁俱寂，主人独坐此间省察内心。友于书屋，斋名引自《论语》“友于兄弟”，指兄弟友爱。地处幽偏，自成一体，前院湖石数片，院内植有松、竹、梅“岁寒三友”；书房前半部分是读书写作处，正中挂“友于书屋”匾额，两侧厅柱挂华人德所书对联“珠林墨妙三唐字，金匮文高二汉风”。书房后半部分是休息处，内置古罗汉床（又名懒人榻）。书屋是严家藏书之所，相传严家淦幼年曾在此通览经典古籍。

夏景园 位于友于书屋北假山尽头。园东有织翠轩、锦荫山房，园西有澹香亭、延青阁等建筑。织翠轩连接园中半廊，将整个夏景园分隔成水园和旱园两部分。锦荫山房，为圆洞门开放式山房，通向主人住宅明是楼。澹香亭，园西墙风雨廊间的一个半厅，半厅内置放清宣统年间（1909—1911）御窑金砖1方，墙上增添重修《羡园碑记》，碑文由钱仲联撰写。延青阁，在园西北尽头，两层小楼，是严家少主住宅，楼下有“阁邻佛寺经盈耳，窗对灵岩翠满晴”联。阁前立一块精美太湖石。

荷池鱼趣（2017年）

初秋园（2009年）

秋景园　由初秋和深秋两园组成。初秋园以闻木樨香堂为中心，前半为水园，东南角是鱼趣亭；后半为旱园，西北角是真趣亭，堂后有锁绿轩。园内假山用黄石堆砌。园四周遍植桂花，仲秋月夜，丹桂飘香，芬芳馥郁。闻木樨香堂为厅榭合一式建筑，前部水榭依水而筑，数鱼为乐，后部四面厅光明洞彻，尽收四周景色于窗棂内，轩正中悬挂“闻木樨香”匾额，两侧篆书“闻香思折桂，攻苦仰收萤”对联。鱼趣亭，偏据水园东南一角，连接园东风雨廊，是观鱼的极佳处。真趣亭，独占旱园西北一隅，有闹中取静之趣。锁绿轩，园东风雨廊尽头小轩，是进入绣楼的门户。绣余小院，是第五进绣楼前独立小院，是连接初秋园和深秋园的通道；园内依墙有黄石小山1座，是绣楼内小姐及女眷登山健身场所。深秋园，在绣余小院东面，园内有座湖石假山，山巅一亭翼然，山间清流潺潺，临水的环山草庐、山顶的宜两亭以及园东一侧的清苑轩、采秀山房和爬山廊组成整个深秋园的娱乐情景。环山草庐，两层小楼，面阔三间；楼前宽大的平台面山临水，是演曲唱戏的舞台，内有鲍贤伦所写“楼台近水涵明鉴，琴酒和云入旧山”对联。清苑轩背靠东山墙，处于爬山廊下，是小型室内舞台。采秀山房是园东南角敞开式小轩，爬山廊由此起步。爬山廊围绕整个东山墙，蜿蜒近 50 米，依地势而建，随地形升高，造型优雅。

冬景园　位于秋景园东，园内建筑密度较高，曲廊厅堂，交叉搭接。院中有小池，上跨石梁，作之字形，环池湖石错布，修木灌丛，深浅相映，环境绝幽。有听雨轩、疏影斋、盎春亭、忆梅寮、海棠书屋、梅心琴房，建筑把空间分割为三个小院，彼此相隔又相连，互相穿插，为冬日游园增添乐趣。

听雨轩与风雨廊相连，植芭蕉树数枝，取宋词"纵芭蕉不雨也飕飕"之意，是主人听雨下棋处。疏影斋（画室）为听雨轩对面三开间平屋，正堂挂沈玉山所写"疏影斋"匾额，柱上挂"新枝有意效夔牙尧章词试作，常客无心成李杜君复句偏吟"联，是主人作画处。盎春亭为园西南小亭，内置落地屏风，上嵌镜子一面，增加小园层次。忆梅寮为园长廊尽头古建花窗，透窗而观，满植梅花，小雪初霁，红英绿萼，寮外层层黛瓦屋顶，步步高升，连接蓝天白云，寓意"平步青云"。海棠书屋是严家主人读书和教育子孙处，屋内挂"自古人斋偿梦笔，如今观匾解填词"联，前院遍植海棠。梅心琴房在冬景园和后花园之间。

后花园　以人造湖为中心，面积占整个园林的四分之一。园内设清漪桥、且闲亭，远植高大灌木，近莳小草花木。

虹饮山房

虹饮山房位于木渎山塘街。园主原为清初木渎文人徐士元。徐氏不慕功名，唯喜居家读书，常与朋友在园中诗酒为乐，酒量极大，取号"虹饮"；又因宅院毗邻虹桥，园林由此得名。山房西东两园，分别仿照木渎明代秀野园和小隐园所筑。传说，乾隆下江南游木渎，必在此弃舟登岸，入园游历，因此民间有"乾隆民间行宫"之称。纪晓岚、

虹饮山房平面图

和珅、刘墉等大臣曾数次下榻于此。《木渎小志》云："高庙四次巡幸，词臣随扈必信宿于此。刘石庵相国曾两寓之，手书《程子四箴》以赠士元，因写《虹饮山房图》合装成卷，子孙世宝焉。"虹饮山房占地面积 1.29 万平方米，建筑面积 2451 平方米，由中园（虹饮山房）、西园（秀野园）和东园（小隐园）三部分组成，建筑风格既有江南园林的秀美，又兼皇家园林的雄伟。

中园

南北中轴百米，设门厅、舞彩堂、春晖楼三进。建筑大气，在江南园林中罕见，故当年乾隆南巡到木渎时将虹饮山房作为其民间行宫。门厅为两坡硬山式建筑。石狮分立左右，门厅面阔五间，正中设将军门，左右次间设槛栏。大门金字"虹饮山房"匾额，由清人刘墉题写。门厅后的东首有座两层八角亭子，悬挂"翠幄"匾额，落款"景仰居士"。亭子仿照当年清皇太后随帝南巡时所用的帐幔外形，用苏式园林形式而建，整个翠幄外形高 9 米，一层 3.5 米、二层 2.5 米，亭内设一层，亭中陈放清代大理石插屏。

舞彩堂 卷棚歇山顶，四角飞檐高挑，四平八稳，宽敞大气。厅内落地飞罩将大厅南北一分为二，两边圆柱挂翁同龢集句并书楹联"每临大事有静气，不信今时无古贤"。厅南有匾额"程子四箴"，由刘墉题赠主人徐士元。据记载，刘墉曾两度下榻山房，与徐士元相交默契。厅北，传说是当年乾隆帝奉太后看戏处，正对着堂后的戏台，陈设着御座、御案，背景是彩绘《虢国夫人游春图》。

春晖楼（2017 年）

春晖楼 古戏台建筑，中间是双层戏台，上下两层与后台楼房相通，两边长廊延伸至东西楼阁与东西双层长廊相连，组成整个古戏台前庭院。古戏台飞檐翘角，巍然耸立，中央高挂“春晖楼”匾，原是主人为孝顺父母而建，供二老观赏戏曲；后来乾隆皇帝六下江南，到此听戏，因此又称“御戏台”。

东西长廊 连接春晖楼和舞彩堂，廊中悬挂多块古旧的木制匾额；漏窗上塑着花鸟虫鱼，琴棋书画；楼上长廊直通入古戏台，为大户人家女眷看戏包厢。

秀野园

原是仿明代别院，徐士元购院后仿照明末王心一灵岩山秀野园所构筑。布局南疏而北密，南面以水景取胜，荷香池占三分之二，池东环通虹饮山房整条走廊；池西花木假山环池而构，羡鱼亭、荷香舫、鸳鸯亭、蕉绿轩点缀其间，参差错落。园北秀野草堂临池面南而筑，与乐饥斋、桐桂山房、归耕课读庐组成主要建筑群。

羡鱼亭 为荷香池东临水方亭，连接池中九曲石桥，亭中对联“处处憨鱼憨处处，悠悠嚼水嚼悠悠”，池中立高大太湖石假山，似达摩赏荷。

荷香舫 又名野人舟，是荷香池西南岸独立廊桥式建筑，恰似一艘泊岸的画舫。双层舫首昂扬挺立，正面挂“荷香”匾额，两旁对联“戏出金鳞摇婀娜，掠过翠羽带芬芳”；舫尾秀美颀长，正面草书“野人舟”，两旁对联“夕阳桂楫寻诗客，远水兰槎载酒

西花园（2008 年）

人”；舫北有八角伞形小亭，以作候船避风之处。

鸳鸯亭　为园西假山巅由竹啸、玉音两亭组成的方胜亭，竹啸亭有联“解箨虚心留粉馥，啸风高节拂云长”，玉音亭有联“邻寺经声时劝客，近山园景辄迷人”。

蕉绿轩　位于鸳鸯亭东，轩内置清同治年间（1862—1874）金砖一块，两尺见方。

秀野草堂　为西园主体建筑，面阔三间，临池而筑。堂前设台伫立池中，堂中有藏头对联“秀才胆大，诗袋屡张偷胜迹；野老心平，林亭独坐享奇观。”

乐饥斋　位于秀野草堂西，平房三楹，游廊转折，曲径通幽。乐饥即“乐道而忘饥”的意思，喻有如饥似渴的求知欲望。

桐桂山房　位于园子西北角，两层折角小楼，现楼下展出清朝服饰，楼上展出清朝 10 位皇帝的 12 道圣旨，故亦称圣旨馆。

归耕课读庐　位于桐桂山房东侧，有爬山廊直接连接桐桂山房二楼。楼内现展览清朝科举试卷及相关用品，故亦称科举馆。

桐桂山房和归耕课读庐所有展出品与春晖楼东西两廊展出的 20 多方清朝匾额，组成虹饮山房的清朝皇家文化展览。

小隐园

以老树奇石和竹林茂盛著称。乾隆初，徐士元购得此园，增筑厅堂四进，南密而北疏，南面主要用于生活起居，北面后园疏池开径，叠石栽花，精巧雅致。清末，徐家衰落，东园为陈家购得，陈家外孙女沈寿从小在此长大，随外祖母和姐姐沈立学习女红，终成一代“刺绣皇后”，故东园又名沈寿故居，门楣挂有“沈寿故居”匾额。

离茨堂 是当年徐士元迎客停轿处。“离茨”两字出自《离骚》，徐士元将其借喻小人，告诫自己近君子、远小人。

大厅 为主人举办婚嫁喜事、祭祖典礼或招待贵宾处，悬挂《古木慈鸟图》。两侧悬挂字画，其中一幅为书法《春山访友》，是徐士元留存至今唯一的诗作，寄托诗人幽居隐逸的情怀；另一幅《夜读山房》，作者是木渎诗人谈汝龙。康熙皇帝南巡木渎时，谈汝龙以秀才身份，当面向康熙帝献诗，深得赏识，被钦点进京。

雪宧楼 即楼厅原主人居住处，后归陈家所有，成为沈寿绣楼，故亦名。

小隐斋 花园主体建筑，有曲廊连通小隐亭，并至虹饮山房东游廊，斋前荷花水池，斋后竹篁一片，门楣匾题“幽人吉贞”。

书斋 紧挨花园东墙，有曲廊分别与连通东园楼厅和小隐斋。

古松园

古松园位于山塘街鹭飞桥东，园内有株明代罗汉松，苍翠遒劲，姿态优美，园因此得名。为清末木渎富商蔡少渔旧宅，占地面积 3163 平方米，建筑面积 1920 平方米。蔡少渔祖籍洞庭西山，在上海经商，发迹后回乡置地造屋。蔡少渔与严国馨（严家淦祖父）、郑龄九、徐凤楼合称木渎“四大富翁”，富甲一方。园林主要有门厅、大厅、楼厅、东厢房、花园及北园。建筑布局紧凑，前宅后园，庭院小巧精致。宅内各处建筑古朴雅致，雕刻精细，现为苏州市文物保护单位。此园将门厅和轿厅合二为一，比其他园林的门厅进深一倍。门头挂吴敩木所书“古松园”匾额，厅内置漆金《古松园鸟瞰图》屏风。厅后是砖雕门楼，深雕缀饰，形神有致，中间字枋“明德惟馨”四字，两侧兜肚分别为“张良拾履”“高山流水”。门楼上、下坊分别刻有“老子西游入关”“疯僧扫秦”“将相和”“截江夺斗”“张羽煮海”“宁戚饭牛”等故事图案。

古松园平面图

古松堂 即大厅，为仿明式建筑结构，硬山顶，孵鸡脊，由廊轩、步轩、内四界和后轩廊组成。步轩和内四界的梁架上各有四对棹木，形如古代官帽上的翼翅，俗称“纱帽厅”。步轩的四对棹木较小，分别刻有宝剑、葫芦、檀板、笛子、花篮等物，俗称“暗八仙”；内四界四对棹木则透雕戏文故事。内四界和步轩的轩梁上均雕刻各种戏曲人物，梁头的山雾云与抱梁云为“鹤鸣九皋”，气韵生动。明间梁架正中一根方椽上刻有八只琵琶，名为“八音联欢”。大厅门窗呈海棠形，上中下夹樘板和裙板均刻有云纹、如意与蝙蝠图案。大厅中央悬挂费之雄题写的“古松堂”匾额，前步柱上挂有楹联“醉月飞觞，顿教湖海豪情融作江南灵秀气；听松读画，当悟丛林妙趣传扬蓟北祥和音”。

明代罗汉松（2009 年）

凤凰楼 即楼厅，面阔五间，两侧厢房，楼上轩梁雕有 16 只凤凰，檐枋下端雕有 16 只倒挂花篮，因此亦称“花篮楼”，为清末木渎雕刻艺人赵子康的早期作品。楼上所有雕刻均为吉祥图案，楼下厢房的窗格上刻有梅、兰、竹、菊“四君子”；明间檐枋刻有画、书、信、元宝，寓意“书中自有黄金屋”；次间檐枋刻着花篮、箱子、宝剑、葫芦等“暗八仙”；厢房檐枋刻有海螺、风火轮、珊瑚、铜鼓等“八宝”；檐下挂落刻有放置梅、荷、菊、山茶的花瓶，称为“四季平安”；楼上栏杆为环形图案，中间花瓶里插有三根画戟，寓意“平升三级”；窗下栏杆刻有狮子和大象，前者象征权威，后者代表吉祥；檐下挂落插角为蝙蝠图案。凤凰楼二楼展出王立鹏 300 多件书画艺术作品。

东厢房　紧靠整个厅堂东侧，由书房、绣楼、内花园组成。书房为门厅东侧的三开间平房，朝南内天井，现为劳思版画艺术馆。绣楼为书房北面的两层小楼。楼下现为明清古瓷馆，楼上现为陆彩凤刺绣馆。内花园在书房、绣楼及凤凰楼东廊之间，园内四周上下高低蜿蜒的爬山廊将书房、绣楼组成一体，又连通古松堂、凤凰楼。园中有株明代

花园（2017 年）

罗汉松，高逾10米，树龄500多年，枝繁叶茂，郁郁葱葱。

花园 由纳漪榭、观景阁、影秀亭、假山群及水池曲桥建筑景观。纳漪榭为凤凰楼北廊伸出的水榭，伫立水池南首，榭内悬挂沈玉山所书“剪波纳漪”匾额，柱上对联“室幽喜依木，座宽知偕山”。水榭东十数步有株高大的银杏树，粗可盈抱，枝干挺拔，树龄200多年。观景阁在水池东面，为三开间半两层楼阁，与西面湖石假山隔水相对，楼阁南上下有廊连通内花园。一楼展出根雕艺术品，二楼是木渎廉政文化展示馆；湖石假山，贯穿整个花园的西、北两边。西边假山做双层瀑布，由假山南首的胜台长廊直通凤凰楼，北边假山多做山洞，穿洞可入北园。影秀亭，湖石假山西北之巅八角小亭，亭内有联“奇石尽含千古秀，异花常占四时春”。

北园 占地面积 2000 平方米，园内由东及西分别有画轩、绣廊、望山楼及库房等。画轩位于假山正北，为三开间平房轩式建筑；绣廊连通画轩和望山楼，似廊似楼，前有憩园；望山楼为楼台式建筑，四周有九曲石阶而上，登楼远眺，四周群山尽收眼帘，楼内有南宋方岳《山中》诗联“断无俗物敢排闼，尽有好山堪倚楼”。望山楼的一楼和二楼为姚建萍苏绣作品展示馆，陈列刺绣精品 100 多幅，其中有《沉思》《父亲》《世纪和平——百鸽图》《英国女王》《富春山居图（合璧卷）》等代表作品。

榜眼府第

榜眼府第位于木渎镇下塘街。坐南朝北，门对胥江，正对木渎古景“斜桥分水”，为晚清启蒙思想家、政论家冯桂芬故居。清道光二十年（1840），冯桂芬中庚子科一甲二名进士“榜眼”，故称“榜眼府第”，占地面积 6670 平方米。建筑布局为前宅后园，由三进门厅、显志堂、芙蓉楼、西厢房、花园组成。门前过街沿河是座宽敞的水码头，正面有座照墙立于胥江南岸，上镌刻“区宇一清”砖雕大字。

榜眼府第平面图

门头匾额题字“榜眼府第”，门楣嵌有四支圆木户对，正园面分别刻有牡丹、荷花、菊花、梅花四季花卉，大门两侧放置一对扁圆鼓形金山石门当，门

榜眼府第大门（2017 年）

前一对清代苏式青石狮子；屋脊中间堆塑图案有一只螃蟹、两朵菊花，螃蟹是“榜眼”的谐音，寓意一甲二名。厅后的砖雕门楼，屋脊灰塑“鲤鱼跳龙门”，中间字枋有“鸣凤在林”题字。两侧兜肚分别雕刻“郭子仪做寿”和“薛仁贵衣锦还乡”图案，下枋雕刻“财神送宝”图案。

显志堂 即大厅，抬梁式内四界结构，扁作大梁，山界梁上分别透雕云鹤的抱云梁和山雾云装饰，前檐设置一斗六升式山拱；堂中悬挂“显志堂”横匾，白底黑字，古朴凝重，为冯桂芬自题堂名，屏门正中有元人盛懋的山水中堂《秋舸清啸图》、冯桂芬撰书的联“涧流浚多生我禾稼，泽皋之上来观柘桑”。大厅和楼厅之间有宽敞内院，东西有廊，西廊有洞门连通西厢房，东廊墙壁陈列石刻《姑苏繁华图》，由 8 块灵岩山砚石组成，长 9.6 米、高 0.7 米。

芙蓉楼 即楼厅为冯家生活起居楼厅，两层楼宇建筑，东西两层厢房与砖雕门楼连接组成完整的内宅楼厅。厅前有砖雕门楼，中间字枋刻有“通德高风”题字，为冯桂芬座师潘世恩所书。两边兜肚分别刻有“三顾茅庐”和“空城计”图案；上枋雕有“渔樵耕读”图四幅，下枋为“太白醉酒”图。现为周士心美术馆。

西厢房 紧靠厅堂西侧，由书房和藏书楼组成。书房又名“校邠庐”，屋顶为三轩连缀式，承重的两根步柱并不落地，而是用短柱代替，短柱雕刻成花篮模样倒悬梁下，故俗称“花篮厅”。书房挂“校邠庐”额，两边挂清代诗人张船山“官久方知书有味，才明敢道事无难”联。藏书楼为书房对面的两层小楼，题名“怀铅提椠”；楼上有小门与芙蓉楼相通。

邀月招云轩（2017 年）

花园　占地面积约 4000 平方米，由前旱园、中水园和后假山组成，设计线条清晰、分布合理。旱园在芙蓉楼南，以鹅卵石铺地，中心立太湖石假山造景，两侧种植修竹乔木，尤以鹅卵石铺地图案著名，湖石前用彩色鹅卵石组成笙、花瓶和 3 支画戟图案，寓意“连升三级”。湖石前用黑白条石组成八卦符号，与彩色鹅卵石组成完整八卦图形。水园，位于花园中部，以黄石勾勒出水池，内植荷花，“邀月招云轩”独处荷花池头，轩内花窗镂空，透出后山之境；轩西有游廊直通西廊半亭“戊寅亭”，而入园外园；假山，

花园（2017 年）

位于花园南部，整个假山以土垒高，再用黄石装饰砌成，沿着弯曲的石径，跨过小石桥，山巅有六角小亭“含山亭”，亭内有“登山怡倦眼，涤俗对灵岩”联。

园林掌故

据文献资料记载，自汉朝至清末，木渎有名人宅第园林 50 多处，宋朝就隐别墅，明朝寒山别业、天平山庄，清朝二弃草堂、尧峰山庄、灵岩山馆尤为著名。

张廷杰天池花山筑“就隐” 张廷杰，南宋初曾任朝廷秘书监，绍兴年间（1131—1162）任靖州推官。辞官回家后，来到位于姑苏城西的花山（旧称华山）游览，但见此山翘然，特出众峰，认为必有灵异，适宜就隐，于是买地营墓置屋，营造别墅。他刓剔岩窦，疏导泉源，建造亭榭，依山建屋为一时绝境，搜奇选胜，历时 30 年，引泉水，种松桧，植蒲荷，艺菊花，取名“就隐”。华山因此曾一度易名“就隐山”。

“就隐”是座以天然山林为背景，加以人工建筑为景观的充满山野趣味的园林，面

天池山胜景（2016 年）

积极大，分布华山、天池两山之间，有天池庵、临赋亭、绿龟池、流愒亭、泓玉、钓滩、绿净亭、更好亭、宿云庵、独秀亭、绣屏、不夜关、大石屋、小石屋、花岛、俯首岩、浮槎桥、龟巢石、翠壁、约云台、云关、张公岩、观音洞、石鼓、月观、藿石、集仙坛、龟甲井、瑞涧、柳洲、天池、曲水临觞32景，“环以佳花美木，四时皆有奇观”（明《姑苏志》），被人誉为“吴门绝景”。张廷杰将就隐绘成图画，向各界士大夫、好友征题，彼时士大夫多赋咏，盛极一时。

赵宧光寒山构别业 赵宧光是太仓人，少时入赀为国子生，“豪华自喜”，中年“折节读书”。明万历二十二年（1594）春，赵宧光奉父遗言将父亲赵含玄葬于支硎山南小山，把五代先祖亦移葬于此。山本无名，因见《寒山诗》命为寒山。他与妻陆卿子偕隐于此，庐墓守孝，构筑寒山别业，建有云中庐、云观室、大方台（印堂）、青霞榭、奏格堂、天阶馆、蝴蝶寝、悉昙章阁、山农家、小宛堂等。他手辟荒秽，疏泉架壑，凿山引泉，整理出拂秋霞、眠云石、种玉浆（井）、清凉池、飙轮陌、钩月滩、吸飞泉、悬圃、清浅池、凌波栈、驰烟峄、千眠浦、骇飙亹（又名千尺雪）、蜿蜒壑、斜阳阪、紫蜺涧诸景。构筑精雅，室内所置茗碗、熏炉、几坐都翛然绝俗。整个环境穷极幽邃，俨如图画，宛如仙源异境。赵宧光潜心著述，在此著成《寒山志》等多种书籍。他家境富有，广结交游，一时名流争相造访。

范允临天平修山庄 范允临（字长白）是范仲淹第十七世孙。少年失怙，终日勤奋读书，明万历二十三年（1595）进士，授南京兵部主事，官至福建布政司右参议。

范允临辞官回家后，在天平山修葺祖祠，复振先泽，捐范氏赡族义田10顷。又在白云寺旧址修建别业，号为天平山庄（亦称长白园），园林布局合理，真山真水，精美无比。园外有长堤，桃柳曲桥，蟠屈湖面，桥尽抵园。进园门则长廊复壁，直达山麓。

〔明〕寒山别业图

天平山庄（2015年）

山东边是桃源，峭壁回湍，桃花片片流出，西边种梅千树。渡涧为小兰亭，茂林修竹，曲水流觞。竹大如椽，明静娟洁，打磨滑泽如扇骨。曲池修廊，引泉为沼，通以石梁，远望如画图中蓬莱三岛。园中有听莺阁、咒钵庵、岁寒堂、寤言堂、缁经台、桃花涧、宛转桥、鱼乐国、来燕榭、芝房、小兰亭诸胜。范允临还蓄养戏班，秘阁清讴，丝竹摇飏。他在长白园里"日夜流连觞咏，讨论泉石，与故友及四方知交来吴者往还山水间"。夫人徐媛，工书法，能文工诗，善山水。伉俪情笃，唱和甚多，成集《络纬吟》。他们经常与寒山赵宧光、陆卿子夫妇唱和，人称"吴门二大家"。范允临曾栽植枫树数百株，形成天平红枫景观。

叶燮横山建草堂 叶燮是清初诗论家，吴江人。清康熙九年（1670）进士，后任宝应知县。因脾气耿直，逆忤巡抚慕天颜，被劾，落职归里。回家后，遍游天下名山。康熙十七年（1678）冬，52岁的叶燮在横山之阳（今七子山东北）得5亩废地，构筑"二弃草堂"，筑室数椽，草堂前有一二顽石、梅桂数株，有已畦、二取亭、独立苍茫室诸胜。因在已畦园圃中栽种各种时令蔬菜，自给自足，于是取号"已畦"。在草堂之南凿一方池，池东畔为亭，亭方广丈，西面临池，南北为牖，有曲流绕亭，亭外绕以竹子。叠石为山，称"小天平"。叶燮在此设馆授徒，学者称"横山先生"。巡抚宋荦重其名，曾简从造访，辞而不见。当时沈德潜、张锡祚、顾嘉誉等拜他为师学诗法。清乾隆十二年（1747）正月，沈德潜从京城回苏，相约在世的9位同学相聚草堂，创二弃草堂"九老会"，追忆当年，唱和思念，合成《二弃草堂燕集》。

汪琬尧峰筑山庄 汪琬是清初古文家，长洲（今苏州市）人。清顺治十二年（1655）进士，授户部主事。与侯方域、魏禧合称"清初三大家"。清康熙九年（1670）辞官回家，闭户著书。康熙十一年（1672）七月，在尧峰山麓萧家巷（旧名胡巷）筑尧峰山庄。汪琬看中尧峰山的环境，著文称"吴中石之美者，如太湖、巉村之属，最著以尧峰文石为甲；泉之美者，如武丘、法雨、七宝、憨憨之属，最著又以尧峰乳泉为甲。故吾吴游者，莫不盛推尧峰尤西山幽绝处云"（《石坞山房记》）。尧峰山庄距离他父亲的墓道仅一里，原为卢氏别业，汪琬以45两银子购得，命儿子汪筠负责重建。山庄有御书阁、锄云堂、梨花书屋、墨香廊、羡鱼池、瞻云阁、东轩、梅径、竹坞、菜畦等。他于是更号"尧峰山人"，一时名流无不造访，人称尧峰先生。康熙十八年（1679），召试博学鸿儒，汪琬名列一等，授翰林院编修，预修《明史》。在史馆60余日，撰史稿175篇，完成即杜门称疾。翌年告归，回到尧峰山庄，曾《自题尧峰山庄》诗4首，其三诗云："茅茨傍墓田，见者或疑仙。身在人间世，家依小有天。劚云科果树，烧药试松泉。犹恨归来晚，行歌是暮年。"10 年后，汪琬卒于山庄，墓葬在尧峰山下柴场村。

毕沅建灵岩山馆 毕沅是乾隆时期的状元、封疆大吏、学者，太仓人。少时师从沈德潜在木渎读书，取号"灵岩山人"。清乾隆四十八年（1783），他在灵岩山南麓购地，营筑灵岩山馆，占地四五十亩，乾隆五十四年（1789）三月筑成启用，花费银子 10 余万两（一说 40 万两）。馆大门悬挂自书"灵岩山馆"匾额，两边自书"花草旧吴宫，卜兆千秋如待我；湖山新画障，卧游终古定何年"联（后移作墓联），二门匾额"钟秀灵峰"，由阿文成公（阿桂）题书，联云："莲嶂千重，此日已成云出岫；松风十里，他年应待鹤归巢"。由此盘曲而上至御书楼，一路长松夹道，大门宏敞，上题"丽烛层霄"额，大学士嵇璜题书。楼内藏有御赐书籍、字画、法帖等，楼下有八地碑，镌刻纪恩诗及谢恩疏。楼后折而东有九曲廊、张太夫人祠。上祠而上，有澄怀观石亭。道左是"画船云壑"，计有 3 楹，三面石壁，削岩千仞，上面是西施池。画船前有水池，池水清冽，游鱼可数，楹联"香水濯云根，奇石惯延携砚客；画廊垂月地，幽花曾照浣纱人"。池上有"砚石山房"精舍，大学士刘墉书额。

毕沅精心营筑的精美别墅，可惜生前终未一见。梁章钜曾赋诗云："嶙岩池馆出烟霞，占尽中吴景物嘉。闻说主人不曾到，丘山华屋可胜嗟。"袁学澜《灵岩山馆》长诗亦有"可怜世事变沧桑，富贵功名不可常。买山未得居山福，为谁辛苦为谁忙"之句。毕沅去世后，灵岩山馆被常熟蒋氏购得，易名"蒋园"。太平天国时，园林被毁。2003 年，镇政府投资在灵岩山东南山麓新建灵岩山馆。

新建的灵岩山馆（2016 年）

古镇保护

木渎是江南著名的水乡古镇，胥江和香溪横贯东西，临河建镇；山塘街、南街、西街、中市街、下塘街、下沙塘、东街因水成街，纵横交错，整个古镇呈现枕山傍水、长街幽巷、小桥人家、园林名居的独特格局和风韵。

木渎镇政府为保护木渎江南水乡古镇风情特色和历史文化遗产，于1984年编制完成《木渎总体规划》，1990年、1995年邀请同济大学两次修订镇总体规划，加强古镇保护。自90年代起，镇政府投入巨资先后修复虹饮山房等四大名园，对山塘街等老街和具有历史文化价值的老宅院、古桥梁与河港码头进行修复保护。2001年，邀请东南大学制定《木渎镇历史文化名镇保护与整治规划》，从点、线、面全方位对古镇进行保护与挖掘。2005年，木渎被评为第二批中国历史文化名镇。2009年起，编制《苏州市木渎历史文化名镇保护规划》。2013年，实施“两山一镇”工程，对木渎古镇、灵岩山、天平山景区实施环境综合整治和生态环境提升。随着木渎春秋古城遗址的发掘，古镇保护范围扩大到整个木渎春秋古城周边区域。

规划与控制

木渎古镇保存着明、清、民国初期浓郁的江南水乡古镇风情特色。为全面保护古镇的历史文化遗产，木渎镇先后制定《木渎总体规划》《木渎镇历史文化名镇保护与整治规划》等规划，保护古镇与灵岩山自然风景区互为依托的空间格调，充分挖掘古镇传统文化内涵，使其成为具有历史文化特色及旅游价值的历史文化名镇。

规划　1981 年 4 月起，木渎镇制定《木渎总体规划》。1984 年通过技术鉴定，1985 年 12 月苏州市政府批准该规划。1990 年、1995 年 8 月又邀请同济大学两次修订、完善总体规划，将木渎布局以组团式结构发展划分为东南、东北、古镇、镇南和西北 5 个组团（片区）。

2001 年，木渎镇政府邀请东南大学城市规划设计研究院制定《木渎镇历史文化名镇保护与整治规划》，对古镇的保护、改善、保留、整治、改造等方面作了详细设定，同时对古镇的交通、绿化、旅游、市政工程等也作出详细的规划。

按照规划，保护区范围分为 3 个层次：重点保护区面积 34 公顷；建设控制区面积

古镇风貌（2015 年）

古镇牌坊（2016 年）

56 公顷；在古镇与灵岩山之间设环境影响区，以保护古镇保护区周边农田环境和真山真水的特色，面积 56 公顷。保护区空间系统主要包括保护并强化以水为骨架的空间结构，强化吴越春秋以来古镇与灵岩山互为依存的历史关联性，保持古镇区各景点之间视觉走廊的畅通及连续，构筑历史街区的开放空间系统；保护并适当恢复木渎古镇特有的沿河街市；保护传统民居组群；保护有历史价值的建（构）筑物，包括园林、宅院、古寺、古桥、古井、古木等空间节点或标志。严格控制古镇区建筑高度。2002 年，江苏省人民政府批准《木渎镇历史文化名镇保护与整治规划》。

2009 年，木渎镇按照国务院《历史文化名城名镇名村保护条例》等有关规定，组织编制《苏州市木渎历史文化名镇保护规划》（以下简称《保护规划》）。经历资料收集、实地调研、规划编制及成果形成等阶段，于 2013 年通过江苏省住建厅组织的专家论证。《保护规划》经过网上公示、苏州市人大会议审议、修改与完善，2017 年 4 月 25 日，由苏州市第十六届人大常委会第三次会议审议通过。

《保护规划》中保护范围分镇域、历史镇区、历史文化街区和历史文化遗存 4 个层次，总面积约 74.59 平方千米。镇域主要保护依山而建、傍水而居的古镇空间格局和自然山水环境，及多点多项的文物古迹遗存。历史镇区划定北到香溪路，东至乾生元，南至胥江运河，西至香溪河，面积约 90.94 公顷，主要保护整体空间环境、街巷格局、传统风貌、历史环境要素等。历史文化街区划定北到严家花园北墙，东至乾生元，南至东窑路，西以西津桥为界，面积约 16.85 公顷，主要保护河街平行、河路相间的格局，“上宅下店”“前店后宅”“深宅大院”的传统居住空间格局，以及历史环境要素，街区内建筑控高两层。历史文化遗存主要保护 30 处各级文物保护单位、58 处传统风貌建筑，及 12 项非物质文化遗产。

控制 1982 年 7 月，根据《吴县政府关于严禁在风景区建立公墓的通告》，撤销灵岩、天平等风景区的公墓。同年，县政府规划灵岩山至天平山为旅游风景线，禁止在该区内开山采石。1990 年 5 月 11 日，木渎镇政府颁布《关于严禁在灵岩山至天平山风景区内挖砂采石的通告》。1999 年 12 月，木渎镇贯彻苏州市人大常委会《苏州市禁止开山采石条例》、苏州市人民政府《苏州市禁止开山采石实施规划》，全面停止开山采石。2013 年起，按照《苏州市木渎历史文化名镇保护规划》，对历史镇区、历史文化街区和历史文化遗存进行全面控制保护。

俯瞰古镇（2017 年）

古典园林保护修复

1998 年起，木渎镇先后修复羡园、虹饮山房、古松园、榜眼府第四大古典园林。

羡园修复 1999 年，木渎镇邀请张慰人等园林专家，对羡园进行修复规划设计。按照民国时期的羡园平面图，逐个修复春景园、夏景园、秋景园、冬景园，并增设后花园。春景园修复以老树古玉兰和友于书屋遗址为主，重新整理花木及山石；修补全园内长廊，修复清荫居和静中观。夏花园恢复织翠轩、绵荫山房；在修复西长廊时按图修澹香亭，补上清朝御窑老金砖。初秋园修复，按图修厅榭合一式建筑；前院用黄石堆砌鱼池，后院多植花木，点缀小方亭、六角亭。深秋园修复，修复环山草庐及临水演出平台，在东墙上修复爬山廊，依势在廊下修复清苑轩；修复太湖山石假山，复原山巅宜两亭。冬花园修复，恢复原疏影斋、听雨轩、忆梅寮、涵青亭及海棠书屋等建筑。增设后花园，以人造湖为中心，设一桥一亭，远植高大灌木，近莳小草花木。厅堂修复，特地从东山整体移建一座内四界建筑，其中以明代楠木建筑尚贤堂为羡园主要厅堂建筑。修复大门前照壁，轿厅、大厅后增补清朝砖雕门楼。2000 年动工修复，2001 年完工并对外开放。

虹饮山房修复 修复前，虹饮山房为木渎粮管所粮库（西库）。2001 年，镇政府筹

修复后的羡园尚贤堂（2009 年）

修复后的虹饮山房（2017 年）

资 600 万元收购，并组织修复。中园重点修复门厅、舞彩堂、春晖楼。御码头修复，因原东街御码头遗址破坏，故将原御码头的御碑及殷家弄的怡泉井亭等物迁至木渎粮管所的西库码头，并建亭保护御碑，恢复御码头旧观，与虹饮山房组成完整的景致。西园修复，按照原西园南虚北实的特点，参照明代秀野园修筑；清除园内搭建的库房和车间。清理出东园南部的羡鱼池，重植荷花，恢复池南羡鱼亭、曲桥、冰荷蓬、竹啸亭。建筑或临水，或踞山巅，湖中小岛有笠亭点缀，园北秀野草堂临池面南而筑，与乐饥斋、桐桂山房、归耕课读庐组成主要建筑群。东园修复，按照原东园南密北疏的特点，并根据沈寿外婆家老照片的图样，首先回收东园沿街门面房，按照片修复南面四进厅堂及沈寿的绣楼雪宧楼，北面后园疏池开径，叠石栽花，恢复小隐亭、幽人贞吉斋等建筑，结构上曲廊随机，廊桥跨水，池岸湖石玲珑瘦透。2002 年秋竣工。

古松园修复 新中国成立后，该园为金山公社、乡人民政府所在地。1999 年 3 月，修复完工并对外开放。该园厅堂修复采用抬梁式扁作内四架结构；凤凰楼修复传统的苏式门窗，苏瓦屋面屋脊；东厢房及内花园的修复，拆除搭建的建筑，保留了南部散件书房及东边两层绣楼，更加突出镇园之宝——罗汉古松；同时增置各种形式的联廊，或高或低，或曲或直，将院中各处建筑串联起来；花园修复首先亮出近 1 亩的水池，池中央建九曲石桥连通假山与观景阁，西围墙处堆叠湖石假山，山岩上喷泻的两级瀑布与远处灵岩山遥相呼应；假山尽头增建爬山廊直通凤凰楼二楼，山巅建影秀亭；东面保留三开间半的两层观景小阁，并增设两层长廊连接内花园。2002 年 10 月，完成包括楼台式建筑近山楼在内的北园修复。

榜眼府第修复 民国时期，古宅曾并入石家饭店，经营餐饮及旅社。新中国成立初期，为木渎区人民政府所在地，后成为木渎小学低年级分部校舍。60 年代后期，先后

修复后的古松园（2015 年）

修复后的榜眼府第校邠庐（2009 年）

为木渎味精厂、饮料厂及小学校办厂。1998 年，镇政府收回并动工修复。清理出大门前场地，修复岸边照墙，在厅后移建清代牌楼；按原貌整修大厅显志堂，在室内所有长窗、短窗、隔扇的堂板和上、中、下夹堂板上，刻以诗文图画，形成诗、书、画、刻“四绝”艺术风景线。内院清除所有搭建，修复东西游廊，在东长廊添置石雕《盛世滋生图》；楼厅修复前主要建筑大体轮廓依然，主楼保护完好；在外院门头增设青砖“心系桑梓”匾。西厢房修复苏瓦屋面及屋脊灰塑，新建内院西廊为左右复廊。后花园破坏较为严重，池塘被填，花木不存。修复时恢复原池塘，再对照老照片在池边堆叠假山小桥，厅、轩、廊、榭点缀其间，又植以梅竹为主的花木。1999 年 3 月完工并开放。

古街桥宅保护修缮

木渎古镇区街道形成于宋朝，发展于元、明。至清代中叶，主街为山塘街及虹桥一带，以后逐渐发展至中市街。古镇现有中市街、东街（东中市）、西街（西中市）、下塘街、山塘街、下沙塘和南街 7 条街道，还有 16 条幽深曲折的街巷里弄。1998 年街道路面修复时用石板、石片或青砖铺砌，宽 1~2 米不等。

山塘街保护修缮

山塘街是木渎古镇最古老的街道，西枕灵岩山，东连中市街，全长 1000 米。清末民国初期，木渎严、蔡、郑、徐等各大家族的宅第占据整条老街。古街保护重点对香溪古河道及驳岸进行整体修缮保护，先后修复斜桥、蔡家桥、鹭飞桥、虹桥、王家桥（又名永安桥），并新增西施桥、新王家桥、永福桥、香溪桥，对古桥进行分流保护及景点完善；古街道原用青砖竖铺而成的人字形古御道，改为街道中间铺以旧花岗岩石板，两边修复人字形青砖御道。

山塘桥湾 斜桥堍至蔡家桥，原有桥湾面点、粮店、杂货店、茶馆等。1957 年，吴县首家影剧院就设在茶馆隔壁。90 年代修复，重点保护原斜桥堍的山塘老河棚及河棚下老店面，修复棚下的古驳岸码头；回收原影剧院及茶馆所在房产，改造为开来茶馆。

木渎巡检司遗址 在蔡家桥畔。对面是香溪河上始建于宋代的虹桥，现存桥梁为清道光年间（1821—1850）重修单孔平板石桥。桥堍原有茶馆，清大臣刘墉到木渎曾在此品茗观景，并亲笔题名“晚照轩”。2013年，回收遗址上的山塘书场及居民住宅房产。2014年，修复木渎巡检司，与木渎十景之一“虹桥晚照”相辉映。

山塘商业街 1998年，全面进行整治和修复蔡家桥到鹭飞桥杂乱的商业街区，并将整修山塘传统商铺与整修古松园往东的下塘所有商铺有机组合，以形成古镇旅游特色购物街区。

虹饮山房及明月寺名胜区 原虹饮山房对面有老榆树，参天蔽日，古藤虬缠，形成木渎十景之一的“山塘榆荫”。修复时，新建横跨香溪河的风雨廊桥——西施桥，南岸建有明清古瓷馆。将东街的御碑及怡泉亭搬迁至此，恢复御码头，与修复后的虹饮山房组成一个整体。明月寺，始建于后唐清泰二年（935），四周梨树成片，故有“梨花明月寺”美称。1993年修复明月寺，沿街居民住宅及店铺与虹饮山房组成名胜区。

羡园名胜区 为保护明代古桥王家桥，在桥东侧建造新的王家桥公路平桥，又在桥西新建石拱桥永福桥，实行人员分流。严家花园东侧留出大块空地，作羡园街憩息区，连通严家花园及明清街商业圈；严家花园西数家民宅错落有序，中间有一株龙爪槐。1999年在老街尽头增建“山塘老街”青砖牌坊。

山塘街（2017年）

香溪河（2017年）

下塘街保护修缮

木渎胥江南东段与中市街隔河相望，西段与西街隔河相对，东起翠坊街，西至南街，全长300多米，街宽仅3米。

东段 1996年整修时，在街东首新建古镇旅游东门停车场，并筑入口石牌楼，正书“瑞门入胜”，两边石柱镌刻“河山风物多佳丽，闾里人文皆馥芬”联。整体修复下塘河棚近200米，恢复其木柱、木梁、木靠以及苏瓦棚顶的原始结构，并将街面改成旅游商品小街区。

西段 主要有冯桂芬晚年寓居旧宅及周边民宅。1998年修复冯桂芬故居。

南街（2017年）

郝巷弄 下塘街东段和西段之间，为郝巷桥向南的小街，因下塘东数家苗猪行垄断木渎周边农村的苗猪贸易，村民选好苗猪都会穿过那条小巷，俗称“猪行弄”，桥为猪行桥，后改称郝巷弄和郝巷桥。90年代，修复路面及相关建筑。

馀里楼 位于木渎西街64号。1927年木渎绅士严良灿出资建造。两层楼砖木结构，清水墙，东侧墙解放后用水泥粉饰，并开窗五扇，整齐划一。大楼面宽五间，正中三间施廊，廊檐下并列布置三连式清水砖拱形门，水泥铺地。设长条形花岗石阶沿踏步三级，做工精细美观。室内做木板隔断，木楼梯宽敞悦目，为木渎古镇民国建筑的典型之作。90年代进行全面保护修缮。

南街保护修缮

南街北起西安桥，南至古街南亭子，长500米，宽近3米。南街始建于宋代，清末民国初期有陆家场农民居此经商，接着徽州的吴家、浙江的冯家和徐家、太湖西山的惠家与朱家至此购地建宅，开店经商。整条街道修复均

南街廊桥（2011 年）

由金山石石板铺砌。北段，修复南街口西安桥与小日晖桥，西安桥跨过胥江直通南街，小日晖桥横跨南街河西通姜窑上，两桥一横一竖，组成“一步跨双桥”。修复民国初期所建天主教堂，俗称“网船公所”。中段，首先修复风雨廊桥、保护元代吉利桥，并对南街和孙家弄交会处明代冯家老宅、河桥里清代朱家老宅及廊桥前的明清古宅进行修复与保护。2015 年以后，对明代冯家老宅及廊桥前的明清古宅进行抢修。南段，新建南亭子桥，清末民国初期的惠家旧宅现已实施保护。

天主教堂　位于小窑弄 10 号，系民国初西式建筑。砖木结构，方柱圆檩，人字形梁架，沿柱上部设拱形斜撑，采用哥特式飞扶壁结构的理念。纵立八柱，左右对称，檐墙做巴洛克式的门窗，左右五扇，排列对称。堂内空间宽敞，采光很好，该堂为传统建筑与欧洲建筑相结合的典型之作。2000 年得到修缮保护。

天主教堂客房位于教堂北侧的小窑弄 4 号，客房朝南，北临胥江，系民国建筑。为两层砖木结构，面宽五开间，立木柱，柱础为石鼓，花岗石石基，底层地铺青方砖。木梁横贯，二楼上铺木地板，两楼施廊，楼上楼下东西两间的门相对。开间以木板为隔断，中间为木楼梯间。楼西南前栽有枇杷树 1 株，为木渎殷氏所植，果实盛兴，成为一景。2000 年后得到修缮保护。

西街保护修缮

东起斜桥，西至东风桥与胥口镇相连，傍胥江而筑，为古镇最长的老街，全长 1680 米，宽 7 米。东到西津桥三分之二古镇段（原有城墙门，“文化大革命”期间被毁）为石板路，西津桥到东风桥为沥青路。

商业区 从斜桥到原苏州第六制药厂段，街道两面商铺林立。原有徐家饭店、许家旅馆，同兴记、袁鸿兴点心店，徐惠记、共和园、鸿福园、德兴记茶楼，许永兴、陶中兴肉店，蒋永兴、金德昌豆腐店，新天兴茶糖店，万顺昌、永嘉、寅丰、泰生丰南货店，义昌、恒信、协成百货店，另有银作、铜作、锡作、木作、白铁铺、竹编、纸伞店、香烛店、棺材铺等。至 80 年代，古镇个体经济在此出现繁荣景象。90 年代，镇政府出资整治，对沿街店面进行修缮保护。

住宅区 从苏州第六制药厂到西津桥段，原是木渎粮油集散地，有米行、油坊，还有绣庄、航班码头等。苏州第六制药厂地处西街 64 号，内部有严家于 1927 年所建的馀里楼，1999 年后得到修葺保护。原 108 号的严家老宅保存较好，修葺后改为瀚海楼收藏馆。老街西有城墙、三义阁、西津桥，西津桥为单孔石拱桥，“西津望月”为旧时木渎十景之一。90 年代后得到修复保护。

新厂区 从西津桥到东风桥段，原是吴县柴油机厂、农具厂、矿山机械厂等企业所在地，出于古镇环保及旅游的需求，由镇政府全部回收，统一保护开发。

中市街保护修缮 东起翠坊桥，西至斜桥，沟通古镇东西两街，长 300 米，宽 12 米，俗称大街。香溪、胥江在此交汇，水运繁忙，商旅如织，商市繁华，曾是古镇的中心。2000 年后，街道得到修缮保护。

街南铺面自西往东依次有水果店、宜乐点心店、茶叶店（原肉店）、钟表店、刻章店、书店、修理行、肉店、面店；街北铺面，自西往东依次有南北货店（太和蜡烛店）、乾生元、银行（原裕元当铺）、朱元善药材店、戴家弄（又名混堂弄，内有古镇浴室）、中百公司（原梅苑茶馆）、石家饭店、绸布店、图书馆、百花园、理发店、邮局、日夜商店等；街西首有斜桥和郏巷桥双桥，斜桥建于北宋皇祐四年（1052），平板石桥，历经多次修筑仍保持着旧貌，香溪与胥江于此汇流，形成“斜桥分水”奇观。郏巷桥又名东安桥，建于清康熙年间（1662—1722），1999 年重新修建，并恢复其单孔石桥旧貌。

下沙塘保护修缮 南起蔡家桥，北至中山西路七号桥，街长 600 米，东西两街宽均

修复后的西街（2017 年）

修复后的中市街（2017 年）

修复后的下沙塘街景（2017 年）

为 4 米。2000 年后得到全面修缮保护。

老街从蔡家桥到三官桥，长 300 米。老街东沿河栽满古榆树，遮天蔽日，修复时保留多株古树，每当深秋来临，寒风瑟瑟，三三两两的大雁，栖息于塘边的芦苇丛中或古榆树上，再现旧时“下沙落雁”，是木渎十景之一。

老街南有蔡家桥与山塘街相通，中有长兴桥连通东边香溪路，北有三官桥连通塔影巷。原有清朝张永夫啖蔗轩、陶筱恬园、李炯六一堂等，现仍保留着多处古朴典雅的古宅大院。原长兴桥东有大片桑林，林中有一池潭，形似老鹰，故称“鹰潭”，夏日黄昏时分，木渎居民喜欢到潭边散步吹凉，观看潭中灵岩宝塔倒影，倾听灵岩晚钟。今尚有塔影巷，保留传承文化遗迹。90 年代，对街面及相关建筑进行修复。

东街保护修缮 西起翠芳桥，东至同春桥，沿胥江河北岸而筑，长 1000 余米，宽 3~6 米不等。殷家弄口有明代怡泉井亭，青石桥边有清朝遂初园，崇政桥畔有清朝康、乾两帝下江南的御码头（现御碑移建于山塘街），白塔桥边有明朝抗倭敌楼，同春桥头有明朝法云庵等。清徐扬《盛世滋生图》上曾描绘东街盛况。“白塔归帆”“法云古松”曾被列为木渎十景。90 年代起，街路面及相关建筑得到保护修缮。

文物及遗址保护修复

木渎文化积淀深厚，2017 年年底有国家级文物保护单位 2 处、省级文物保护单位 2 处、市级文物保护单位 22 处。

天池山石屋、石佛修复 天池山有佛龛式东、西石屋及寂鉴寺石殿 3 处元代石构建筑。“文化大革命”中，东、西石屋遭破坏，东石屋的石佛鼻子被敲掉，西石屋石佛被炸成 4 块，屋顶移位。1979 年 4 月，有识之士克服财力、物力、人力等困难，聘请当地石匠用石屑粉拌石胶将石佛及石屋修补还原。1990 年，修复在“文化大革命”期间被炸坏的花山元代大接引佛。2006 年 5 月，寂鉴寺石屋被公布为全国重点文物保护单位。

修复后的石屋、石佛（2017 年）

小王山及其摩崖石刻修复 民国李根源在小王山买山葬母，在此庐墓守孝 10 年。其间，社会各界名流纷纷前来谒墓拜访，并留下墨宝，共计 240 多人、550 余条。李根源雇用两位刻石名匠，将名人手迹全部镌刻于岩石上。“文化大革命”期间，开山采石，致使众多石刻被毁，或被没于淤泥杂草之间。80 年代起，当地村民自发上山拂拭恢复。1985

摩崖石刻修复（2009 年）

年，吴县人民政府出资全面保护小王山摩崖石刻，恢复阙茔村舍，辟建李根源纪念馆，修复李根源和阙太夫人墓。1995 年 4 月，小王山摩崖石刻、李根源墓被列为江苏省文物保护单位。2009 年，穹窿山风景管理区管委会、吴中旅游发展有限公司再度扩建李根源纪念馆，修复湖山堂、小隆中、听松亭、万松亭、池上亭、五枫亭诸胜，新建忠孝牌坊、书法碑廊，移建民国宅第怀德堂。2013 年，再次对摩崖石刻进行描摹着色。

韩世忠墓园修复 韩世忠墓位于灵岩山西麓，1956 年被列为江苏省文物保护单位。1984 年，苏州市拨专款对韩世忠墓实施一期工程维修。香港四达机器厂经理朱纪阳资助人民币 2 万元，吴县、苏州市等 70 多个单位集资 10 万元支持韩世忠墓的修复工作。1989 年，修复韩蕲王祠，塑韩世忠雕像，布置事迹陈列。1990 年 6 月 8 日，韩世忠墓园修复开放。2008 年，恢复罗城，修整墓冢、甬道，并树立新碑。2010 年，修建碑亭。

“两山一镇”环境整治 2013 年，木渎启动“两山一镇”环境整治工程，对古镇、灵岩山、天平山全景区实施环境综合整治和生态环境提升，重点保护修复古御道等历史文化遗迹。沿原乾隆南巡时从灵岩山到天平山的古御道路线，修复环山绿道、健身步道。沿线鸡笼山有“五人撑伞”“夕阳鸡笼”等摩崖石刻，有明崇祯年间（1628—1644）

韩世忠墓（2016 年）

鸡笼山（2015 年）

灵岩—天平山健身步道（2017 年）

的无隐庵，周边有众多摩崖石刻，其中有块巨大的摩崖石刻，镌刻“空山无人，水流花开”8 个大字隶书，端庄秀丽，系清代苏州状元石韫玉所书，均得到保护性修复。对沿线上沙古村的清初吴中高士徐枋的涧上草堂、清代状元毕沅祠堂和墓冢遗址加以保护修复；对 90 年代修复的灵岩山麓景区中的灵岩景区门楼、姑苏台、湖心茶楼、灵岩山馆等建筑，及清朝诗人张永夫“再来人之墓”进行保护。

木渎春秋古城遗址（2008 年）

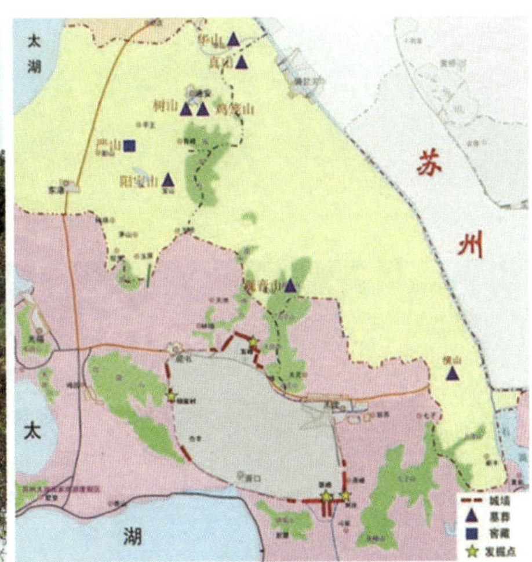

木渎春秋城址范围示意图

苏州市考古所　提供

木渎春秋古城遗址保护　木渎春秋古城北依灵岩山，南靠胥山，西临穹窿山和香山，东接七子山与尧峰山，有五峰、廖里、合丰、新峰 4 处遗址及土墩 200 多处。2010 年，木渎春秋古城遗址考古成果公布后，木渎镇即将保护的范围扩大到整个木渎春秋古城范围，制定相关条例，对木渎所辖整个区域的重要历史文化遗产实施重点保护。

古镇春色（2017 年）

旅游

木渎以山林石景、吴越遗迹著称，自古就是苏州风景游览名胜区，拥有山林清泉、植物景观、宗教寺观、古镇园林、美食特产、生态养生、“非遗”人文，旅游资源极为丰富。木渎全域旅游划分为木渎古镇、穹窿山、灵岩山、天平山、天池5个景区。

1982年，木渎被列为国家级太湖风景名胜区13个景区之一。1990年起，镇政府投入巨资对古镇园林、街道老宅、桥梁河岸及文物古迹进行保护修复，发挥木渎独特的旅游资源优势，举办各种旅游节庆活动，成功打造“中国园林古镇”“乾隆六次到过的地方”“穹窿山孙子兵法”“姑苏十二娘”等旅游品牌，先后被评为中国最佳旅游去处、中国最好玩的地方、最受欢迎的旅游目的地。

2017年，木渎旅游呈现“一基地”（木渎镇区旅游服务基地）、“四片区”（木渎古镇、穹窿山、灵岩—天平、天池山）的格局，有穹窿山国家AAAAA级旅游景区1处，有天平山、天池山和木渎古镇国家AAAA级旅游景区3处。全年接待游客500多万人次，实现旅游综合收入15亿元。

木渎古镇景区

古老的胥江横贯木渎全镇，香水溪经山塘街汇入胥江，沿胥江、香水溪形成的木渎古镇，山塘街等7条古街纵横交织，民居商店鳞次栉比，园林故居（羡园、虹饮山房、古松园、榜眼府第），错落其间，小桥流水，深宅大院，街巷幽深，古迹处处，在江南诸多水乡古镇中具有独特的韵味。

山塘街 西枕灵岩山，东连繁华的中市街，全长1000米。街道中间铺上旧花岗岩石板，两边修复人字形青砖御道。街河并行，民居、商店鳞次栉比。古街上除羡园、虹饮山房、古松园等园林外，还有明月寺、斜桥、蔡家桥、鹭飞桥、虹桥、王家桥等名胜古迹。

明月寺 位于木渎山塘街西端。建于后唐清泰二年（935），僧明智所创。明洪武初期，归并普贤寺。其西半里许，旧有牧牛庵。寺院附近原有大片梨树林，每逢初春，“千

山塘街（2017年）

明月寺（2017 年）

树万树梨花开”，成为古镇一景。清李果有“梨花明月寺，芳草牧牛庵”之句，传诵一时。清咸丰十年（1860）毁于兵燹。清光绪十六年（1890），由僧道根重修。后荒芜，“文化大革命”期间毁坏。1992 年重新修复，次年开放。现有山门、天王殿、大雄宝殿和藏经楼。进入山门和天王殿，大肚弥勒一团和气，端坐正中。四大天王分列两旁，横眉竖目，威武猛厉。大雄宝殿前矗立一尊观音像，脚踩莲花宝座。大雄宝殿是明月寺建筑群的中心，正殿五间，双层飞檐翘角，庄严肃穆，富丽堂皇。大殿中央供奉释迦牟尼佛，两侧分别是阿弥陀佛和药师佛，合称“三世佛”。大佛背面供奉观音菩萨，脚踏莲花，手持净瓶杨柳枝，神态矜持娴静。大殿两侧是十八罗汉，神态各异，栩栩如生。藏经楼为三层楼建筑，面宽五间。

永安桥 位于山塘街北端王家村严家花园前，俗称王家桥。明弘治十年（1497）建。单孔拱形花岗岩石桥，南北座向，横跨香溪河，全长 13.7 米、面宽 2.2 米，桥堍宽 2.4 米、离水面 4.8 米，拱呈圆弧形，高 4.2 米、跨度 7.8 米，作分节并列砌置。桥梁头上均阳刻“一把莲”。图案工整，雕刻精细。石级踏步，北坡 19 级，南坡 18 级。桥栏

永安桥（2017 年）

石高 0.73 米、厚 0.18 米。桥面顶板镌有宗教图案。桥洞宽敞，倒影如环，桥身高耸，葛萝垂挂。桥体保存尚完好，现为市级文物保护单位。

西津桥　又名永平桥。位于古镇西街，横跨胥江河，是花岗岩单孔圆弧拱石桥。建于明万历年间（1573—1620），清康熙二十年（1681）重建，改名永平桥。清同治十三

西津桥（2017 年）

斜桥分水（2017 年）

年（1874），由镇济善堂募捐重建。全长 22 米、宽 3.05 米，桥顶面长 1.9 米，桥堍宽 3.5 米，拱券高 4.2 米、跨度 8.6 米。桥面顶镌刻宗教图案，桥洞上端浅雕的坐龙图案，栩栩如生。刻有“立马望苏台，山翠万重拱虎阜；扬鞭来震泽，风涛千古泣鸱夷”桥联。桥形美观，宛若彩练，每当月光初现时，影映碧水，景色动人。“西津望月”为木渎十景之一。西津桥现为市级文物保护单位。

斜桥 位于中市街西首胥江与香溪交汇处。建于北宋皇祐四年（1052），平板石桥，历经多次重修仍保持着旧貌。香溪是山溪水，胥江为太湖水，一清一浊，一缓一急，两脉水流在斜桥之下汇合后，形成一条泾渭分明的奇观，曾有“胥香两水汇一流，吴越千年分清浊”诗句。“斜桥分水”为木渎十景之一。

灵岩山景区

灵岩山自古以来有“灵岩秀绝冠江南”之誉，是吴中游览胜地。旧有一径穿亭、苍

灵岩山（2017 年）

翠迎人、落红夕照、塔院松风、醉僧待渡、越女遗踪、太湖在望、箭泾采香、秀峰古刹、灵岩塔影、萧寺钟声、万家灯火、山馆拥翠、吴宫遗址、山顶花园、修廊响屧、琴台浴晖、蕲岳同辉“灵岩十八景”。以奇形怪石、春秋吴王遗址、千年古刹著称吴中。

奇形怪石

灵岩山上多奇石，巨岩嵯峨，怪石嶙峋，物象宛然，旧有“十二奇石”或“十八奇石”之说。还有思乡石、猫儿石、鸳鸯石、和合石、献花岩、石楼、望月台、佛日岩、石关门、袈裟石、槎头石、石髻（俗呼馒头石）、石马、石牛等奇石。

石城 位于西施洞上，连绵 30 余米，如半壁芙蓉城。清潘之恒《三吴杂志》云：“灵岩最奇处，在西施洞上，半壁如芙蓉城，亘可十余丈。”气势雄浑，相传是吴王阖闾所筑石城残壁。

石龟 亦名石鼋、望佛来、望湖归，位于百步阶南侧，正对采香泾，形似乌龟，昂首面向太湖，故俗称“乌龟望太湖”。石背镌有“望佛来”字样，石上有脚印，传说西施常站在此石上眺望故乡。

奇石“乌龟望太湖”（2016 年）

醉僧石 位于灵岩山东冈，又名罗汉石、醉罗汉、和尚石、寿星石、望夫石等。“奇石突起十数尺，遥望之若人立”，又如人静坐山上，呈企盼等待状，俗称“痴汉等老婆”。

灵芝石 位于百步阶北，“巧似三秀”，“为山中石之最奇者”。明万历初被凿毁，“僧天际闻灵芝石被凿而夜泣，诘朝石崩”。寺塔四周也有石环列如芝形者，亦称灵芝石。

升罗石 位于灵岩山东麓醉僧石下，四方形，置在石坡上，亦称石鼓。

草鞋石 位于百步阶上端北侧，状似蒲鞋翻转弃于道旁，故俗称“翻转蒲鞋”。

石鼓 位于百步阶旁，有大小两石，“大者百围，小者半之，履之有声，俗呼地鼓”。相传石鼓鸣声，就会有兵事。

石射堋 位于石鼓旁，形如张侯，与石马、石鼍、石幢等诸石并在山路曲处。

石牛 为两块大石，一在石鼓下北麓，形似双牛饮水，俗呼饮水牛；一在观音洞，半埋沙土中，又称牛眠石。

道中三亭

灵岩上山道中建有三座亭子，自下而上分别为继庐亭、迎笑亭、落红亭。

继庐亭 原为头山门，故建成山门式。灵岩山寺是印光法师继庐山之后开辟的又一净土道场，为纪念印光法师（初号继庐行者），“仰高风靡已，怀令德不忘”，因以名亭。建于1943年秋，亭身呈长方形，上山道路在亭中穿亭而过，亭内悬有明旸法师书题“继庐亭”额。

继庐亭（2016年）

迎笑亭　四方形，飞檐翘角，宝葫芦结顶。建于宋代，苏东坡曾题亭名。清初重建，清乾隆十六年（1751）更名“松啸亭”。亭建于半山腰，俗称“半山亭”。民国时期倒圮，50 年代修复，80 年代重修。

落红亭　灵岩山别称象山，取“象王回顾落花红”语意而命名。清乾隆十五年（1750）更名迎晖亭。旧有清初名僧弘储题字并跋。原亭已毁。1937 年，潘其钧捐资重建。80 年代重修，亭身呈方形。

落红亭（2017 年）

山顶花园

春秋时，吴王夫差在灵岩山巅建造苑囿——馆娃宫（吴人称呼美女为“娃”），是中国历史上最早的山顶皇家花园。现存吴王井、智积井、玩花池、玩月池、宫墙、琴台等遗迹。

吴王井　位于在玩花池北之东侧，圆形，旧称宫井，又叫日池。相传，西施常在此对井梳洗，以水为镜，夫差即为之插花理妆。后人疏浚时，曾拾得玉钗等文物。

山顶花园（2017 年）

智积井　位于吴王井西侧，八角形，又叫月池，泉水甘芳清冽，不竭不溢。

玩花池　又名浣花池，方形，长约三四丈，池中有座花岗石无量寿幢。传说，吴王夫差专为西施赏荷而凿。池内植四色莲花，盛开之时清香四溢，夫差陪西施荡舟采莲，避暑取乐。池水旱不竭，涝不盈，并出产莼菜，在清代以前每年由地方官员采集晒干后作为贡品。

吴王井（2017 年）

玩月池　又名浣月池，位于吴王井、智积井北，假山环绕成圆形。传说，西施临池照影，懒于仰首望月，吴王便开挖此池，让月亮倒映池中，西施常在月明之夜，与吴王并肩赏月。兴致浓时，伸出纤纤素手，遮住半爿月影，戏言为“水中捞月”。

长寿亭　位于吴王井、智积井北，相传为西施梳妆台遗址。六角形，建在假山上，亭前有座小桥，连接另一座假山，人可在桥下穿越至亭上。由此往西有两丈多高石墙，石块上雕琢冰梅花纹，拼接而成。传说即当年馆娃宫墙遗址。

琴台　位于灵岩山西绝顶，相传吴王常令西施鼓琴于此，石上刻“琴台”两字，另有明代王鏊“吴中胜迹”题词。琴台下旧有大偃松，登琴台可眺望太湖风光，堪称绝景。

响屧廊　自琴台下，左折而东，直到灵岩塔西侧，传说为响屧廊遗址，长70多米。夫差为与西施取乐，别出心裁，造1条长廊，挖空地下，以楩梓木铺地，西施和宫女在上面轻歌曼舞时发出声响。唐代已不存。

山道景观

灵岩山文化积淀深厚，山道沿途有西施洞等景观。

南山门牌坊　在山前坡下，临山前村，花岗石牌楼，于2004年建。前面正中上额“灵岩山寺”，左边为“净土道场”，右边为“佛教圣地”，背面中正为“弘扬佛法”，两边分别是“庄严国土”“利乐有情”。凡从正山门上灵岩山，必须由此拾级而上。

西施洞　又名观音洞，在落红亭西，形似石屋，故又称石室。洞口高9米多、宽3米多、深度3米许。传说，西施常和吴王在洞中同坐小憩，故名西施洞。当年，吴王夫差曾因勾践、范蠡于此屋，故又名勾践洞、范蠡洞。清初顾炎武《西施洞》云：“馆娃遗迹草迷离，古洞千秋尚姓施。大可功成隐岩穴，又何一舸逐鸱夷。”相传曾有“观音菩萨现形之异”，1943年佛教信徒在洞壁上刻观音大士像，改称观音洞。

西施洞（2016年）

古御道　自南山门牌坊至灵岩山顶，为古御道，路较平坦。山路一侧是竹林，另一侧是石砌挡土墙。因年久踩踏，砖

古御道（2016 年）

块侧面被踩平破损，行走极易滑倒。20 世纪末，采用花岗石小块逐段铺设，将侧砖路面改为平行道。古御道在继庐亭至迎笑亭之间，约长 500 米，以小青砖铺筑而成。

由姑岭　位于山东南麓，相传吴王由此登姑苏台，故名。另又相传吴王在此擂鼓登山得名，故又名擂鼓岭。俗误“由”为“娄”，因此又名娄姑岭。

韩世忠墓园　由墓冢、神道碑、韩蕲王祠组成。墓冢直径 12 米，封土高约 3 米，为韩世忠与 4 位夫人的合葬墓。墓碑题字“宋韩蕲王墓”，清道光年间（1821—1850）立。神道碑在墓东南 250 米处，南宋孝宗赵昚书写“中兴佐命定国元勋之碑”碑额，碑“高二丈二尺五寸，连龟趺高三丈余，八十八行，行百五十余字”（清乾隆《吴县志》），共计 1.39 万余字，赵雄奉敕撰文，周必大书写。1938 年 6 月，神道碑遭飓风刮倒，碎为 10 余块。1946 年，灵岩山寺僧人妙真邀集地方人士集资鸠工，将碎碑胶固并扶植墓道。碑石旁尚有巨石龟 1 只。1984—2008 年，曾 3 次整修。

韩蕲王祠在墓前东南处，道光十年（1830），江苏巡抚陶澍、布政使梁章钜、郡绅韩崶主持重修韩墓，并修建韩蕲王祠。清光绪二年（1876），苏州府正堂曾发布保护韩蕲王墓、祠告示，并勒碑纪念。解放后，曾改作当地小学校舍。1989 年重新整修，并辟为韩世忠事迹陈列室。

2017 年，韩世忠墓园占地面积约 10 万平方米，甬道宽 25 米、长 85 米，望柱、栏板分列两侧，墓地遍植松柏，气势恢宏，庄严肃穆。

灵岩山寺

又称灵岩禅寺，位于灵岩山顶，即春秋时馆娃宫遗址。相传，晋司徒陆玩舍宅建寺。梁天监二年（503）重建，命名秀峰寺，并创宝塔。天监十五年（516），西域梵僧智积度化来山阐扬宗风，“有智积菩萨化形画相之迹”，寺更名益显，赐额“智积菩萨显化道场”，俗称智积道场。唐宰相陆象先建智积殿、涵空阁。北宋太平兴国二年（977），节度使孙承祐为其姊吴越国王妃重建九层砖塔。北宋元丰间（1078—1085），郡守晏知止辟为禅院，赐名秀峰禅院。南宋绍兴年间（1131—1162），赐予名将韩世忠，更名显亲崇报禅院，“丛林之盛，为东南冠”（宋孙觌《智积菩

灵岩山寺牌坊（2016 年）

萨殿记》)。明洪武年间(1368—1398),赐额灵岩禅寺。明永乐十年(1412)重修,明弘治年间(1488–1505),毁于火灾。清顺治六年(1649),僧继起重修,称为崇报禅院。清康熙十四年(1675),布政使慕天颜重建大殿,知府高晫建弥勒殿,时有善法堂、五至堂、大鉴堂、圆照堂、慈受阁、天山阁、映光楼、镜清楼等10余处。清咸丰十年(1860)毁于战火,殿宇全成灰烬。清同治十一年(1872),僧念诚,盖小屋10余间,以期逐渐兴复。清宣统三年(1911),僧道明因失衣妄打可疑人,犯众怒而逃离,“寺既无主,所有什物一无存者”,屋仅剩6间。木渎富商严良灿请来真达和尚住持,真达出资渐行修建,“事由妙真上人一身荷担,殿堂楼宇,次第兴修,气象一新,迥非昔比”,命名崇报寺。1926年,印光和尚开十方专修净土道场,题额“灵岩山寺”,沿用至今。现有殿宇为1919—1932年修建,有智积殿、弥勒殿、宝王殿、说法堂、天山阁、五至堂、慈受阁、映光楼、大悲阁、镜清楼、圆照堂、大鉴堂、华严堂、坚好堂、涵空阁、灵岩塔、金沙塔、法华钟殿等。

1966年“文化大革命”开始后,寺内佛像遭破坏,殿堂一度改为泥塑《收租院》展厅。1980年起,灵岩山寺全面修葺,宗教活动恢复。同年,创办中国佛学院灵岩山分院。1983年,被国务院列为汉族地区全国重点寺院。2017年,灵岩山寺有头山门、天王殿、大雄宝殿、念佛堂、藏经阁、智积殿、灵岩塔以及僧寮等庙屋256间,建筑面积1.1万平方米,僧人170余人。

头山门 花岗石圆形拱门,中间双开大门上方砖雕门楼镌“灵岩山寺”额,中国佛教协会原会长赵朴初题书。

天王殿 亦称弥勒阁、弥勒楼阁,进山门即殿,面宽五间,“不起角,不重檐,而甚高大”。中间供奉天冠弥勒,背后供韦驮菩萨,两侧奉列着彩塑四大天王像,均高4.5米。

大雄宝殿 位于天王殿后。宋时为崇报禅院大殿,清朝慕天颜重建,改名宝王殿。面阔三间两披,高24.5米、宽23米、进深20米,殿基440平方米。殿内中奉释迦牟尼佛像,高为6米,大殿两侧塑造16尊罗汉像,后壁左右供奉文殊、普贤两大菩萨,坐骑青狮、白象。大壁后是海岛观音塑像,善财、龙女侍立两侧。四周墙中柱头,均为花岗岩石料。殿前有花岗石地平场面,平台下有两株古罗汉松,主杆直径达70厘米。

念佛堂 位于大雄宝殿后,为楼层建筑,面阔五间,建于1932年,翌年落成,为僧人念佛修持和灵位寄存场所。正门悬挂印光法师手书“净土道场”匾额。堂内供奉西方三圣像,周围是僧人打坐念佛的禅凳。

灵岩山寺（2017 年）

藏经楼 位于念佛堂之上，面阔五间，歇山式。供奉释迦牟尼卧像。楼内珍藏历代藏经4.7万余册，属于国家文物善本藏经2万多册，其中有影印宋版《大藏经》及《日本续藏经》《频伽藏》经各一部，元代《普宁藏》1703册（为海内外孤本，原系康有为珍藏），《弥陀经图》18幅；藏经楼藏有多部僧人用鲜血书写的佛经，北宋邵育居士的《阿弥陀经》《大悲经》《普门品经》和民国寺僧常明、丰廉于1934年写成的《大方广佛华严经》（计80卷、38品、60余万字，分装23个函）尤为著名。

智积殿 位于佛塔前，面阔3间。始建于唐开元年间（713—741），由陆象先之弟所创建，以纪念智积。梁天监十五年（516），西域梵僧智积至此讲经弘法，梁武帝赐额“智积菩萨显化道场”。此后，屡次重新修建。清乾隆年间（1736—1795），改建寝宫楼。现建筑为1984年重建。

灵岩塔 或称永祚塔，俗名心空塔。位于大雄宝殿东。七级八面，砖木结构。建于梁天监二年（503），后遭火灾毁圮。北宋太平兴国二年（977），节度使孙承祐为其姊吴越国妃重建九级砖塔。南宋绍兴十七年（1147）重建。明万历二十八年（1600）五月遭雷击，木构件全部燔毁，砖甓岿然独存。清乾隆十五年（1750）修建。此后，塔身长期裸露。民国时期，印光以为灵岩山寺为智积菩萨显化道场，而菩萨为多宝佛之侍者，故题为多宝佛塔。1989年，灵岩山寺筹资按照宋塔原貌修复，高33.4米，塔基600余平方米，四周围花岗石栏杆。1989年，被列为省级文物保护单位。2016年，塔身外观进行维修，塔尖金顶贴上金箔。

法华钟楼 原为钟殿。清顺治六年（1649），僧开化发愿铸钟，历时一纪，募铜万余斤，于顺治十七年（1660）铸成巨钟。娄东银工求剃染，命名景从，矢愿手凿《法华经》全部及《楞严咒》于钟四周，三易寒暑，计7万余言。清康熙年间（1662—1772），江南巡抚慕天颜捐募建殿。清咸丰十年（1860），钟殿焚毁。清光绪十八年（1892），僧遍玉重铸大钟，尚未造楼。清宣统三年

（1911），真达任住持后，即令其徒明煦先建钟楼，1919年开工，翌年落成，高15.13米，悬挂光绪十八年重铸的大钟。楼中原供地藏王菩萨像，楼下供念诚大师塑像及地狱图18幅。现楼下为千佛殿。“灵岩晚钟”曾被列为“苏州十景”之一。

印光塔院 位于落红亭上、石鼓东南。大殿三间，门头镌刻叶恭绰题“印公之塔”额，殿中建印光全身舍利石塔。堂内陈列印光遗物159件。印光灵塔左右两侧分别是真达、妙真两位高僧的灵塔。

佛学分院 在大殿西北面，设教室三间。1980年，灵岩山寺创办中国佛学院灵岩山分院，学制分专科班和本科班两种。建校以来，为全国寺院培养数百名佛教人才。

天平山景区

天平山是吴中名山，自山底至巅分为三段，从山下至一线天为下白云，一线天至石屋为中白云，石屋至山顶为上白云。唐宋以来，逐渐成为吴中风景游览胜地，形成曲桥荷风、桃涧春汛、幽谷松啸、高义叠翠、岁寒罗汉、燕来鱼乐、白云古刹、御碑楠亭、万丈红霞、山留鹳鹞、云泉晶舍、云天一线、奇石来飞、龙首望枫、万笏朝天、卓峰观日、极目澄怀、山祠映辉十八景。怪石、清泉、红枫，被誉为“天平三绝”，天下闻名。

山麓建筑及景观

天平山麓地域宽敞，有牌坊、接驾亭、忠烈庙等建筑与景观。

高义园牌坊 位于景区门口，牌坊为三间四柱云头冲天式，汉白玉结构，坊额“高义园”三字，清乾隆十六年（1751）第一次南巡游天平山时手书。柱雕浮云，制作精美。此为天平山正门。

接驾亭 位于石牌坊北，北临广池，南正对高义园牌坊，为歇山卷棚式，面宽三间10米，进深7米。亭始建于清乾隆年间（1736—1795），范瑶为恭迎乾隆皇帝而建。1982年按原样重建，亭正中立有“天平胜迹”碑，正面镌程可达所书“天平胜迹”4字，

天平山“先忧后乐”牌坊（2016 年）

背面刻苏州市人民政府 1989 年 10 月《天平山名胜重修记》。

“先忧后乐”牌坊 在忠烈庙前，正对门厅两面朝南，三间四柱五楼式，花岗岩构筑，1989 年建。牌坊面宽 7.45 米、高 7.72 米，正间坊额刻顾廷龙手书范仲淹名言“先天下之忧而忧，后天下之乐而乐”。东间刻“范仲淹诞辰壹千周年”，西间刻“公元一九八九年九月四日建”字样，以志建坊原委。

忠烈庙 位于“先忧后乐”牌坊北，全称范文正公忠烈庙，又称范公祠。东南朝向，有门厅、亭堂、三太师祠三进建筑。南宋绍兴年间（1131—1162），范氏后人祖祠重新修葺，将宋徽宗题赐的“忠烈”匾额榜于门前，故称“忠烈庙”。元至元二十二年（1285）重建。明清两朝都有修葺。1983 年，按清乾隆时庙宇旧观重新修复。现为江苏省文物保护单位。

范仲淹纪念馆 位于忠烈庙西侧。1994 年 11 月，在天平山庄岁寒堂辟范仲淹在苏州史迹展览室。2005 年 7 月，新建范仲淹纪念馆，为宋代建筑风格，总面积 600 平方米，其中陈列面积 400 平方米，由 4 个展厅和长廊组成，展示范仲淹生平事迹。

御碑亭（2017 年）

范参议公祠（2017 年）

御碑亭 位于枫林中小土丘上，始建于清乾隆时。八角重檐攒尖顶，亭正中直立砚石御碑，通高逾三米，正反面和两侧镌刻乾隆四次游天平五言诗各一首。碑额篆书“宸翰”两字，碑座两面雕双狮滚球，鹿鹤同春。石台基南有踏步五级，正中丹墀雕双龙戏珠，四周环绕着片片祥云，构成正圆形图案，建筑风格古朴庄重。

天平山庄 原址为唐宝历二年（826）所建白云庵，明初重建时改称白云寺。明万历年间（1573—1620），范仲淹十七世孙范允临辞官归隐于此，于白云寺旧址上修建成别业天平山庄，又称长白园，俗称“范园”，占地面积 5300 平方米。清乾隆七年（1742），大同知府范瑶与范允临曾孙范兴禾、范兴谷重葺天平山庄，翌年修复，更名“赐山旧庐”。主要建筑有高义园、范参议公祠、来燕榭、咒钵庵、寤言堂、听莺阁、鱼乐国、宛转桥等。其中，高义园依山而建，逐进升高，前后五进，纵深 70 米。第一进为五开间轿厅，第二进为御书楼，第三进为乐天楼，第四进为逍遥亭，第五进为高义园正厅。正厅面阔三间，三面环廊，厅内悬挂乾隆皇帝御笔“高义园”盘龙金匾，壁嵌有乾隆《题高义园》《游天平山十六韵》诗碑。庭院两边两厢房相对。

青峰亭 位于龙门下，依峭壁而建。亭东云泉晶舍入口处原有白云亭，又名半山亭，传为白居易所建，清乾隆时重建，后又毁。1954 年重建，取名青峰亭，为平面六角，形如梭子，俗称“梭子亭”。1980 年重修。

中白云亭 位于石屋附近，亭址原曾有三开间观音殿，建造年代无考。清乾隆七年（1742），范氏裔孙范瑶补筑，殿额题“慈云无尽”。“文化大革命”期间被毁，1980 年后重建。四角砖木结构，高 5.8 米。

叶天士纪念馆　位于天平山东侧山肩北坡，建于 80 年代，纪念吴中名医叶天士。2001 年扩建，2006 年竣工，三间三进，殿堂建筑面积 335 平方米，另建附房 24 间。

更衣亭　位于上山路起始段东侧，六角形，木石结构，飞檐高翘。相传因清高宗曾在此更衣而得名，亭旁有巨型卧石，隶书“更衣亭”题字。亭中央尚存青石残碑。

云中塔　位于云泉晶舍西面山路旁，清代范瑶所建，石呈瓜棱形，高 5.3 米，自下而上由六角基座、八角柱、盘盖、八角短柱、顶盖 5 段组合而成。塔下石壁上刻有篆体“云中塔”字样。

观音塔　位于一线天北侧“护山奇石”后峭壁上，四层方形砖塔，由塔基、塔座、塔刹构成，通高 3.38 米，塔基边长 0.9 米，塔身中空，各层四面辟壶门。因塔内每层曾供有观音像故名。

云泉晶舍　位于白云泉南岸，由一组单层建筑群联结而成。初名云泉庵，亦称远公庵，北宋庆历四年（1044），名僧法远应范仲淹之邀而建。元末毁，后续建续毁。1990 年重建，为仿古建筑形式，入口面西，隔出小室依山而建，主建筑宽 14 米、进深七架 9 米，硬山卷棚顶。

白云禅寺　亦名天平寺，位于天平山庄西。唐宝历二年（826）建，取名白云庵。北宋天圣六年（1028），宝谛律僧拓建。北宋庆历四年（1044），范仲淹以祖坟在天平山东麓，奏为功德禅院，仁宗赐额“白云禅寺”。元至正二十六（1366），毁于兵燹。明洪武七年（1374），复庵禅师重建。后几经兴衰。清同治年间（1862—1874），范学炳重建。民国初期，范弥隆重修。2001 年进行全面维修。2003 年，范氏后裔捐赠范仲淹铜像，立于白云古刹前枫林。2005 年，北院建白居易纪念室等。门上镌有“白云古刹”额。

范坟　位于天平山东坞。范仲淹将迁吴始祖、曾祖、祖父、父亲之墓迁葬天平山。朝廷追封其曾祖范梦龄为徐国公、赠太保，封祖父范赞时为唐国公、赠太

范坟牌坊（2017 年）

傅，封父亲为周国公、赠太师，民间俗称“三太师坟”。其中范隋墓尤著，清雍正七年（1729）重修。墓冢前立“唐柱国丽水府君之墓”碑，碑右上刻“府君讳隋，幽州人。唐丞相六世孙，任幽州良乡县主簿加柱国，再任处州丽水县丞”，左刻“大清雍正七年岁次己酉八月”。墓前有石牌坊书“范氏迁吴始祖唐柱国丽水府君神道”，坊后阴刻“发祥中吴”题词。1995 年 4 月，“范坟”被列为江苏省文物保护单位。据清代《范氏家乘》及相关资料记载，自唐末五代至今有 80 多位族人葬在天平山。

奇峰异石

天平山为花岗石岩山体，怪石嶙峋，突兀挺秀，奇石林立，“若卧若立，若搏若噬，蟠拏撑柱，不可名状”（明高启《游天平山记》）。天平山奇石数量多、分布广，形状奇特，除万笏朝天奇观外，还有一线天、头陀崖、屏风岩、仙人岩、迎雨岩、双桃石、馒头石、卧龙石、蛇头石、卓笔峰、飞来峰、鳌鱼石、鹦鹉石、风动石、石岫、石磨、石

鳌鱼石（2017 年）

林、石钟、玉笋石、五丈石、石桌、石象、石靴石、印石、撑腰石、蟾蜍石、龙头石、灵龟石、钓鱼石、大石屋、小石屋、卧龙峰、巾子峰、骆驼峰、笔架峰等景观。

一线天　又名龙门，位于白云泉西南，由两侧险峻的峭壁夹崎而成的天然石隙，左壁为下临悬崖五丈石，右壁为体量硕大的护山奇石，双岩壁立，挺拔高耸，相对如门。缝中有前人所砌29级石磴，狭窄处仅容一人侧身而过，仰望蓝天一线，恍若云中，故名。石上刻有“龙门在望”“一线天”题字。

飞来峰　又称飞来石，位于头陀崖之上，上锐下侈，微附磐石，前临崖谷。峰高9米多，与磐石分作两段，如同飞来一般，故名。传说有位高僧云游至此，说曾在四川峨眉山见过此石。岩边刻有“飞来石”三字。

卓笔峰　位于卧龙峰无名松东下。高数丈，截然立双石之上。三足磐石，浑然滚圆，下粗上尖，酷似一支擎天巨笔。

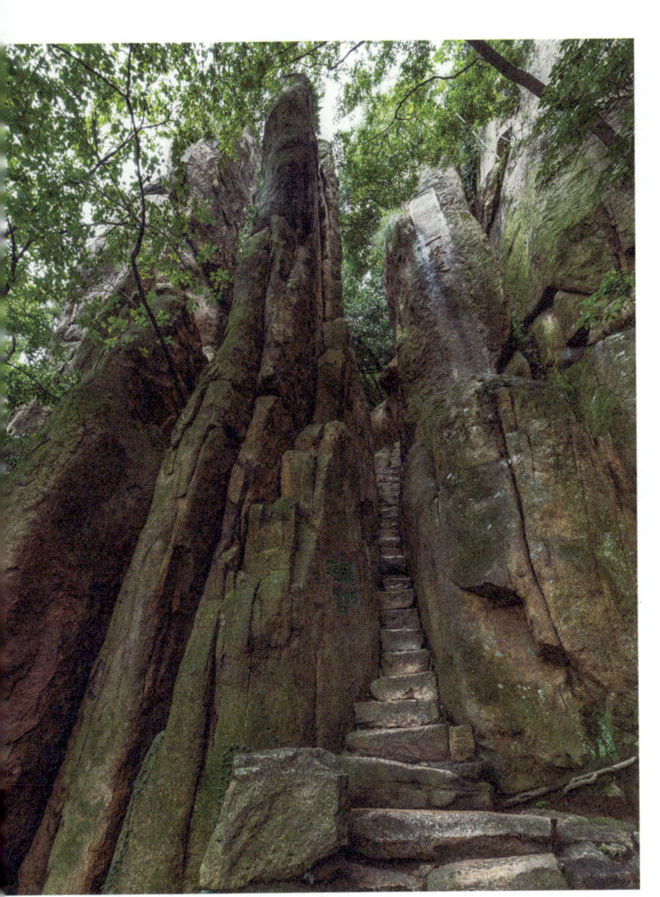

一线天（2017年）

鹦鹉石　位于云泉晶舍路旁，形状如蹲踞鹦鹉，顶端向外呈钩状，如同长着弯曲嘴喙的头，伸向蹬道，两翅向后舒展。有清光绪年间（1875—1908）摩崖石刻“青春鹦鹉”题字和小诗“我家鹦鹉湖，来寻鹦鹉石。湖遗鹦鹉名，山留鹦鹉迹”。

石屋　有大小石屋两石，“大石屋三面壁立，覆以两块大石；小石屋大石覆盖”。

莲花洞　位于骆驼峰之东，形似石屋，旁有佛堂三间，四面诸峰攒立如莲花，故名。另有穿山洞、山神洞之景。

望湖台　天平山顶称云上峰，山顶平坦如砥，可容百人驻足，能遥望太湖风光，故名。为远公庵遗址。石上刻“上白云”题字。

白云泉（2017 年）

泉池塘井

天平山以清泉著称，池塘、古井众多。

白云泉 位于半山腰，自峭壁岩罅之中流出，经竹管流入钵中，故又名钵盂泉。泉色凝白，有“乳泉”之誉，醇厚甘洌，终年不涸，被誉为“吴中第一水”。唐白居易为苏州刺史时曾到天平游览，并题写《白云泉》诗。

一线泉 位于白云泉旁，如线注出石罅，尤其清冽。

一砚泉 位于天平山风动石西 10 余米处，泉流砚形岩石一侧水槽之中，故名。

卓锡泉 位于白云亭左上侧，泉前有船形岩，名“一叶舟”，分头、中、尾三舱，水正巧流积于中舱，每逢明月高照，倒影于舟，如载月归帆。

十景塘 位于接驾亭北。东侧为荷花池，现种植睡莲；西侧稍小为放生池，两池间由长堤相隔。池水清澈见底，池旁古树参差，荷花池西架有贴水平桥名“宛转桥”，沟通东、北岸，共 4 折，约 40 米，石板铺设，两旁围以红栏木柱，此桥明末范允临始建，清范瑶曾重修，1982 年整修。引山上桃花涧泉水注入池塘。辟为水上乐园，有小舟供游客嬉戏。

印石池 位于天平山庄之东，池中有一巨石，巨石上刻“印石”两字。

饮马池 位于御道东侧。相传，乾隆皇帝游玩天平山时将马放在池塘边饮水休息，故名。

桃花涧 位于范坟之东，因种植桃花而得名，为春天观赏桃花绝佳处。

古井 天平山现有范公井、白云井、无名井等古井，其中范公井位于范公祠西南，直径 0.75 米，水质优良。

红枫古树

天平山以红枫著名，与北京香山、南京栖霞山、长沙岳麓山并称为全国“四大赏枫”胜地。

红枫 范允临辞官回乡时，从福建带回 380 株枫香树幼苗，栽植天平山山前。历经数百年，山中现存 170 余株。范公祠内一株古枫，树干高约 27 米，三人合抱。在三太师坟前有大枫 9 株，俗称“九枝红”，叶呈三角状，与江南其他红枫不同，入秋枫叶由青次第变为黄、橙、红、紫，故称“五彩枫”“五色枫”，亦有呈浅绛、金黄、橘黄、橙红等色。1984 年，苏州军民共建天平绿海，两年间新栽枫香树 1000 余株。1994 年，天平山风景管理处在枫林中竖立“天平红枫甲天下”碑。2000 年以后，又新栽树 3000 多株。全山林木现有 87 种，计 10.6 万余株。深秋登中白云望枫台，纵目眺望，似珊瑚灼海，红霞万丈，蔚为奇观。

古罗汉松 在高义园大殿东院西隔壁。高 10 米，树龄 500 余年。相传为明代唐伯虎所植，1983 年 10 月树下立椭圆石，刻“明代唐伯虎手植罗汉松”字样。

古柏 天平山有古柏 20 株，其中，忠烈庙西有 12 株，高义园前后有 6 株，尤以三

红枫林（2016 年）

太师坟前圆柏为最，高约 18 米，树龄 930 余年，树干现已中空。

天池山景区

天池山　位于善人桥集镇北，山石嶙峋，奇石林立，天池清澈，古泉遍布，自古为

天池（2008 年）

吴中风景名胜区。元末明初，姚广孝称“中吴山水之秀而奇，惟天池为最”（《游天池记》）。清王珏诗云：“姑苏名山无多少，唯有天池形势好。四面山光施彩色，松柏常被白云绕。”匡亚明题词“天池天景，天色天然，古奇清幽，别有洞天”。天池山以奇峰异石、天池山泉、石屋石佛著称，被誉为“天池三绝”。

奇峰异石

天池山峰峦挺秀，奇峰突起，有莲花峰、牛头岭、卧牛峰、虎跑峰、孩儿峰、金蟾峰、天门嵝等。山坡陡峻，岩石裸露，经风化侵蚀，大小岩块滚落坡面，怪石林立，嶙峋多姿，较为著名的有老佛观莲、寿星礼佛、金蟾上山、仙人洗脚以及比丘石、小娘石、印章石等，形态各异，惟妙惟肖。

莲花峰　即天池山主峰，巍然兀立，状如含苞欲放的莲花。莲峰巨石，上宽下窄，危若累卵，似乎一触即倒，有风吹摇摇欲坠之势，令人望而生畏。峰侧一奇石，形如老佛观莲。80 年代，辟有 688 级台阶直达顶峰，被称为“灵峰天梯”。

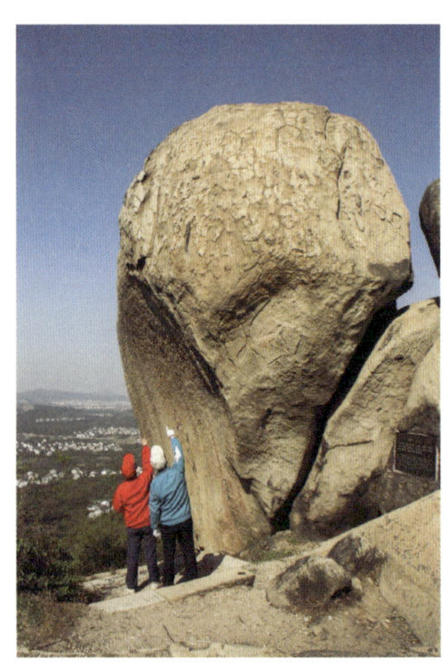

莲花峰顶莲花石（2015 年）

金蟾峰　峰顶有石像形如金蟾，似往山顶遁逃跳跃，仿佛身后有巨蟒追逐，想把它一口吞掉。峰下东石屋，背靠石壁，形如巨熊直立之状。周围还有比丘石、老佛观莲、寿星礼佛等石形，形象逼真，妙趣横生。

天门嵝 又称南天门。东西双峰雄峙，峰岚缺口，奇石林立，琅玕满目，千姿百态，峥嵘不凡，宛如天庭宫阙，在云雾缥缈之中，似有神仙集会云游其间。西峰顶上有一方正巨石叫“印章石”，东峰还有卧石、憨笑等奇石。

小娘石 在天池中，探头藏脑，犹如羞涩的姑娘。善男信女到此处祈神求子，传说若投石命中其头顶者，能获子得福。池中还有鼋头石、乌龟石，惟妙惟肖。池边有欲伸足到天池里洗脚的“仙人脚”，活灵活现。

天池古泉

天池山间古泉众多，有天池、洗心池、桃花涧、洗心泉、钵盂泉、地雷泉、盈盈泉、寒枯泉等，清流激湍，潺潺不绝，清澈甘洌。

天池 位于寂鉴寺二山门前，为天池山主要景点之一。池水由钵盂泉、地雷泉、盈盈泉等众泉汇集而成，金波泛盈，清澈见底，蓝天白云倒映于碧水之间。池边岩石镌刻“天池”“水底烟云”题字，倒映水中，别有情趣。

洗心池 亦称清心池、放生池，位于石屋殿前，面积1300余平方米。池上建有水榭、湖心亭和曲桥，长廊顺势蜿蜒，串联亭榭，连接曲桥，如青龙卧波，气势雄伟。池南为山门殿，池北参天古木覆盖石屋殿，池东茂林苍翠，池西竹径通幽。池中倒映，随景换影，池畔殿宇、山峰、竹林等尽收眼底。

桃花涧 进头山门至天池间，林荫道右边，溪流不息，芳草鲜艳，落英缤纷。夹岸数百步，原有桃花林，故名。80年代，补植五色桃树，景色妩媚。

钵盂泉 位于寺东南峰下，为寺中泉水最高源流。石潭形如钵盂，盂大胜锅，深尺

天池第一泉（2017年）

钵盂泉（2017年）

地雷泉（2017 年）

余。盂前有吾济道人摩崖“钵盂泉”三字。盂周石壁泉水淙淙流注盂中，又盈盈溢出，沿着小渠溪道涓流不绝。游者往往掬饮戏水，或浮币于水面，或盛水满载而返。

地雷泉 距离钵盂泉北下咫尺，泉水流声如捣似雷，故名。泉池形如半月，水池全石为底，池东立壁“二丈余，宽五丈余”。池周石栏环拱，供游者观赏池景。池水清澈见底，池中放养金鱼，种植睡莲。石壁泉水盈盈，淙淙滴流。

寒枯泉 位于石屋前左侧清心池畔，无论天寒地冻，长年不息，久旱不涸。寺僧于此处汲取炊饮，井泉高于池面数尺，四季不盈不竭。

寂鉴寺

旧称寂鉴禅庵，位于天池山坞，背靠莲花峰，面向天池。明释克新《天池寂鉴禅庵记》载，元朝刘宋时，此为会稽太守张裕私第。后有镜法师于此著书，有《法华玄义》行世。南宋乾道年间（1165—1173），秘书监张廷杰在此构筑别墅，造像立寺，建有天池庵。元至正十七年（1357），僧道在（号环庵）避兵而来，重建寺庙，取名天池寂鉴禅庵。明弘治年间（1488—1505），僧古潭、天泉延请天目禅师普惠驻锡重建，易名华山天池院。清朝雍正年间（1723—1735），僧古求重修，复名寂鉴寺。

1957 年 8 月 30 日，寂鉴寺石殿、佛龛及造像被公布为省级文物保护单位。“文化大革命”中遭破坏，仅剩僧庐数间。1979 年起，文物部门对古寺石屋石佛进行修复，新建头山门、二山门、餐厅、茶室、僧房等。2006 年 5 月 25 日，寂鉴寺石殿、佛龛及造像被国务院公布为第六批全国重点文物保护单位。2017 年，寂鉴寺有殿宇僧房 50 余间，建筑总面积约 2000 平方米。

头山门 面宽三间，坐东朝西，大门口悬“天池胜迹”额，由舒同题书。上山步道沿途有佛手、秘洞、彩云亭、礼佛坪以及明代石马、翁仲、碑亭遗址等。

山门殿 即二山门，坐北朝南，面阔三间，拱门悬“天池寂鉴寺”题额。殿内供奉四金刚佛像。山门西边有清郭诵梅题“宛如桃源”四个径尺大字与李根源题“天池山寂鉴寺”隶书石刻。

石屋 又称石佛殿，共有 3 座，建于元至正十七年至二十三年（1357—1363），道在和尚募刻。释克新《天池寂鉴禅庵记》云：“贤首师别闻聪公施财，因岩为屋……作石

天池寂鉴寺二山门（2017 年）

天池山元代石屋（2017 年）

殿三间，就石肖释迦、药师、弥陀像，其菩萨、侍卫之神与供养之具皆石为之。”位于二山门内寺中央的石屋，称西天寺，原名神佑殿，呈凸字形，单檐歇山式，殿顶设平直的吻兽脊。殿面阔三间，长 7.64 米，进深两间，宽 5.52 米。殿身紧挨山岩，除供出入

的格扇门外，其余构件均为岩石所斫成。殿顶呈穹形，由6个形式不同的大小藻井组成。檩枋藻井结构严谨，图案浮雕精美，计有11层，上刻“双龙戏珠”“祥云如意”等图案，其装饰及构图均有浓厚的藏传佛教气息。殿内石凿佛龛、案几、钵盂均保存完好。二山门外东西各一座石屋，东边石屋，名“兜率宫”，仿木建抱厦式，屋顶为石板铺盖的单檐歇山式，内有整块山岩刻凿的弥勒尊佛像高3.25米，线条粗犷。西边石屋，名“极乐园”，与东石屋对称，唯屋顶为重檐歇山式，石屋内有阿弥陀佛像。

大雄宝殿 位于石屋北面居高处，坐北朝南，面阔三间。清代建筑，面积140平方米，其厅的柱、脊梁、雕刻等主要构件均为楠木。1988年，由东山镇响水涧的维德堂移建至寂鉴寺。2012年，辟为大雄宝殿。

〔清〕王玨《天池山寂鉴寺图》

白象湾池曲桥（2010 年）

旱船 位于西石屋后。取佛教“慈航普度众生”及寓“藏舟于壑”之意，是寺僧接待贵宾的场所，现在为接待嘉宾的雅座茶室。造型别致，结构精巧，伸展于灵峰华池之间，中悬《天池山寂鉴寺图》，四壁陈设“白燕双飞”“得福无量”“西山烟雨”“层峦叠嶂”4 块大理石天然画屏。

此外，另有洗心山房、地雷轩、天影楼、翠微轩、四面厅、莲花亭、才子亭等建筑。

白象湾 全称白象湾生态旅游区，位于善人桥北侧藏北路东，北依天池山，相传因普贤菩萨坐骑六牙神象在此降妖除魔幻化成山而得名。占地面积 133.3 万平方米（2000 亩），群峰环抱，草木葱茏，绿化覆盖率 95% 以上。有一泓湖水荡漾其中，清幽秀绝，春有百花袭人香，夏有鸣蝉闹溪欢，秋有圆月映湖心，冬有白雪铺林静，形成一个天然生态旅游区。区内有宁心湖、耕读农庄、“关关有道”、幻象屋、巨物国、型象馆、宠物园等特色景点和路亚钓鱼基地、真人 CS 彩弹射击运动中心、越野车模竞技场、烧烤广场等休闲活动场所，以及清水平台、溪水花堤、舒啸亭等景点。

贺九岭 位于天池山与鹿山之间谷口，相传因吴王夫差曾在此贺重九而得名。山上有泉清冽，泉畔有石盘，有石鱼两块，相传得水能动。岭上有贺九岭、拱辰台、天马徕、天养人、洞天石扉以及李源根书“志载吴王登此贺重九，故以名岭云”等摩崖石刻。岭上东西各有一座拱券式石关建筑，分别由太湖石、花岗石筑成，现为苏州市文物

贺九岭普济道院（2015 年）

保护单位。

贺九岭北坡有普济道院，始建于晋代，后毁。明正统二年（1437），僧立传建贺九岭寺。明万历年间（1573—1620）重修，明崇祯六年（1633），文震孟于龙潭上建惟心阁。清朝改为道观，有玄武、关圣、观音、玉皇诸殿。民国时香火较盛，香期，“乡人在

明代石关（2017 年）

清代石关（2017 年）

贺九象岭间演戏，观者四五千人”（李根源《吴郡西山访古记》卷一）。抗日战争时期毁于战火，此后长期荒废。2006年重建普济道院，2008年5月建成开放，占地面积30余亩。2017年，道院有灵官殿、三茅殿、玉皇殿、财神殿、城隍殿等，建筑面积2000多平方米，依山而建，雄伟壮观。

旅游节庆与品牌

木渎旅游节 自2000年起，木渎每年举办旅游节，至2017年累计举办18届。借助当地独特的园林、人文、风情资源与优势，成功打造“中国园林古镇”“乾隆六次到过的地方”“姑苏十二娘”等旅游品牌。

2000年9月28日，木渎首届旅游节开幕，以明清时期木渎拥有30多处私家园林为基础，推出“中国园林古镇”品牌。节庆期间，除民间自发组织的打莲厢、挑花篮、敲腰鼓外，还有舞龙、舞狮、丝绸服饰展示、民间戏曲等表演，以及古镇河道彩色游船与古松园前反映木渎历史文化和风土人情的书画作品展览等。从此，木渎每年旅游节均主打“中国园林古镇”品牌。

翌年3月，第二届江南园林古镇木渎旅游节（以下简称旅游节）举行严家花园开园、“木渎历史名人丛书”首发仪式；推出“乾隆游木渎”“水乡民俗婚礼”等活动。2002年10月，第三届旅游节举行虹饮山房开园仪式，打造“乾隆六次到过的地方”旅游品牌。此后，古镇旅游将一年一度的春季踏青节命名为“御游节”，推出重温帝王之旅、探秘乾隆旧事、开恩科考状元系列活动。2004年9月，第五届旅游节推出“姑苏十二娘”品牌。水乡妇女勤俭善良，吃苦耐劳，心灵手巧，“姑苏十二娘”成为古镇木渎乃至整个吴地妇女的典型代表。此后，通过举办“当代绣娘”评选大赛，出版书籍《姑苏十二娘》，与美迅影视传媒（北京）有限公司等单位联合摄制32集电视连续剧《姑苏十二娘》，推出苏州评弹《姑苏十二娘》等方式，打响旅游品牌。

2005 年 9 月，第六届旅游节举行“当代绣娘”评选大赛，同时推出中国四大名绣民间艺术家精品联展、九九重阳木渎登高节，采摘美食游木渎以及“赏天平红枫、游木渎古镇”，“‘我陪父母游木渎’孝心之旅”、乾隆系列表演等活动。2008 年第九届旅游节起，推出木渎古镇旅游四季节庆活动。春季开展木渎踏青文化节，活动内容有清明踏青游古镇、“姑苏十二娘伴你游”；重温当年帝王旅，探秘乾隆江南情；赏昆曲，听评弹，看绝活，学技艺。夏季开展木渎亲子童玩节，活动内容有端午民俗文化游、“我扮乾隆游木渎”、金榜题名考状元、吴侬软语学评弹、银针彩线刺苏绣。秋季开展园林古镇木渎旅游节，活动内容有孝心旅——九九重阳节，陪父母登高；鲜之旅——游木渎古镇，品藏书羊肉；枫情游——游木渎古镇，赏天平红枫；采摘游——游木渎古镇，采洞庭蜜橘。冬季开展欢乐木渎年，活动内容有乾隆行宫鉴圣旨，御戏台上看大戏；民俗婚礼送喜庆，新春对联大派送；风味小吃年货街，自己动手做年糕。此后，四季节庆成为木渎旅游节的常态。

2010 年 4 月第十一届旅游节，白象湾生态旅游区被正式纳入古镇旅游。古镇文化观光旅游、白象湾生态休闲旅游、藏书羊肉特色美食文化旅游，形成较为完整的旅游系列产品。2012 年 7 月，姑苏十二娘风情园开园，为游客提供体验木渎古镇民俗文化的场所。2017 年，旅游节推出探秘姑苏十二娘风情游、寻找最美姑苏十二娘、木渎古镇荧光夜跑

旅游节开幕式表演（2012 年）

旅游节活动（2017 年）

孙子兵法文化旅游节（2008 年）

“穹窿山·行走的格桑花”公益徒步活动（2015 年）

“趴”、九九重阳温情游木渎等活动。

穹窿山旅游节 穹窿山具有独特的自然资源及春秋军事家孙武隐居著述《孙子兵法》的独特文化资源。2007 年起，苏州市吴中区人民政府、孙子兵法世界研究与交流中心、穹窿山风景区联合举办苏州穹窿山孙子兵法文化旅游节（以下简称文化旅游节）。文化旅游节除举行开幕式、大型文艺演出活动外，还举办《孙子兵法》国际学术研讨会和其他赛事。

2008 年，第二届文化旅游节除举办“穹窿颂”大型文艺演出、《孙子兵法》国际研讨会外，还有“苏州穹窿山杯”《孙子兵法》全球征文大赛、《兵圣》电视连续剧媒体见面会等系列活动。2010 年起，增加“苏州穹窿山兵圣杯”世界女子围棋锦标赛、穹窿山健康养生文化节。2011 年，第五届文化旅游节举行“智慧穹窿”大型文艺演出，除《孙子兵法》国际研讨会、第二届“苏州穹窿山兵圣杯”世界女子围棋锦标赛外，还举行《孙子兵法》全球行成果展、第二届健康养生文化节、万鸟园开园、穹窿智慧灵通卡发放等系列活动。2013 年起，增加“穹窿山·行走的格桑花”公益徒步活动。2014 年 8—10 月，第八届文化旅游节，除《孙子兵法》国际研讨、“苏州穹窿山兵圣杯”世界女子围棋锦标赛、养生文化节之外，还举行了穹窿山“江南首席森态休闲度假地”品牌形象展示会，“穹窿山森林醒脑节”，苏州孙武孙子文化传播中心和中国孙子兵法研究会苏州研究与交流基地挂牌仪式、《孙子兵法从穹窿山走向世界》首发仪式，以及“穹窿祈福，千人登山会”“苏州首届全民健身舞蹈大赛暨健康达人颁奖”等活动。

2015 年 9 月至 11 月，第九届文化旅游节期间，“苏州穹窿山兵圣杯”世界女子围棋锦标赛有中、日、韩以及大洋洲、欧洲、北美大洋洲 16 名选手参赛；“穹窿山·行走的格桑花”公益徒步活动邀请藏区贫困学生共同参与。2016 年 9 月至 11 月，第十届文化旅游节主要活动有孙子兵法研讨会、“苏州穹窿山兵圣杯”世界女子围棋锦标赛、孙武文化智慧体验游、“穹窿山·行走的格桑花”等，其中第七届“我们的节日·苏州市健康养生文化节”活动对象拓展到老中青人群，将登高、慢跑、健步贯穿到整个活动中。自首届活动以来，累计参与人数超过60万人。第四届“穹窿山·行走的格桑花”公益徒步活动有4000多人参加，邀请藏区贫困学生到穹窿山风景区，与本地学生交流探讨、体验国学课程，共同行走。2017年，穹窿山文化旅游节并入木渎文化旅游节。

港澳青少年游学基地 2012年开展游学旅游项目，全力打造特色鲜明的游学基地，推出“我到木渎考状元”“我行我绣”“吴侬软语学评弹”三大游学产品。2017年7月25日，国家旅游局召开港澳青少年游学推广活动暨内地游学联盟大会，木渎被列为全国首批游学基地（全国24家，其中江苏3家）之一。2017年，接待海外游学团队2.3万人次。木渎还先后接待北京、上海、江苏、浙江、山东等地的中学生游学团队。

“我到木渎考状元”（2015年）

旅游线路与服务

旅游线路

木渎旅游资源丰富，先后设计推出多条线路，让游客多角度、全方位领略和体验木渎的山林风光、古镇风韵、人文历史。

经典古镇游 从木渎古镇翠芳桥停车场出发，穿过下塘河棚，进入榜眼府第。过[illegible]巷桥，观赏斜桥分水。步入山塘古街，穿河棚，过蔡家桥，参观木渎巡检司旧址。再通过山塘街闹市，进入古松园。走过鹭飞桥，观赏御码头碑亭，至虹饮山房。瞻观怡泉井亭，过王家桥、乾生元，观赏永安古桥，游览严家花园。跨过香溪桥，穿过垂荫牌坊，到达古镇游客中心。

御道追踪游 木渎现有灵岩山、天平山、穹窿山 3 条御道，分别推出木渎古镇至 3 条御道的追踪游线路。

古镇—灵岩山御道：由古镇游客中心出发，沿清乾隆古御道，登灵岩山，入灵岩山寺，进山顶花园，访馆娃宫、康熙与乾隆南巡行宫、御制碑等遗迹。转后山登顶至琴台，品赏王鏊“吴中胜迹”书法真迹。

古镇—天平山御道：由古镇游客中心出发，沿清乾隆古御道，至上沙村，遍访鸡笼山摩崖石刻、无隐庵、涧上草堂、张永夫墓等遗址。穿过范家场，至天平山，观赏乾隆御碑，拜谒忠烈庙，游览高义园，再登山访白云泉。

古镇—穹窿山御道：由古镇游客中心出发，沿乾隆古御道，拜谒韩蕲王墓，瞻仰天下第一“神道碑”。入御道至五峰山，经过善人桥老镇，登临穹窿山，穿北大门，步入乾隆御道，抵达上真观。

白象湾绿色生态游 由古镇游客中心出发，过善人桥老镇，折北至白象湾耕读农庄，穿过象形山门，进入生态休闲区，游溪水花堤、快乐广场、巨物王国、沙滩拓展、爱情谷等景点，享受纯天然氧吧。

登山健身游 线路有两条，其一为灵岩山—白马涧登山步道（原始山路）：灵岩山—天平寺—大焦山顶—杈枪岭—白马涧，其二为灵岩山—树山登山步道（原始山路）：灵白魔鬼线—白马涧龙池—花山—贺九岭—普济道院—鹿山—大阳山—树山。

美食主题游 春天品尝野菜，夏天品尝太湖“三白”（银鱼、白鱼、白虾），秋天品尝大闸蟹，冬天品尝藏书羊肉。

时令采摘游 春天采碧螺春茶叶，夏天采枇杷、杨梅，秋天采橘子，冬天采草莓。

特色观光游 春天赏白象湾牡丹，秋天赏天平红枫。

旅游服务

木渎现有国家 AAAAA 级旅游景区 1 处和国家 AAAA 级旅游景区 2 处（不含苏州市

园林绿化局所属天平山景区），“中华老字号”企业 4 家，四星级饭店 2 家，省、市、区级非物质文化遗产项目 12 个，为游客提供吃、住、行、游、娱、购全方位服务。

古镇游客中心 位于木渎镇山塘街 188 号。内设大型停车场、票务中心、商务中心、土特产超市、游船码头及旅游公司办公室。旅游公司开设木渎古镇官网：www.mudu.com.cn，开通“木渎古镇”微信公众号、微博号和天猫旗舰店。

宾馆酒店 木渎镇有宾馆、酒店 200 多家。其中，天平大酒店、中华园大饭店为四星级酒店；周边有香格里拉、亚致精品、锦江之星、格林豪泰、如家快捷等星级酒店及经济型酒店；另有香溪岸玖树·溪岸人文旅店、山塘街皇家驿栈、白象湾耕读农庄等特色生态民宿。

天平大酒店（2017 年）

中华园大饭店（2017 年）

特色饮食 古镇拥有100多家饭店，并设有藏书羊肉美食街。其中古镇的石家饭店、乾生元及藏书的升美斋、老庆泰羊肉馆是“中华老字号”企业。各处有众多小型农家乐餐馆。

购物商圈 木渎购物商圈可分为西部、中部、东部、南部4个区。西部有以中市街、山塘街、翠坊街为主的古镇老商业区，中部有以天虹商场、华润超市为主的金山路商业区，东部有以大运城、花样城为主的新商业区，南部有以惠润邻里中心、金运商圈为主的新商业区。

休闲娱乐 除景区外，还有苏州国际影视娱乐城（北部）、白象湾生态旅游区、穹窿山休闲区、华山休闲度假区等景点，并配备有齐全的配套设施。

经济强镇

木渎经济向以水稻、小麦、油菜等传统农业为主。明清时期，花岗石开采、蚕桑、刺绣、手工业兴起，经济成分得到补充，经济总量得以扩大。民国初期至抗日战争前，木渎工商经济较发达。50 年代末至 70 年代，兴办地方、县属工业，木渎成为吴县的工业重镇。80 年代，木渎乡村工业崛起，逐渐成为经济的主体。1985 年，木渎镇村工业产值首次超亿元，被列为江苏省对外开放重点工业卫星镇。90 年代起，发展外向型经济，镇村集体企业全面转制，建立股份合作社；创办开发区、工业园，大力发展民营经济，木渎跨入全国十亿元乡镇和全国综合实力百强镇行列。

进入 21 世纪以来，木渎调整产业结构，着力发展创新创意产业、总部经济、产研综合体、房地产业，以及以旅游、美食、休闲、养生、影视、娱乐为代表的文旅产业。2017 年，木渎镇拥有经济开发区、金桥开发区、旅游开发区、藏书生态保护区四大经济平台及木渎集团、城投、惠民置业等 10 家镇直属经营公司，全年实现地区生产总值 167.50 亿元，全口径财政收入 39.96 亿元。综合实力名列全国综合实力百强镇第 62 位。

工商业

宋代木渎设镇后，商业、家庭手工业逐渐兴起，灵岩山出产的石砚、王惟清制作的墨、袁遇昌捏制的泥娃娃，曾经闻名吴中。元明之际，呈现家庭手工业与作坊并存的格局。明代，有织布、焙茧、刺绣、采石等产业。清代，木渎有米、酱、酒、油、豆、糕饼等作坊工场，成为苏州西部最大的商埠。清末，集镇区商贾云集，严、蔡、郑、徐"四大家族"纷纷投资兴业，形成食品加工、棉麻纺织、铁器、木器、竹器、成衣、碾米等10多个行业。严良灿创办的严和美米酱油坊，收购周围15千米地区的稻谷，碾成白米后销往上海、苏州以及东山、西山等地。1919年，严良灿将3家米厂改建为机械碾米（次年又改为电力），带动全镇兴办碾米厂17家，木渎由此成为苏州西部稻米收购、加工、交易中心。木渎又是麻布生产基地、交易中心，集镇上夏布庄就有二三十家。30年代前期，木渎商店鳞次，铺肆栉比，交易活跃，市场繁荣。1949年解放前夕，木渎商业有米行、百杂货、棉布、南北货、饮食服务等40多个行业，经营商户228家，摊贩800多个。

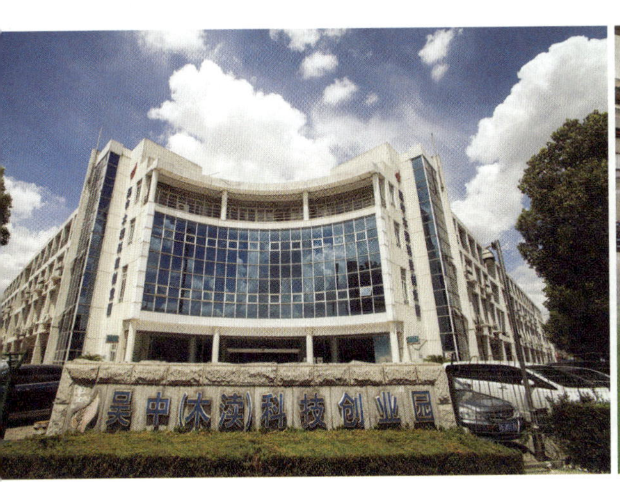

苏州吴中（木渎）科技创业园（2016年）

奥比特公司全自动车间（2017年）

新中国成立后至改革开放前，木渎工业主要有花岗石、石英砂开采业，商业店铺主要集中在镇区中市街、西街、翠坊街。1956年实行公私合营和合作化，组建成米厂、石灰厂及手工业生产合作社、组。1958年，组建工厂32家。70年代，在木渎东郊创办钢铁、农药、制氧机、石灰氮等县属企业22家，成为吴县工业经济重镇。80年代，通过联营或办分厂的形式，1987年创工业产值2.26亿元（不含原藏书镇），名列苏州市乡镇企业“八大先进乡镇”。90年代初，吴县防爆厂生产的“骆驼牌”电扇在上海市场受到热捧，“小骆驼，闯进大上海”曾经成为木渎工业的一时佳话。90年代起，发展外向型经济，规划建设木渎新区、商城和专业市场。1993年，木渎完成工业总产值15.34亿元，被国家统计局公布为“全国十亿元乡镇”。1994年，木渎金猫水泥厂年产水泥170万吨，成为当时全国最大的水泥生产企业之一。1996年，木渎镇（不包含藏书地区）有县、镇、村工业企业156家，其中，镇、村企业139家，省、市级集团企业6家，形成了建材、医药、电子、机械、服装、工艺、食品等12个门类，产品350多种，拥有固定资产原值14.76亿元，工业总产值25.25亿元；有供销社1家、经营网点22个，国营商业5家、销售点26个，有个体工商户979户。

进入21世纪，木渎调整产业结构，逐步形成金枫路以苏州金枫电子商务产业园、

苏州国际影视娱乐城（2017年）

苏州吴中（木渎）科技创业园、苏州东创科技园、苏州博济科技创新园为代表的“国字号”创新创意街区和产业，以金桥工业园为代表的精制机械、智能制造基地与产业，以凯马汽车城、华夏五金机电城、江南汽配市场、东壹元家居建材广场、苏州红星国际生活广场等专业市场，以及大运城、金山路商圈等组成的商贸流通业。

2017 年，木渎有经济开发区、金桥开发区、旅游开发区以及木渎集团、城投、惠民置业等 10 家镇属经营性公司。年末，全镇拥有工商企业 21187 家，实现总产值 642 亿元，全口径财政收入 32.1 亿元。

企业选介

2017 年年末，木渎镇有工业企业 3472 家，其中，税收 1000 万元以上的企业有 17 家，500 万元以上企业有 32 家。

苏州绿的谐波传动科技有限公司 位于木胥东路 19 号。2011 年建成投产，注册资本 4120 万元。占地面积 1.52 万平方米，建筑面积 1.54 万平方米。公司专业从事精密谐波传动装置的研发、设计和生产，有研发人员 80 余名，拥有国家专利 40 多项；参与多项国家标准的制定，是《机器人用谐波齿轮减速器》（GB/T 30819—2014）及《机器人用精密齿轮传动装置试验方法》（GB/T 35089—2018）的主要编制起草单位，并作为发起单位承担科技部国家重点研发专项项目“机器人系列化高精度谐波减速器开发及智能制造示范”项目。公司是江苏省高新技术企业、省级著名商标企业。精密谐波减速器产品获高工机器人零部件类金球奖、最佳机器人核心零部件类金手指奖。2017 年，公司销售精密谐波减速器 9.8 万台，国内市场占有率超过 60%，税收超 2000 万元。

苏州嘉盛远大建筑工业有限公司 位于宝带西路和珠江南路交叉口。2016 年 4 月落户，总投资 6.5 亿元，2017 年 5 月建成投产。占地面积 8.07 万平方米，建筑面积 4.5 万平方米，作为新型装配式建筑制造商和核心成套技术提供商，为客户提供集设计、制造、开发、施工、运营服务于一体的绿色建筑整体解决方案。年产预制混凝土构件 150 万 ~180 万立方米，为苏州最大的预制混凝土构件生产企业。2017 年，公司生产预制混凝土构件 1.5 万立方米，实现销售 1000 余万元。

苏州新智机电工业有限公司 位于木胥西路 66 号。1994 年成立，注册资本 8000 万元。占地面积 3.32 万平方米，建筑面积 2.03 万平方米。主要生产汽车空调变排量压缩机用控制阀、电磁离合器、扭矩限制器、汽车发动机用碳罐电磁阀等汽车零部件。公司是江苏省高新技术企业，拥有市级技术中心 1 个，研发人员 40 余名，拥有发明和实用专利

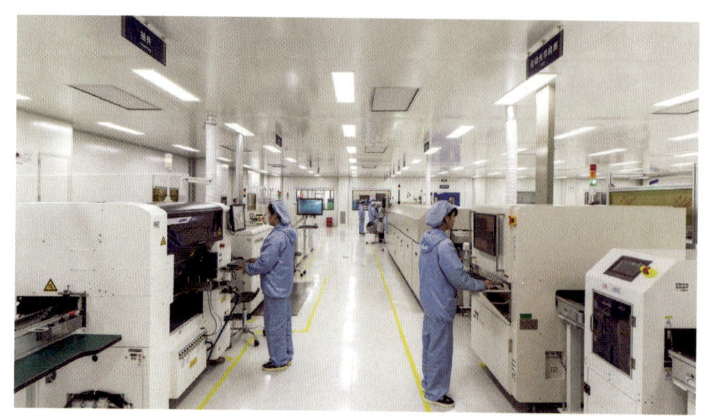

新智公司控制智能制造车间（2017 年）

25 项。先后通过 ISO 9001、ISO 9002、QS 9000、VDA6.1、TS 16949 质量管理体系认证和 ISO 14001 环境管理体系认证。2017 年，公司销售额 4.2 亿元，实现税收 1723.61 万元。

华纳科技（苏州）有限公司 位于金枫南路 1315 号。2008 年成立，注册资本 500 万元。厂房面积 1 万平方米。公司专注于汽车零部件行业的模具和注塑成型业务，是一家集模具制造及注塑成型于一体的高新技术企业，拥有近 30 位高级工程师。先后通过 ISO 9001 和 TS 16949 质量管理体系认证。2017 年，公司销售额 1.2 亿元，实现税收 292.21 万元。

苏州杰锐思自动化设备有限公司 位于木东路 15 号。2007 年成立，注册资本 2111 万元。公司致力于为客户提供单机自动化设备、自动化生产线、智能工厂的整体解决方案，核心技术包括视觉、力学、功能检测和高精密组装、紧固技术等。分别在中国总部苏州、东莞及美国设立 3 个研发中心，拥有研发工程师 150 多人。2017 年，公司销售额 2.2 亿元，实现税收 1079.55 万元。

苏州市希尔孚新材料股份有限公司 位于柴场路 8 号。建于 2006 年，注册资本 2080 万元，是一家集研发、生产、销售于一体的电接触材料和粉末冶金供应商，主营产品配套于各类高低压电器、轨道交通、工业控制、电子通信设备等，先后获得江苏省高新技术企业、江苏省民营科技企业、江苏省科技型中小企业等称号。2017 年，公司销售额 1.2 亿元，实现税收 238.25 万元。

苏州谐通光伏科技股份有限公司 位于钟塔路 30 号。2009 年 12 月成立，注册资本 4000 万元，是专业从事太阳能电池组件接线盒、光伏线缆、光伏连接器及周边产品研发、生产、销售和服务的新能源企业。公司自主研发多款太阳能接线盒，有发明、实用新型和外观专利23项。公司通过ISO质量管理体系、环境管理体系和职业健康安全管理体系认证。2015年12月，挂牌“新三板”。2017年，公司销售额2.8亿元，实现税收1409.05万元。

房地产业

1949年前，木渎房屋大多为砖（石）木结构平房，集镇上有少量二层楼房，在农村草屋则随处可见。集镇房屋除自家居住外，有少量出租。新中国成立后，社会稳定，人口剧增，为缓解集镇居民住房困难，逐渐建造少量房屋。70年代，集中翻建和新建一批公房，出现3~4层的居民住宅楼。1985年房屋普查结果，木渎集镇住房建筑面积10.45万平方米，居民人均居住面积7.44平方米。木渎房管所累计建造居民公房5.65万平方米。1985年起实施房屋开发，居民住房紧张局面逐渐得到缓解。

90年代，木渎房地产业兴起，相继成立木渎农房开发公司、吴县房屋开发公司木渎分公司、木渎房屋开发公司、吴县市新华商品房有限公司、阳光房屋开发公司、木渎新区房产公司、木渎镇房地产集团公司，投资建造商品房、商住两用房和别墅。至2000年，相继建成灵岩、梅岭、翠坊、花苑、花园等住宅小区及灵岩山庄、灵岩花园、日高花园、天平山庄等别墅区。

进入21世纪，城乡一体化步伐加快，木渎被纳入苏州中心城区，加上苏州轻轨的规划建设及开通运营，大批城市居民到木渎购买商品房；同时开展大批农村居民动迁安置，木渎房地产业快速发展，出现高度百米的高层住宅楼。至2017年，先后建成金运花园、万科城、合润御府、紫竹苑、御景花园、香港花园、施乐新村、大成珺、天伦随园、馨乐花园、棕榈湾、明月湾、天平花园、泉景花园、苏园、瑞景苑、香榭山庄、姑苏桃花源、金山别墅、金山浜花园、中航樾园、世茂御珑墅、艺墅家、香溪花园、海兰堡、泛化花园、姑苏世家、朗诗绿色街区、朗诗绿街南岸、金枫美地、珠江首府、珠

天伦随园（2007 年）

胥江岸边住宅（2017 年）

枫华紫园（2015 年）

江新城、正荣华府、天地源拾锦香都、大运城、花样城、枫华紫园、学林雅苑、花苑新村、东方锦城、新旅城花园、旭辉香格里、尼盛滨江城、岚山别墅、石码头新村、吾丰花园、林欣苑、林泉山庄、东方苑、雅苑小区、天逸湾花园、苏香名苑、汇航御园、聚慧苑、上坤狮山四季、天地源金兰尚院、国瑞熙墅、中海苏胥湾、蓝光和雍锦园等住宅小区，总建筑面积 825.05 万平方米。

2002 年起，木渎实行土地公开拍卖。至 2017 年，累计拍卖土地 6676.05 亩。2017 年，木渎镇有房地产企业（含物业、中介）543 家，镇级财政房地产业收入 29.57 亿元，其中，土地公开拍卖 21.97 亿元，房地产税收 7.6 亿元。同年，商品房销售 5249 套，建筑总面积 56.86 万平方米，平均每平方米 18280 元，全年商品房销售总额 103.94 亿元。

住宅小区选介

2017 年年末，木渎镇有住宅小区 108 个，其中，纯别墅区 13 个，混合别墅区 7 个，动迁安置小区 15 个。

金运花园 位于谢村路东、宝带西路北。占地面积 21.32 万平方米，为木渎镇最大的动迁安置小区。2011 年动工兴建，2013 年建成投用，共有安置房 2812 户（套），其中，多层楼 39 幢、980 户（套），高层 36 幢、1832 户（套），建筑总面积约 42 万平方米，绿化率达 40%，总投资 9.7 亿元。小区配套设施齐全，有学校、菜场、超市；建有 4000 平方米的社区卫生服务中心，为居民提供全科诊疗、中医健康理疗、妇幼保健、残疾人

金运花园（2015 年）

万科城（2016年）

康复等医疗服务。

万科城　东依谢村路、北靠姑苏路、南临雀梅路。建于2012年，占地面积14.5万平方米，分为住宅和配套两大区域，建筑总面积近45万平方米，绿化率达37%。住宅区有商品房3700户（套），由30幢高层及6幢叠加式别墅组成，小区中央有300米景观带。配套区域有商铺、会所、幼儿园。

正荣华府　位于金枫路东、花苑路北。占地面积16万平方米，总建筑面积48万平方米，建于2014年，由7幢30层高层楼房和8幢叠加楼房组成，高度100米，共计房屋1957户（套）。配套区域有商铺、会所、幼儿园。

大成珺　位于金枫路西、中山东路北。2014年建成，占地面积11.13万平方米，总建筑面积 32.99 万平方米，由 18 幢 25 层至 26 层高层住宅楼组成，最高 80 米，总户数 2246 户（套）。通过开敞活动区、主题景观区、运动游乐区、组团四级景观等形式形成多层次景观意境，项目整体绿化率近 45%，并有商业中心、幼儿园等配套设施。

中航樾园 位于金山路与玉山路交会处。占地面积 27.9 万平方米，建筑总面积 29.5 万平方米，其中包括近万平方米的社区休闲娱乐配套设施和 1800 平方米的便民商业设施。项目分两期，一期是高端低密度纯别墅社区，占地面积 16.35 万平方米，2016 年动工建设，建筑总面积 18 万平方米，总共有 99 栋、1182 套，其中叠加 780 套、竖联排 48 套、横联排 126 套和双拼 22 套。小区绿化率 37%。周边有娱乐城、绿宝广场、金鹰国际购物中心等。

文旅产业

木渎有穹窿、灵岩、天平、天池等吴中名山，又有上真观、灵岩山寺、宁邦寺、寂鉴寺等吴地著名寺观，旅游资源得天独厚，文旅产业素称发达。

明清时期，木渎就注重自然景观与人文景观的融合，形成法云古松、白塔归帆、南山晴雪、斜桥分水、虹桥晚照、下沙落雁、山塘榆荫、灵岩晚钟、姜潭渔火、西津望月“木渎十景”和铜岭看湖、石门观瀑、东井烹茶、西廊数雪、石浪谈经、丹台采药、崇阁拈云、膝潭掬月、苍坞闻钟、茅峰招鹤“穹窿十景”，曾让无数游客流连忘返。境内庙会四季不绝，穹窿山上真观庙会、支硎山香市、贺九岭登高、天平山红枫更是闻名遐迩，名山名寺游客常年络绎不绝。

90 年代初，木渎开始打造现代文旅产业。1990 年成立苏州市木渎旅游发展实业公司，对木渎古镇风景区统一规划、统一建设、统一管理，修复景点，完善设施，发掘历史文化内涵，注重文旅融合发展，打造独特的文化旅游品牌。是年，穹窿山茅蓬孙武苑开园，建有孙子兵法碑廊、兵圣堂等，将《孙子兵法》文化与风景旅游相结合。2000

年起，举办木渎文化旅游节，主打“中国园林古镇”“乾隆六次到过的地方”等品牌。2005年起，举办藏书羊文化旅游节，打出“羊肉美食文化”品牌，推动旅游等相关产业发展。2007年起，举办穹窿山孙子兵法文化旅游节，主打“孙子兵法文化”品牌。2010年后，木渎加快文旅融合发展，以文兴产，以旅促产，启动木渎古镇片区综合改造，打造风华山塘、风光下沙、风俗中市、风物西街及风情南街5条特色街区；以姑苏十二娘风情园为载体，打造古镇文化生活体验中心，吸引鱼米纪、初见书房、苏州好风光、玖树人文旅店、粗线山堂等新型文旅业态；山塘书院、开来茶馆、周士心美术馆、王立鹏美术馆等建设项目落地，青普皇家驿栈文化创意精品酒店、巡检司酒店、山塘筱驻等相继开业，形成古镇景区文化旅游新亮点。2013年，启动“两山一镇”（灵岩山、天平山、木渎古镇）环境提升工程，实行千年古镇与两大名山的连片互动，新增寿桃湖景区、慢行绿道、登山步道等功能型景观区，对接苏州国际影视娱乐城、芭提雅广场。2014年，穹窿山风景区建成兵法文化主题园——孙武文化园，占地面积36.7公顷，集祭祀参观、兵法解读、文化体验、史迹探寻、休闲养生诸多功能于一体。2015年起，木渎旅游节、藏书羊肉美食文化旅游节、凯马汽车节“三节合一”，做大做强文旅产业。2017年9月，穹窿山风景区并入木渎，形成木渎全域旅游大格局。

至2017年年底，以木渎古镇及穹窿山生态环境与文化、藏书羊肉美食、白象湾休闲养生、苏州国际影视娱乐城为代表的文化旅游产业，已发展成为木渎经济的重要组成部分。全年，接待中外游客500多万人次，实现旅游经济综合收入15亿元。

木渎旅游节（2015年）

文旅集团

2017年年底，木渎文旅集团有苏州市木渎旅游发展实业公司、苏州穹窿山（藏书）旅游有限公司两家。

苏州市木渎旅游发展实业公司 1990年6月成立，经营范围包括木渎古镇内旅游景点的开发、经营与管理，园林绿化，旅游工艺品销售，停车场服务等。拥有严家花园、虹饮山房、古松园、榜眼府第、灵岩山馆等旅游景点。公司伴随木渎古镇旅游成长，从无到有，从小到大，成功打造"中国园林古镇""乾隆六次到过的地方""姑苏十二娘"等旅游品牌。2017年，公司有员工140人，经济收入4503.81万元。

苏州穹窿山（藏书）旅游有限公司 2004年11月，成立苏州吴中旅游发展有限公司，以穹窿山生态游为主线，着力打造"孙子兵法文化""苏州的穹窿山，天下的智慧山""人文吴中，智慧穹窿""穹窿智慧生活"等旅游品牌。2016年11月，以白象湾景区为基础成立苏州市藏书生态旅游发展有限公司。2017年7月，苏州吴中旅游发展有限公司完成国资改革，交由木渎镇托管，公司与苏州市藏书生态旅游发展有限公司合并，更名为苏州穹窿山（藏书）旅游有限公司，负责管理和开发穹窿山风景区及藏书地区的旅游景点。2017年年底，公司有员工366人，其中白象湾景区27人；全年接待游客128万人次，实现旅游综合收入5900.32万元，其中白象湾景区145.75万元。

开发区

木渎经济开发区

原称木渎新区。位于古镇东北，东接苏州高新区，南望七子山，西傍灵岩山，北依狮子山，规划总面积13.3平方千米。1992年规划建设，1994年区内主干道路建成，正式成立木渎新区。1996年后，政府、税务、工商、交警、银行等机构先后迁至金山南路两侧。2014年，木渎新区与胥江城（2010年成立）合并，组建成立木渎经济开发区，

木渎经济开发区一角（2017 年）

全面负责开发区的经济运行和社会管理。

随着苏州轨道交通 1 号线的开通运营（2012 年），南环高架西延和中环快速路的通车（2016 年），以及连接太湖与阳澄湖的轨道交通 5 号线开工（2016 年），开发区步入“立体交通时代”，成为苏州城西的区域中心。至 2017 年，开发区形成以苏州金枫电子商务产业园、苏州国际影视娱乐城、凯马广场为代表的电子商务、商贸流通、汽车商贸三大产业；以大运城、花样城为代表，集百货、娱乐、餐饮、酒店式公寓、文化教育等多种业态于一体的综合商贸体；以长江路专业市场圈为中心，形成华夏五金机电城、江南汽配市场、凯马汽车用品城、东壹元建材等特色专业市场。

2017 年年底，木渎经济开发区内拥有各类企业 2500 家，其中工业企业 600 家；实现全口径税收 7.91 亿元；完成公共财政税收 4.02 亿元，其中，楼宇经济 8639.97 万元，工业经济 1.8 亿元，商贸流通 1.35 亿元；完成集体收益 1414.3 万元。

苏州金枫电子商务产业园 位于珠江南路。2010 年 10 月成立，为电子商务、互联网、软件等信息化企业专业园区。占地面积 1.5 万平方米。2012 年，被商务部认定为“国家电子商务示范基地”（江苏全省仅2家）。2017年年底，产业园出租率90%以上，进驻企业50余家，从业人员约350名，实现销售额约5亿元、税收4217万元。

2012年，木渎成为国家电子商务示范基地

苏州市吴中国家科技创业园（木渎园区） 位于中山东路70号。2008年10月成立。建筑面积4.5万平方米，园区构建以创业孵化、“吴中科创专属云服务”为主的科技创业创新服务平台，形成技术、项目、资金、产业等各种资源要素的有效集聚，形成从项目到企业再到产业的全链条平台化服务。2016年，与浙江大学合作共建“苏州智能制造研究院”，通过“研发+产业孵化”模式，面向智能装备、智能传感、驱动与控制、制造物联网大数据、精密制造等领域，打造智能制造产业创新高地。2017年，创业园出租率90%以上，进驻企业68家，从业人员约350人，实现销售额超2亿元、税收1120万元。

苏州东创科技园 位于金枫南路216号。占地面积69333平方米，建筑总面积16万平方米。2015年，与西交利物浦大学等高校开展项目合作，成立众创空间，涉及包括TMT、新媒体、物联网等行业。先后引进创新型科技企业388家、专业服务机构20家，累计形成知识产权成果360项；引进各类高层次人才80余人。2017年年底，科技园出租率95%以上，进驻企业360家，其中留学人员创业企业15家、大学生创业企业50余家，从业人员约6000人，在孵企业营业收入超过26亿元、税收5080万元。

苏州博济科技创新园 位于金枫南路198号。2006年成立，总面积11万平方米，一期建筑面积4万平方米。以上海同济大学为技术依托，建立生物医药、环保节能、土木新材料、工业设计等实验室及工程中心，以投融资和技术服务为企业提供技术研发支撑平台，先后引进国家千人计划、省双创人才等各类创业人才14人，被评为国家级科技企业孵化器、江苏省三星级公共服务平台。2017年，园区出租率95%以上，进驻企业100余家，从业人员1500多名，年销售额超6亿元、税收2326万元。

苏州快捷智能科技园 位于金长路100号西跨塘工业园内。2004年成立，建筑面积8000平方米。专注于智能自动化系统、AGV无人搬运车、激光导航叉车、全向智能叉车、自主导航机器人和仓储机器人产品的研发与生产，致力为中国2025智能制造行业提供高端AGV自动化物流设备及系统，为江苏省高新技术企业，获得发明专利4项、

木渎中小企业发展中心（2016 年）

实用新型专利 42 项。与北京理工大学、清华大学合建研发中心，在韩国合建研究院。2017 年，园区产值达 1 亿元、税收 106.33 万元。

金桥开发区

又称木渎金桥工业园。东起珠江路，西至灵山路，北至胥江运河，南接吴中横泾经济开发区，总面积 10 平方千米。1996 年创建。2003 年通过 ISO 14001 环境管理体系认证。2007 年，开发区被省经贸委评为精密机械产业集聚区。2011 年，被苏州市经贸委批准为苏州（木渎）特种汽车及零部件产业基地。2015 年，被评为省二星级中小企业公共平台，连续多年被评为苏州市私营企业先进园区。2017 年，开发区管委会下辖苏州市木渎金桥经济技术发展公司、苏州市金桥汽车产业园管理公司及苏州市新宇创业投资有限公司 3 家全资集体控股公司，拥有集体产权标准厂房 18 万多平方米，固定资产 2.6 亿元，净资产 8.8 亿元，年集体资产综合收入超 3000 万元。开发区已建成各类工业载体近 220 万平方米，其中，集体产权（含村集体）66 万平方米，约占总数的 30%；私营产权 154 万平方米，占总数的 70%。累计投资超过 100 亿元。

通过对传统工业实施“退二优二”，集聚、整合、改造、提升现有资源，做大做强“精密制造、智能制造”两大主导产业。至 2017 年，金桥区内集聚优质实体企业 1200 余家，形成机器人与智能装备、汽车零部件、医疗器材、非标自动化和优质配套 5 大产业集群。有绿的谐波、新智机电、东仪核电、谐通光伏等规模以上企业 50 家，年纳税超 1000 万元的企业有 10 家。“新三板”上市企业有东仪核电、谐通光伏、盈茂光电、希尔孚、骏创科技、群凯利精工 6 家。2017 年，金桥开发区经济总量超 120 亿元，完成

金桥开发区鸟瞰（2017 年）

全口径税收 7.66 亿元，完成公共预算 3.94 亿元，实现集体收入 3423 万元。

机器人与智能装备产业集群 以苏州绿的谐波传动科技、苏州超群智能科技和威斯泰（苏州）智能科技 3 家公司为代表，主要企业有优敖智能科技、开璇智能科技、普拉米精密机械、和运昌智能设备、杰纳机器人、玛捷特机器人、泉川智能科技、锶创达智能科技、徕迪机器人、赛犊机器人、沐远机器人、浩耀辰智能科技 15 家。其中，苏州绿的谐波传动科技有限公司承担科技部国家重点研发专项项目，苏州超群智能科技有限公司被业内誉为柔性高精度机器人及智能装备专家，威斯泰（苏州）智能科技有限公司是服务机器人的领先者。2017 年，集群企业总产值约 8 亿元，实现税收 4523.38 万元。

汽车零部件产业集群 以苏州新智机电工业、苏州双航机电、苏州骏创汽车科技 3 家公司为代表，主要企业有大西精密机械、赫行新能源汽车、天津汉罗精密机械、骏艺精密模具、顺创机械制造、华益盛汽车零部件、智勇塑业、精慧思模具、豪美诺精密机械、赛丽华模具、戴尔菲精密机械、西木机械 15 家。其中，苏州新智机电工业有限公司是中国最大的汽车空调压缩机控制阀生产厂家和中国最大的汽车空调压缩机扭矩限制器生产厂家之一。2017 年，集群企业总产值约 12 亿元，实现税收 8482 万元。

医疗器材产业集群 以苏州宏通医疗器械、苏州多健医科仪器 2 家公司为代表，主要企业有贝致科技、亚新医疗用品、新区明基高分子医疗器械、鑫康道医疗科技、圆梦无障碍科技、福特尼西医疗科技、威新锋医疗科技、格瑞特医药技术、福莱盾医疗器械、苏仪医疗器械、予泰医疗器械、鑫津达医疗科技 14 家。其中，苏州宏通医疗器械有限公司专注于临床医护产品与服务，成功独创的“防堵管、防血栓”系统解决方案，

成为中国防堵管、防血栓留置针领导品牌。2017年，集群企业总产值约3亿元，实现税收1250.73万元。

非标自动化产业集群 以苏州杰锐思自动化设备、苏州均华精密机械2家公司为代表，主要企业有茂特斯自动化设备、三德精密机械、和瑞科自动化科技、卡茗特自动化设备4家，三类企业有浩德自动化设备、科立源自动化科技、特米特自动化科技、康巨富自动化设备、恩意精密机械、佳裕达自动化科技、固特伟自动化系统设备、荣光自动化科技8家。2017年，集群企业总产值约8亿元，实现税收6279.46万元。

优质配套产业集群 以苏州华纳精密模具、苏州市希尔孚新材料2家公司为代表，主要企业有昊信精密机械、金莱克精密机械、荣科精密机械、豪刚精密机械、佰亿精密机械、多维精密机电、优越精密机械、锟荣精密电子、竹峰精密机械、莱德泰克精密电子设备、凯研精密机械、金致艺精密机械14家。其中，苏州华纳精密模具有限公司是全国首例一模十六穴减震弹簧支撑柱模具研发者。2017年，集群企业总产值约42亿元，实现税收2.75亿元。

商城　市场

大型商城

1992年10月，木渎在中山东路与金山南路交叉处的东北面兴建以经营副食品为主的商城，逐渐成为副食品批发的专业市场。2000年后，多家大型超市落户木渎。2010年后，木渎的商城向综合性特色化发展。2017年，木渎有木渎商城、大运城、花样城、东门町、悠方等大型商城12家。

木渎商城 位于中山东路与金山路交叉处的东北面，占地面积8万多平方米，建筑总面积8万平方米，呈正方形，由10条道路纵横交错。1992年10月筹建，1994年8月开业。商城以经营、批发食品为主要特色。1996年，有副食品业、饮食业、小百

货业、日杂用品业等经营户 260 家，从业人员 1300 人。日货车流量 30 多辆，商场日均人流量 2000~3000 人次。2017 年，商城有经营、批发商户 300 家，从业人数 2500 多人。

苏州国际影视娱乐城 地处灵岩山东麓，位于木渎镇北竹园路与金山路交会处。2012 年 4 月开工，2015 年开业。占地面积 13.8 万平方米，建筑总面积 32 万平方米，地下建筑面积 10 万平方米，总投资 25 亿元。由影视城、演艺剧场、儿童城三大主题组成，以 4D 电影、环幕电影、球幕电影等特种电影为核心内容，同时包括演艺剧场、普通电影院线等文化娱乐项目。2017 年，入驻商家 180 多家，销售额 3 亿元，税收 600 万元。

东门町 位于珠江南路 788 号。2015 年建成开业，建筑总面积 9.22 万平方米，其中，休闲商业综合体建筑面积 3 万多平方米，分为 10 幢独立小洋楼。东门町集文化氛围、民国建筑特色、休闲商业消费于一体，形成富有特色的民国风情街区。2017 年，入驻商户 70 余家。

大运城 位于中山东路北侧、沈巷路西侧。2016 年建成开业，建筑总面积 40 万平方米，商城分为南北两个区域，南区为五星级酒店、甲级写字楼、大型购物中心、大型超市，北区为高级公寓。2017 年，商城入驻商户 200 多家，经营销售额 5 亿元，税收 1165 万元。

花样城 位于珠江路与中山东路交叉口。2016 年建成开业，建筑总面积 15 万平方米，集百货、娱乐、餐饮、酒店式公寓、影城、文化教育等多种业态于一体，打造全新时尚商圈。2017 年，入驻商户 80 家，经营销售额 2 亿元。

悠方 位于金枫路 264 号。2017 年建成，建筑总面积约 12.5 万平方米。商城打破“盒子”里购物的封闭空间模式，多叠退台与下沉广场融合大量自然景观，将生态元素通过设计最大化地与内空间融合。年底，入驻商户共 182 家，日均客流量 40000 人次。

悠方俯瞰（2017 年）

专业市场

1988 年，在中山东路西端、邮电大楼东侧兴建木渎小商品市场。1991 年，改名木渎招商场。全场建有 5 条街，店面房屋 299 间，计 5230.5 平方米。与此同时，分别建设翠坊、香溪、苏福、西街、中市街等集贸市场和汲水桥旧（竹）木市场等。2000 年后，逐步建设专业大型市场。至 2017 年，木渎形成汽车商贸、五金机电和家居建材三大主题专业市场，建筑总面积 41.82 万平方米，入驻商家 320 余家，税收超 2 亿元。

凯马广场　位于中山路南与珠江南路东（原苏福路两侧）。2003 年规划建设，总面积近 18 万平方米。形成集汽车贸易、汽车商务、汽车文化、汽车运动和汽车休闲于一体的汽车产业综合性商圈。2011 年，被中国步行商业街工作委员会授予“中国特色商业

凯马广场（2016 年）

街”称号。2017年，广场内有汽车4S店49家、城市展厅20家，汇聚奔驰、宝马、奥迪、林肯等60多个汽车品牌。同时还汇聚汽车金融、保险公司、长三角二手车市场、驾驶培训等汽车后市场。全年销售汽车55276辆，销售额81.39亿元，税收1.67亿元。

江南汽配城 位于长江路3号。占地面积5.5万平方米，项目总投资3亿元，2006年建成开业。汽配城分南北两个地块，北部地块为汽车专卖店及商办用房，用地面积2.2万平方米，建筑总面积4.2万平方米；南部地块为汽配市场用地，建筑总面积2.2万平方米。2017年，汽配城销售额达到17亿元，税收460万元。

凯马汽车用品城 位于长江路。2009年建成开业，建筑总面积5万平方米，商铺182间，主要经营汽车用品批发零售、汽车美容装潢服务及营销展示。2008年，荣获“中国最具潜力的汽车用品市场”称号。2017年，城内入驻商户共有125家，全年销售额达13亿元。

华夏五金机电城 位于长江路98号。规划用地26.64万平方米，2013年起分三期开发，集研发、贸易、会展、物流、服务、休闲、文化旅游等功能于一体，总投资10亿元，分设贸易、服务、科教博览、研发、生活休闲5大园区。其中，贸易园区分为机电产品、五金精品展览中心、建筑五金、装饰五金、水暖器材、五金工具、电线电缆、油漆涂料、消防器材、橡塑制品、消防劳保、工业机械、仪器仪表、模具磨料、民用五金等专业街。2017年，机电城有商户2000多家，销售额达150亿元。

东壹元家居建材广场 位于宝带西路木渎花园山麓。2014年建成开业，总面积9.7万平方米，经营面积15.4万平方米，项目分三期开发，集综合建材市场、家居市场、仓储物流于一体，经营板材、木材、轻钢龙骨、地板、木门、橱柜、窗帘布艺等。2017年，广场内入驻商户708家，经营销售额5.5亿元。

长三角二手车交易市场 位于宝带西路2888号。2012年建设，分两期开发。截至2017年，一期经营面积2.6万平方米，经营业务有新车上牌、二手车交易、过户、驾驶员体检换证、车辆年检、车辆理赔、车辆修理、车辆救援等。2017年，市场内有商户52家，展车1200多辆，年交易量约1.3万辆。

藏书花木市场 位于五峰山南麓穹灵路998号。分东西两部分，西部为老市场，1998年由原藏书镇投资200万元创办，占地面积6.2万平方米。2009年，五峰村投资2000万元，辟地17.3万平方米在东部创办新市场。市场营业面积13万平方米，分特色花卉、景观石、苗木、盆景等功能区，经营品种73科、360余种花卉苗木，提供花木

花木市场（2017 年）

培育、种植、养护、园林规划设计、销售等服务，被评为省级花卉先进企业、江苏省重点苗木基地、区十佳农业产业化龙头企业。2017 年，市场有经营户 162 家，从业人员 4031 人，全年销售收入 4800 万元，租金收入 1000 余万元。建立长期合作关系 3860 户，销售额 3.74 亿元。

藏书羊肉

木渎藏书地区农民自古有养羊、开羊作（羊肉店）、卖羊肉的传统，作为家庭副业代代相传。而在苏南民间又有秋冬进补、滋补养生的习俗，吃羊肉、喝羊汤成为最便捷、最物美价廉的选择。藏书一带农民瞄准商机，利用农闲季节外出开设羊肉店，以其独特的烧煮技艺，烹调成各式羊肉菜肴，味美可口，营养丰富，成为传统的苏州地方风味特产，风靡江南。

藏书羊肉逐渐发展成为当地一大特色产业。20 世纪 90 年代起，当地政府把它作为提高百姓经济收入、壮大地方经济实力的实事工程和传承优秀地方特色美食文化的文化工程，制定相关政策，推出具体举措，引导、扶持、鼓励百姓做大做强羊肉产业。1997 年成功注册“藏书羊肉”商标，2005 年起每年举办藏书羊肉文化旅游节。2015 年，藏书羊肉制作技艺被列为省级非物质文化遗产保护名录。2017 年，藏书人在外地开设藏书羊肉店 1600 多家，从业人数 6000 多人，年产值约 12 亿元。

起源及发展

饲养与食俗 藏书地区群山绵延，植被丰富，有着得天独厚的适宜养羊的自然生态环境。相传，春秋时期藏书农民就开始养羊，到明清两朝养羊业十分兴旺。民国时期，农民饲养有绵羊（湖羊）、山羊，其中以山羊为主。绵羊为圈养，山羊圈养、放牧兼有。

养羊是一项传统副业，成为农家经济来源之一，羊粪又是农田的上等肥料。据统计，1958 年藏书公社养羊 991 头，60 年代中期年养羊 2700 多头。70—90 年代年羊的饲养量稳定在 2000 头左右。90 年代后期，形成规模经营，有养羊大户 3 户，每户养羊 510 多头。2000 年年底，藏书镇共养羊 2315 头。藏书镇政府、南京大学、农林村及 2 户个体户在农林村联合创办藏波山羊有限公司，从南非引进纯种波尔山羊 12 头，其中母羊 10 头、公羊 2 头。波尔山羊是国际上公认的肉用山羊品种，以个体大、增重快、产肉多、耐粗饲而闻名，成年公羊体重可达 140 千克，母羊可达 90 千克。

苏南民间有秋冬进补的食俗。《本草纲目》有“人参、黄芪补气，而羊肉补形”的记载。羊肉最早是农家秋收后因劳累体乏作为进补的食品，或为请亲朋好友的农家菜肴。因味道极佳，深得木渎人青睐，达官贵人、文人雅士品尝后也赞不绝口。后“岁时伏腊，烹羊庖羔，斗酒自劳”（清《吴郡岁华纪丽》）逐渐成为苏南民间的一大风俗。

方式与规模 明清时期，穹窿山麓的农民即从事杀羊、烧羊肉、卖羊肉。当时经营方式以流动性买卖为主，一般是由农民挑着担子走村穿巷与沿街叫卖，或在赶集时设摊叫卖。苏州城里的酒楼饭店所选用的羊肉，或作为冷盘菜肴，或作为热菜，大多来自藏书地区。清朝后期，藏书农民开始到苏州城里开店设坊，俗称“羊作”。清道光年间（1821—1850），葑门严衙前有家方姓开设的羊肉店，正宗原味，生意兴隆，人称“方羊肉”。清《吴郡岁华纪丽》有详细记载，云：“葑门严衙前，方姓熟羊肉肆，世擅烹羊。就食者侵晨群集，茸裘毡帽，扑雪迎霜，围坐肆中，窥食羱，探庋阁，以钱给庖丁，迟

野外放羊（2015 年）

之又久，先以羊杂碎饲客，谓之小吃。然后进羊肉羹饭，人一碗，食余重汇，谓之走锅。专取羊肝脑腰脚尾子，攒聚一盘，尤所矜尚，谓之羊名件。”

据《藏书镇志》记载，清光绪二十二年（1896），周家场农民周孝泉到苏州醋坊桥畔租用 3 间门面，开设了苏州城内首家羊肉堂吃店，取名“升美斋”羊肉店。光绪二十四年（1898），藏书有人在苏城万年桥堍开设“老庆泰”羊肉馆。清宣统元年（1909）后，周孝泉在都亭桥、临顿路又开设“老义兴”和“老协兴”羊肉店。民国时期，藏书农民进城开羊作逐渐增多，在道前街、鸭蛋桥、娄门塘等处有“老源兴”“新德和”等多家颇有名气的店堂。抗日战争胜利后，善人桥镇上首家羊肉店“胜利羊肉店”开业。

新中国成立初期，羊肉店仍为个体经营。1958 年人民公社化后，由生产大队组织经营，在苏州石路、皋桥、太监弄、东中市、宫巷等繁华商业区开设羊肉店 10 余家。每逢秋冬之交，古城内外羊肉店便纷纷开张，店堂一般沿街而设，不讲排场，锅灶立于店面，香气散至街坊，吸引众多食客，“羊汤勿鲜勿要铜钿”成为众人赞语，享有盛誉。80 年代后，藏书百姓将藏书羊肉作为地方特色菜肴推向市场，夫妻档、父子档形式的羊肉店遍布苏州城里的大街小巷，门面挂“藏书羊肉”牌子，店堂沿街而设，店门面少则一间，多则两三间，成为城市秋冬季节一道独特的风景。

随着藏书羊肉的声名扩大，经营业不断发展，原藏书镇的 18 个行政村都有人在外地经营此业，其中西南片的兴奋、繁荣、农林、社光、合丰、建丰、生建等村尤为兴盛。全镇外出开羊肉店的人数，80 年代有 1500 余人，90 年代增至 2000~3000 人。90 年代起，当地政府把发展藏书羊肉产业作为一项民生工程，积极引导扶持，鼓励农民做大特色产业，经营人数剧增，区域范围不断扩大，足迹遍及苏州、无锡、常州以及上海、浙江等地大中城市与各乡镇集市。1997 年，在国家商标局成功注册“藏书羊肉”商标，实现产业化经营。2015 年，藏书羊肉制作技艺被列入省级非物质文化遗产保护名录。据不完全统计，2017 年，藏书人在江苏、上海、浙江等地大中城市与乡镇开设藏书羊肉店有 1600 多家（苏州城内 600 余家），从业人数 6000 余人，年营业额约 12 亿元。

特色及技艺

2015 年，藏书羊肉制作技艺被列入江苏省非物质文化遗产名录。

藏书羊肉特点　藏书羊肉有 4 个特点：第一，没有膻味。藏书羊肉通过选羊、宰杀、排酸、烹煮等环节的把握，减少羊膻味，较好地把握膻味的“度”。第二，菜品丰富。藏书羊肉不仅保持传统的一只木桶烧煮白汤羊肉的烹制方法，还运用烧、煮、焖、炖、焐、炒等多种“苏帮菜”的烹饪方法，辅以鱼、虾、甲鱼、菌类、红枣等多种材料，精工细作，开发出许多营养丰富、造型美观的菜品，已形成 200 多道羊肉菜品的菜肴体系。第三，口味淡雅。藏书羊肉追求原料新鲜，口感淡雅纯正，却又回味无穷。第四，全羊上席。藏书羊肉的“全羊宴”与众不同，会把羊身上的各个器官部件，包括羊肉、羊蹄、羊内脏、羊血等都入肴成馔，是名副其实的全羊宴。

技艺与流程

藏书羊肉善于运用在烹饪中把握“度”的技艺。俗语云“水居者腥，肉玃者臊，草食者膻”。羊是一种食草动物，膻气是羊肉的天生特征，烹饪时要求去腥、去臊、去膻，但又不能去尽，要保持原料食材特有的气味。制作藏书羊肉，主要把握选羊、宰羊、排酸、烹制 4 个方面。

选羊　羊分绵羊和山羊两种。绵羊又称湖羊，肉肥质粗，山羊肉精、细嫩、味鲜。藏书羊肉采用山羊为原料。山羊又分雌羊（俗称“羊婆”）、雄羊，阉割过的羊称“镦羊”。老雄羊，俗称“骚羊”，其肉质较差且膻气浓烈。藏书羊肉以选择雌羊和镦羊为优。随着羊的成长，身上的膻味会逐渐加重，特别是公羊在性发育成熟后，它的膻味就会增强。藏书人在选羊时选择当年生或两年以内的短毛白山羊，重量在 30 千克左右，其肉嫩而味香。

选羊分三步：一看。看羊的毛色、体形和牙口。选择毛色光亮、体形均匀、尾巴上翘的羊。通过观察牙口辨别羊的年龄，沿口羊（即还没有长出牙齿的羊）为当年羊，四牙羊为中年羊，六牙羊则是 3 年以上的老羊。二摸。主要摸颈部等部位，了解羊身上肉的结实、肥瘦情况，避免膘肥的羊。三拍。主要拍腹部，目测羊的出肉率。

宰羊　宰羊有侧向对穿法和颈下刺心法两种。前者下刀部位在耳边咽门处，以左手拇指和食指点正位置，右手执刀，刀口向里，一刀戳穿，拔刀时略向里割；后者与杀猪法相仿，从颈下部进刀，直刺心脏。不掌握技术要领会“杀呛”，不光吃不上羊血，而且如因呛血而造成的瘀血滞留体内会使肉质发红，影响肉质。山羊剥皮从头部开始，过颈部后不用刀，左手托皮，右手握拳往下猛插，技高者只需 3 分钟左右，如脱衣之易。翻羊肚时先把粪便除去，然后将百页肚边灌水边捏松，用食指伸穿肠口翻过来即成。

排酸　在驱赶、宰羊的过程中，羊肌体内会产生酸性物质，这种酸性物质会影响羊肉的口味。如果宰后马上入锅烹制，就会影响羊肉的口味。藏书羊肉选用山羊烹制，山羊内的脂肪中含有脂肪酸，它会产生特殊的膻味。因而羊宰后需要在低温条件下进行一段时间的排酸处理。藏书羊肉的排酸方法采用自然排酸法和冷藏排酸法。自然排酸法在民间运用较多，冬季可于气温较低的地方存放一段时间，让其自然排酸；如遇气温不低时，可以用井水浸漂。冷藏排酸法，即将羊肉放在冷柜、冰库之类的现代制冷设备中。冷却温度为 2℃ ~4℃，相对湿度为 75%~84%；冷却后的羊肉中心温度不高于 7℃，冷却时间一般为 24 小时。

烹煮　烹煮是藏书羊肉最核心的技艺，厨具和加工方法都有独特之处。藏书羊肉烹饪方法科学、过程有序。宰好后的山羊胴体经漂洗干净，一般将羊胴体切成 4~6 块放入盆堂，用急火烧沸，待羊汤上面浮起一层浮沫后，用勺剔去上层浮起物，然后将羊肉取出，放入冷水中漂清，俗称“出水”，这个环节有去净血水杂质的作用。略待沉淀后，将盆堂中的羊汤出锅，盛入另一容器暂放，把沉淀在锅底的沉渣清除，俗称“割脚”。接着再把盛出的羊汤倒入盆堂内，放入羊肉，烧煮两个小时以上，其间大、中、小火都要拿捏得当，待肉烂汤浓后即出锅拆骨，放入竹制篮筐中沥水、凉冻，以备切用。在第二次羊肉入锅加水时要一次性加足，水高出羊肉 10~12 厘米。烧煮羊肉不加任何辅料、调味料，直至汤色呈奶白色为止。如此，羊肉汤浓、味香，肉质鲜嫩，风味独特。

烹煮工具

藏书羊肉烹煮时，运用古老的传统方法与工具。

盆堂 烹煮藏书羊肉的锅叫“盆堂”。盆堂用一只大铁锅（也称镬子），在其外加一个木桶（亦称接锅）组成。木桶用杉木制作而成，桶上部的盖由两个半圆木盖组成，烹饪操作时一般用半圆盖开启和关闭。用盆堂烧煮羊肉可以盛放更多的羊肉、羊汤；且木桶具有保温作用，羊汤保温的时间相对可以延长，即使在严寒的冬日，木桶里也总是热腾腾的，且木桶的外壁不会因桶内高温而炽伤操作人员。

镬里老鹰 从盆堂中取出烧好的羊肉，配有专用铁钩“镬里老鹰”。钩长约一米，一端有双钩像老鹰的爪一样，故名。羊肉在盆堂内烧好后，由于锅内水位较高，此时就用镬里老鹰伸入盆堂内，勾起锅底里的羊肉，从滚烫的羊汤中捞出羊肉来。

烧制羊肉的盆堂（2017 年）

长柄汤勺 从盆堂中舀汤的工具是长柄汤勺。因盆堂木圈的高度，汤勺必须接成长柄，又可以防止沸腾的羊汤烫手。使用长柄汤勺是一门技术活，在操作时左手拿碗，右手执掌长柄汤勺，将羊汤倒入碗中时左手和右手要协调好，右手要握紧拿稳，倒汤时要慢，否则容易倒在碗外，引起烫伤。

竹匾篮 人称小塘篮，俗称“汏”。羊肉在盆堂中烧好后，若要取出沥汤冷却，如吃羊汤时客人习惯要加食羊腰、羊心等附件，在加汤食用前必须将其预热，这时就将羊肾、羊心等装入竹匾篮中，吊到盆堂内加热，以确保客人所吃羊肉、羊杂件的热度。

特色菜肴

藏书羊肉选用以25~30千克的白山羊为主要羊源。这种山羊以野外放养居多，体形匀称、毛色光洁、脂肪少而肉结实。藏书羊肉多以活杀山羊为食材原料，运用传统独特的烹饪技艺烧煮而成。90年代后，推出“全羊宴”等特色菜肴。

藏书羊肉菜肴品种有30余种，可分为冷盆类，热炒、烧烤类，汤类，点心类。冷盆类有羊腿、羊舌、羊心、羊肝、羊腰、羊蹄、羊肚、羊鞭、羊睾丸、羊糕等。热炒、烧烤类有大蒜羊肉、雪菜羊肉、大蒜羊肚、红烧羊肉、白烧羊肉、回锅羊脚、羊肉串、椒盐羊排、红烧羊蹄、粉丝羊肉煲、羊脑炖蛋等。汤类有鲫鱼羊肉汤、羊肺血汤、清煮羊血汤等。点心类有羊肉粽子、羊肉水饺、羊肉馄饨、羊肉面、羊糕面等。

白烧羊肉 也称白汤羊肉。制作白烧羊肉一般挑选两年左右的母羊。白烧羊肉汤色乳白，香气浓郁，肉酥而不烂，口感鲜而不腻。烹制时不放任何佐料，烹制出来的羊肉细嫩，无膻味，羊汤清鲜。制作时先将羊的胴体切割成若干块（一般为4~6块），再与羊的杂件一起放入盆堂中，加水量以盖过羊肉为宜，水一次加足，最好选用太湖水。在烹制过程中要注意羊肉和羊杂件放置的位置。最下面放羊肉，上面是羊肚，最上面是羊肝。

先用急火烧，等汤水沸腾后将表层泡沫撇除，然后将羊肉及羊杂件等取出，将汤水倒入事先准备好的容器内，把镬中余下的汤脚清理干净。后将羊肉、羊杂件等和原汤一起放入镬内，等沸腾后改用文火炖烧，再熬煮上两个小时左右，直至肉质酥烂。在急火烧沸后，便可将羊肝捞出，浸泡在淡盐水中，肝不会变色变味。羊肉起锅后，向汤里撒上一把细嫩的大蒜叶，也可以根据个人喜好放入葱、盐、辣酱等佐料。

红烧羊肉 选用当年小山羊，以公羊为佳，公羊肉质相对结实。羊肉最好取其肋排部位，略带一点脂肪，切成3~5厘米见方的块状，先用急火烧沸后加入佐料，再用文火焖煮两个小时；也可在急火烧沸后，将羊肉改用陶缸之类的容器焖煮，直至味香肉烂为止。红烧羊肉的佐料较为讲究，除放入姜、葱、盐、黄酒、糖等基础调料外，还要加入红枣等。近年来，在继承传统特色的基础上进行创新，新出现如坛子肉、稻香扎肉、羊蹄髈等菜式。其中，坛子肉清香滑嫩；稻香扎肉具有咸、香、甜的风味，一只羊只能选用其中的18块羊肉来制作成稻香扎肉；红烧羊蹄髈是在红烧羊肉的传统工艺上，采用“苏帮菜”烹制方法，用红烧老卤配上中草药料熬制而成。

羊糕 制作方式先是把羊胴体肉切成4~6块，放入盆堂内，加水后用旺火烧开，等沸腾后撇去浮沫，取出羊肉，将汤水倒入事先准备好的盛器内，将盆堂内的汤脚去除，然后再次将羊肉放入盆堂内，将先前已倒入盛器内的汤水再回倒至盆堂内，加入食盐。然后用急火烧至沸腾，后改用文火熬煮3~4个小时，直至肉质酥烂。再将羊肉从盆堂中取出，拆骨取肉，然后再次放入盆堂中烹制，直到汤汁浓白，用汤勺舀起汤水慢慢倒入锅中，要求观其汤汁浓到连成一线，将

白烧羊肉

红烧羊肉

羊糕

拆骨后的羊肉平铺揿平放在圆形盘（现多用不锈钢的方盘）中，再将熬煮的浓汤倒入揿平铺装好的盘中，利用低温作用，使其凝结。羊糕不松不散，风味绝佳。

全羊宴　在继承传统藏书羊肉的烹制方法基础上进行创新，形成独具特色的“藏书全羊宴”。菜谱菜名有迎风扇（烩羊耳尖）、双凤翠（烩羊耳中）、龙门角（扒羊耳根）、明开夜合（烩羊上眼皮肉）、玉珠灯（溜羊散丹）、望风坡（焙羊鼻梁骨）、探灵芝（溜羊鼻肉）、千层皮（溜羊上膛肉）、天花板（扒羊喉骨）、明鱼骨（扒羊鼻脆骨）、迎风草（扒羊舌尖肉）、香糟猩唇（清蒸羊上嘴唇肉）、开泰仓（炸羊眼肉）、白云烩（烩羊脑）、彩凤眼（羊嘴岔肉）、落水泉（拌羊舌）、冰花松肉（清蒸羊肺）、花爆金钱（炒羊腰子）、天鹅方肉（扒羊腰）、黄焖熊胆（焖羊腰）、烩鲍鱼丝（炒羊腰）、山鸡油卷（烧羊腰）、犀牛眼（炒羊腰）、爆凤尾（爆炒羊腰）、素心菊花（拌菊花、羊腰）、红烧龙肝（红烧羊腰）、清烩脊髓（羊脊髓）、烩虎眼（红烧羊蹄）、蜜蜂窝（汆羊麻肚）、千层翻草（炒羊散丹）、拔草还原（炒羊散丹）、五味烂肚（红烧羊腱子肉）、锅烧浮筋（锅烧羊腰窝肉）、百子囊（溜羊麻肚）、炒鹿筋（红烧羊蹄筋）、熊掌（扒羊蹄）、云登山（烩羊蹄）、白棋子（烩羊肠）、苍龙脱壳（炒羊舌、羊心管）、汆母袋（汆羊散丹）、清烧排岔（清烧羊排岔骨）、炸银鱼（炸羊尾油）、满堂五福（烩羊肚、肝、心、肺、肠）、百子葫芦（炸羊葫芦头肠）、玉环锁（炒羊肺气管）、五花宝盖（炒羊肺）、五关锁（拌羊舌、食管）、鼎炉盖（炒羊心）、提炉顶（拌羊心）、爆炒玲珑（爆炒羊心）、七孔灵台（菜心炒羊心）、安南台（烩羊、鸡、鸭心）、凤头冠（海蜇拌羊心）、炸铁伞（炖羊脑）、梧桐子（炸羊肝、小肠）、算盘子（烩羊肝、小肠）、炸鹿尾（炸羊肝、套

全羊宴

肠）、红叶含云（炸羊肝）、鹿达户（炒羊肚领、羊肠）、红炖貂胎（炖羊腰）、爆荔枝（核桃仁炒羊肚仁）、八宝袋（瓤羊麻肚）、拌顺风（拌羊耳）、一串金（炸羊肉串）、樱桃红肉（红炖腰窝肉）。

藏书全羊宴与传统藏书羊肉相比，制作更加精致，不失传统风味。刀工精细，调味考究，运用炸、溜、爆、烧、炖、焖、煨、炒、烩等方法，有冷菜、热菜、点心等菜式，最大特点是可以吃遍羊的各个部位。藏书全羊宴被收入《中国名菜大典》。

羊肉产业

90 年代起，当地政府把发展藏书羊肉产业作为一项民生工程，结合街景改造，在市镇中心竖起《三羊开泰》雕塑，新建近 1 万平方米藏书羊肉美食城，商店各具特色，人头攒动，生意兴隆。1997 年，当地政府在国家商标局成功注册“藏书羊肉”商标，实现产业化经营，打造知名品牌。成立藏书羊肉市场管理委员会，制定统一标准，实行规范管理，首批评定东方、莹明、藏书、鲜鲜、新月楼、三星 6 家店堂为“三星级”羊肉店（馆）。镇

藏书山羊交易市场（2006 年）

政府还投资近 100 万元建成藏书山羊交易市场，实行交易、检疫、屠宰“三集中”。

据统计，2000 年年末，原藏书镇从事羊肉加工经营的农民有 3000 余人，销售山羊 25 万余只，产值超亿元，纯收入超 3000 万元。至 2017 年年底，藏书羊肉实现屠宰、加工、烹饪、销售产业化，从业人数 6000 余人，占原藏书地区人口的近 30%，成为当地农民增收致富的重要产业。

藏书山羊交易市场　位于穹窿山下 230 省道藏书段。2001 年建成启用，占地面积 2.3 万多平方米，建筑面积 8500 多平方米，其中，交易大棚 5000 多平方米，屠宰车间 600 多平方米，冷库 1000 多平方米，生活、办公配套设施 1600 多平方米。主要从事活羊、速冻羊肉、内脏附件批发零售，以及羊皮、羊肠收购，屠宰加工，实行集中交易、集中检疫、集中屠宰。市场覆盖江苏、浙江、上海等地。2017 年，市场活羊交易 12 万多只，速冻羊肉批发 5000 吨左右，附件 500 余吨。

藏书羊肉美食街　位于善人桥穹灵路和穹窿路沿街羊肉店比较集中地段，形成一条藏书羊肉美食街。街长约 2 千米，占地面积 7 万余平方米。美食街区聚集羊肉餐馆 30 多家，营业面积达 1.3 万平方米，店面装饰和店堂布置各具特色。2009 年，被列为苏州市商业特色街区。2017 年，美食街上羊肉餐馆的营业额近亿元。

藏书羊肉名店

2017 年，藏书羊肉名店主要有升美斋、老庆泰、东方 3 家。

升美斋羊肉店　清光绪二十二年（1896），穹窿山麓周家场农民周孝泉在苏州醋坊

藏书羊肉美食街（2016 年）

桥堍租赁3间门面开店，取名“升美斋”，成为藏书羊肉进城开设的首家堂吃羊肉店（俗称“羊作”），由此引领藏书农民进城开羊肉店的风尚。民国时期，李根源隐居小王山，周孝泉与他成为好朋友。李根源、章太炎等社会名人经常光顾，从此升美斋声名鹊起，誉满姑苏城。2000年，升美斋在善人桥穹窿路中段恢复开设老字号羊肉店。2008年10月，参加第二届中国太湖农家菜美食节，获太湖农家组合菜点特别金奖。2009年5月，被中国商业联合会、中华老字号工作委员会批准为“中华老字号”会员单位。同年9月，参加第四届中国苏州美食节“苏州味道”特色美食展，“稻草羊方”获特别金奖，“美斋红羊蹄”“木桶冻羊糕”“白烧羊肉”同时获金奖。2012年8月，获“中华老字号”传承创新先进单位称号，传承人许玉明获传承创新优秀掌门人称号。2017年，升美斋移至穹灵路2208号，营业面积1080平方米，全年接待顾客5万人次，营业额420万元。第一代创始人周孝泉，第二代周根初，第三代周土龙、许国栋，第四代许玉明。

老庆泰羊肉馆 清光绪二十四年（1898），傅姓善人桥人在苏州万年桥堍开设羊肉店，取名“老庆泰”。其烧煮技艺独特，城里吃客可在老庆泰品尝到原汁原味的羊肉，顾客盈门，生意兴隆，名噪一时。80年代改革开放后，傅晓明在善人桥羊肉美食街开设羊肉馆，恢复老字号老庆泰，营业面积800余平方米，一次能容纳300多人就餐。2003年1月，“老庆泰”在国家工商行政管理总局商标局注册。2005年6月，被中国商业联合会、中华老字号工作委员会授予“中华老字号”称号。2011年，在穹窿路85号开设老庆泰新店，营业面积4000平方米。2017年，老庆泰接待顾客11万人次，营业总额600万元。

东方羊肉店 1991年9月，杨林泉在善人桥穹灵路开办东方羊肉店，为4间三层建筑，总建筑面积450平方米，可接待150人同时就餐。以品质好、服务好，赢得苏州、

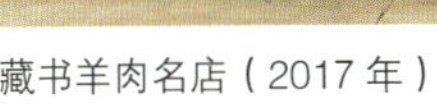

藏书羊肉名店（2017年）

无锡、上海、浙江等地众多食客的青睐，生意火爆，年营业额多年名列藏书羊肉经营店前茅。在首届中国羊肉美食节全羊宴展示会上，获得特金奖。2004 年度，被苏州消费者协会评为“诚信单位”。2006 年，在善人桥穹窿路 80 号新建三层楼房 11 间，建筑面积 3000 平方米，可接待 400 人同时就餐。2017 年，东方羊肉店经营场所建筑面积 3450 平方米，营业总额 650 余万元。

羊文化

2004 年，当地政府成立苏州市藏书羊肉产业协会，下辖 400 多个会员（单位）。协会拥有“藏书羊肉”商标。2008 年，木渎被中国烹饪协会授予“中国羊肉美食之乡”称号。2010 年，“藏书羊肉”商标被评为苏州市知名商标。藏书羊肉曾获首届中国地方特

首届中国羊肉美食节（2007 年）

色菜（宴）金奖、首届中国苏州太湖农家菜美食节金奖，藏书全羊宴被收入《中国名菜大典》。

藏书羊肉美食文化旅游节　2005 年，当地政府举办藏书羊肉文化旅游节，打响羊品牌，做大羊产业，提升羊文化。此后每年举办，时间一般在 9—10 月，至 2017 年累计举办 13 届，从起初单一的美食节发展成为美食、文化、旅游兼容的特色节庆活动。

2005 年 10 月，苏州吴中区人民政府和藏书镇人民政府主办首届吴中区藏书羊肉美食节。开幕式上，同时举办藏书山羊交易市场开业仪式和以“羊文化”为主题的文艺演出，推出“品藏书羊肉，游秀丽风光”生态文化之旅、“羊肉创新菜”大赛、“藏书全羊宴”全新亮相等系列活动，唱响“藏书羊肉”品牌。还举办藏书花木、澄泥砚、石刻、车木、核雕等特色产品和传统工艺展示。活动持续一个月，接待观众与食客约 10 万人次。

2006 年 10 月，因行政区划调整，由木渎镇人民政府主办第二届吴中区藏书羊肉美食节。美食节为期一个月，推出“游木渎古镇、赏天平红枫、品藏书羊肉”特色旅游线路，举办“我和藏书羊肉”征文比赛，举行“三阳（羊）开泰”书画笔会等活动；并与苏州广播电视总台社会经济频道《社会传真》联合举办走进社区特别活动，与《姑苏晚报》联合举行生态文化之旅等活动，将“藏书羊肉”与旅游相结合。

2007 年，第三届由木渎镇人民政府与中国畜牧业协会联合主办，称首届“中国羊肉美食节”，同时在木渎举行第四届中国羊业发展大会。第四届开幕式现场展出 6 道当天获得创新菜“特金奖”的羊肉美食，中国烹饪协会授予木渎“中国羊肉美食之乡”称号。第五届举行“藏书羊肉名厨争霸赛”，通过“羊文化历史知识问答”“刀工大比拼”“厨艺 PK”等环节，弘扬藏书羊肉历史文化；还举办藏书羊肉“星级示范店服务员技能大赛”，评出“金羊奖”和“银羊奖”若干名，促进餐饮企业在就餐环境、菜肴、服务技能等方面的提升。第六届以“创新藏书羊肉菜品”为主题，邀请苏州、木渎以及藏书本地的 30 家餐饮企业，进行养生创新菜大比拼。开幕式大型文艺晚会以“人文吴中、欢乐木渎”为主题，同时举行藏书羊文化展示馆开馆仪式。第七届以“自家游，传播羊肉美食”为主题，现场发布《藏书羊肉美食旅游攻略》。活动通过与媒体合作现场直播方式，向游客详细介绍木渎旅游的食、宿、行、游、购、娱，以藏书羊肉美食为线，串联起木渎西部旅游产业链，吸引自驾车旅游者。第八届以“与民企携手铸品牌”为主题。第九届推出滑稽戏《羊肉飘香藏书情》，举办《藏书羊肉寻迹》首发式。第十届以“品藏书羊肉，游木渎古镇”为主题，通过滑稽戏《乾隆游木渎》实景演出，讲述

全羊宴大赛现场（2007 年）

乾隆皇帝游木渎时有关藏书羊肉的有趣故事，将藏书羊肉与文化旅游相结合，举办寻找“木渎味道”评选活动。第十一届举行“美食吴中体验店”授牌活动。第十二届推出“寻味藏书”“羊肉美食你来点”“藏书秀”等活动。

2017 年 9 月 23 日，第十三届中国·藏书羊肉美食文化旅游节开幕，活动历时半年，设美食篇、欢乐篇、旅游篇。美食篇展播“藏书羊肉十家名菜 + 名厨展示”，并评选出藏书羊肉十家名菜，向名厨授牌；欢乐篇以“羊羊得意”为主题，由商户代表上台出题，邀请观众上台，蒙眼品尝羊肉，并说出羊肉的部位，精确者胜；商户同时介绍羊肉的相关知识。旅游篇展播白象湾景区，推介穹窿山金秋旅游，并赠送美食地图、1048 伴手礼、穹窿山参观券等。

《三羊开泰》金山石雕塑（2015 年）

非物质文化遗产

自古以来，木渎人以吃苦耐劳、智慧创新著称。春秋时，吴王在木渎建造姑苏台、馆娃宫。三国时于焦山等地开采石料。灵岩山下嶷村以产砚台石、制砚著称于世。宋代，袁遇昌以像塑婴孩名播四方。元代，朱碧山制作银器，精妙绝伦。明代，金山石匠陆祥曾参与北京紫金城宫殿营造。明清以来，境内刺绣、花岗石开采及其雕刻业发达，从业者众多，名师巧匠辈出。

2017年年底，木渎有金山石雕技艺、澄泥石刻技艺、吴氏疔科诊治技艺、藏书羊肉制作技艺、石家饭店鲃肺汤制作技艺、乾生元枣泥麻饼制作技艺、木渎十番表演技艺省级非物质文化遗产项目7个，穹窿山上真观庙会仪式市级非物质文化遗产项目1个，苏绣盘金绣技艺、穹窿山乌米饭制作技艺、嶷村砚制作技艺、苏州碑刻碑拓技艺区级非物质文化遗产项目4个，拥有各级各类“非遗”传承人20人，其中省级2人、市级5人、区级13人。

金山石雕技艺

金山石雕是以木渎金山及其附近焦山等地出产的花岗石为材料，加工雕凿成各种建筑材料与装饰工艺品，工艺独特。2007 年 3 月，金山石雕技艺被列入江苏省非物质文化遗产名录。

石雕制作及产品　伴随金山石开采而衍生的石雕制作工艺是一门独立的传统工艺，历史悠久。至元代，当地已将金山石料雕凿做细，用于建筑与造像。明清时期，随着开采工具的改进和技术的提高，金山石料广泛用于城建、桥梁、寺院、陵墓、府第、花园等建筑。细石匠从开山匠中分离，形成独立的石料加工及雕刻业——石作业。清朝中期，经营石料工程和雕刻的石作、石铺遍布苏州城乡。清光绪十二年（1886），石业公所（后改称石业同业公会）在苏城阊门外成立。1932 年，城乡参加行业组织的石作会员有 45 家。

1952 年，华东水利局苏南海塘工程处苏州石料采运处、苏州市采石公司在金山开办采石场。10 月，两家企业合并成立苏州石料公司（吴县金山矿区前身），召集民间石雕艺人，逐步发展成采石、细石加工及石料工程建筑安装企业，曾派遣细石匠赴京参加人民英雄纪念碑、人民大会堂、军事博物馆等北京十大建筑工程的建设，曾参与人民英雄纪念碑“鸦片战争”浮雕图案雕刻。70 年代后期，恢复仿古题材石雕，在继承传统基础上引进石膏制模，采用机械加工工艺，提高石雕作品的艺术品位。90 年代起，金山石雕业稳步发展，为全国各地雕刻制作了大量的石雕艺术作品。2017 年，木渎有苏州金山石雕艺术公司、木渎金山石雕厂等 4 家企业，专业石匠 400 多人。另有众多个私作坊，承接各类石雕业务。

金山石雕产品广泛用于建筑、生产、生活、水利、交通、宗教、陵墓及工艺雕塑。产品有石狮、石马、翁仲、灯笼、观音、经幢、神龛、佛像、臼、磙、磨、凳、桌、井

金山石雕作品（2015 年）

栏、河埠石、石柱、碾砣、鼓磩、磉石、地坪、台阶、壁景、座屏、牌坊等数十种；工艺雕塑方面有各类人物、禽兽、昆虫、花卉等浮雕与立体雕。其中金山石狮是金山石雕工艺的传统典范，因其造型古朴，姿态优美，活泼灵巧，温和可爱，成为“苏式”石狮的代表。金山石含硅量高，耐酸耐碱性能好，防腐耐磨性能强，可制作成化工工业用的石槽、石池、石缸、电解槽等。金山石雕产品销往全国各地（包括香港、澳门、台湾地区），远销日本、美国、德国、新加坡等十多个国家。

石雕技艺

金山石雕可分为建筑装饰、工艺摆设和摩崖碑刻三大类。传统工序为选料、出坯、粗做、定型、做细（錾细、做线条等），70 年代后增加石膏制模和磨光工序。金山石雕经过历代工匠的探索，形成完整的加工工艺和一些特殊技巧，主要有画、塑、凿、刻、雕、磨、钻、镂、削、切、接等，以雕刻精细、构图典雅巧妙、线条流畅闻名于世。

石雕石刻有重雕、重刻之分。图像立体的称为“雕”，分浮雕、圆雕；图像平面的称为“刻”，有阴刻、阳刻。而摩崖、碑刻又分文字、图像两类，其中文字凿刻需要石匠掌握较深厚的书法功底，凿刻时以钢凿代笔，接刀处不留斧凿痕，刻凿深浅恰到好处，酷似书法运笔轻重，游丝枯笔均需反映原作风貌。民国时，摩崖石刻高手顾竹亭专事摩崖石刻数十年，吴中名胜遍留手迹，章太炎曾赠予“班氏功名诗投笔，鲁公碑志有传人”联。图像碑刻须精通画理，运刀如运笔，圆角转折处不露接刀痕迹。

经过历代工匠的不断总结，金山石雕形成不少独具特色的技艺。

劈石　指大料石取出后，按要求再分割成若干块（现以机械切割替代）。劈石直接关系到出材率和制作成本。如一块八仙桌大小的大料石切断时，只需选择一个平面，

在平面上列作几个“库子”，放上“胀镨”，石匠高举 24 磅大锤，一锤下去，石料齐刷刷一断为二。1958 年，金山石匠徐筱棣曾为访华的苏联专家代表团表演劈石技艺，引起轰动。

左右开弓　主要用于石狮雕刻。制作形貌相同的石狮，并且要雌雄成对，难度很大。民国时，金山石匠盛水大开创“左右开弓”绝技，即左右手分别握锤，右手雕凿雄狮，左手雕凿雌狮，达到雌雄狮一模一样的艺术效果，一时传为佳话。

冰裂纹　指石块拼缝似碎冰状，有的呈梅花状，酷似天然，以不留拼接加工痕迹为最。这是石匠加工砌筑的高难度技术活。灵岩山后花园西侧围墙目前尚保留有较完好的冰裂纹石墙若干段，是晚清和民国时期金山石匠留下的杰作。

断柱接柱　即将断开的柱子重新拼接成一个完整的柱子。民国建造南京中山陵“博爱”牌坊时，因三期工程承建者克扣石匠工资而引发劳资纠纷，金山石匠巧断石牌坊大柱，迫使承建者赔偿后再接上大柱，表演了“断柱接柱”绝活。

石拱桥建筑　一般石拱桥建造时均要搭建脚手架或木支架，以防止拱顶合拢时坍塌。金山石匠则不用任何支架，拱形石材拼接严合，拼逢细小，所筑桥梁美观又坚固。民国时期，藏书地区出过周鹤亭、钱金生、许松斋等“造桥王”。

著名工程　全国许多著名工程及建筑采用金山石雕。清末有上海江海关大楼、苏州盘门吴门桥；民国间，有上海汇丰银行大楼、国际饭店、新永安大厦、百老汇大厦、沙逊大厦，南京中山陵、廖仲恺烈士墓，苏州横塘彩云桥，湖州陈英士烈士墓。新中国成立以后，有上海人民广场、鲁迅纪念馆、革命纪念馆、中苏友好大厦、复兴公园马克思

金山石雕工场（1996 年）

恩格斯像、宋庆龄幼儿园宋庆龄像、川沙中医院白求恩像、上海中医制药一厂李时珍像，北京天安门广场人民英雄纪念碑、毛主席纪念堂甬道，南京渡江纪念碑、雨花台烈士陵园、邓演达烈士墓、南京“钟山风雨”大型浮雕，徐州淮海战役纪念塔，杭州工业展销馆、西湖苏堤苏东坡像、虎跑济公像及五百罗汉像，新疆乌鲁木齐“民族大团结”群雕，江阴“勇敢者之歌”城市群雕等。

名匠及传承人 金山石匠分采石匠、做细匠两种，他们不畏艰难险阻，不怕日晒雨淋，不顾砂粉飞溅，历史上曾经出过许多能工巧匠。明永乐年间（1403—1424），金山名匠陆祥参与北京紫禁城（今故宫）宫殿营造，技艺精湛，官至工部左侍郎，与香山蒯祥齐名。民国及新中国成立以后，金山石匠曾参与南京中山陵、毛主席纪念堂等重大工程，声名远播。曾涌现石金泉、许松斋、钱金生、徐筱棣、严阿五等著名工匠。金山石雕现有省级代表性传承人何根金（江苏省高级工艺美术师），市级代表性传承人吴福云，区级代表性传承人何建青、何建红、何惠林。

澄泥石刻与巙村砚制作技艺

澄泥石料主要产于善人桥西的马冈山（俗称砚瓦山），澄泥石刻有砚台、石壶等工艺品。2007 年 3 月，藏书澄泥石刻技艺被列入江苏省首批非物质文化遗产名录。巙村砚，亦名澄泥砚，石料产于灵岩山西麓、五峰山（包括银顶山）。2013 年，巙村砚制作技艺被列入吴中区非物质文化遗产名录。

开采及制作 相传，巙村石开采始于三国时期（220—265）。这种石材质地色泽有青、黄、红、灰 4 种，前 3 种分别称作蟹壳青、鳝鱼黄、虾头红，其中黄色巙村石经过“煨”（微火慢慢地烘焙），其外层会变成紫色。宋米芾《砚史》曾有记载。巙村石与太湖石、尧峰石并称，被誉为“吴中美石”。用巙村石雕制的砚台，世称“巙村砚”。其质地与山西绛县等地所产的陶制澄泥砚相仿，故亦称澄泥砚，被列为中国“四大名砚”之

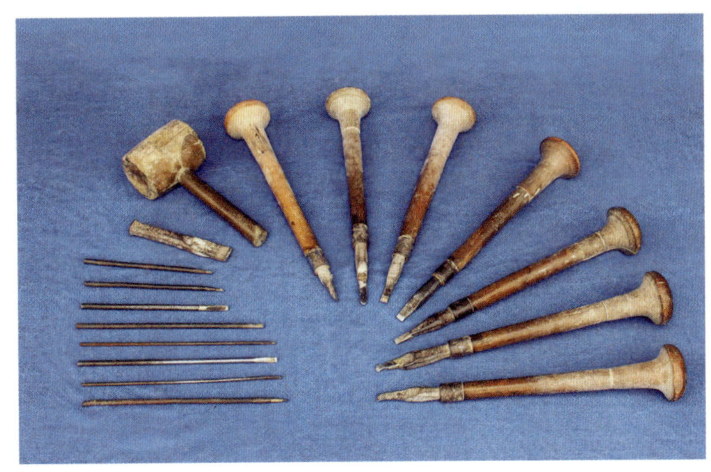

澄泥石刻工具（2006 年）

一。明洪武《苏州府志》（卷第四十二）云："吴郡砚石山……其下有巙村，石可为砚，其色赪然，发墨宜笔，佳者殆不减歙溪所产。"至明朝后期，巙村石资源减少。万历年间（1573—1620），袁宏道曾到灵岩山考察，撰文云："山下有石可为砚，其色深紫，佳者殆不减歙溪……山之得名，盖以此。然在今搜伐殆尽，石亦无复佳者矣。"（《灵岩记》）至清末民国初期，巙村石古坑已完全取尽，赵汝珍《古玩指南》云："江苏苏州灵岩巙村，最佳者有淡青、鳝鱼黄两种。今者石已取竭，并无新产，而附近之民尚有取他石以制砚，以惑世者，惟伪者多粗糙，且不发墨，以此可分真伪也。"于是移至善人桥镇西北的马冈山，取紫石为砚。苏州人俗称"砚"为"砚瓦"，马冈山故亦称砚瓦山。

马冈山页岩石材呈青灰色，石质硬度低于巙村石，以此石材雕作的砚台称为"苏砚"，多制作学生用砚，因此亦称"学生砚"。民国时期，善人桥、石码头有砚雕作坊 72 家。苏州市区吴趋坊，西中市有王仁和、吴惠芳、王同和、同仁和等砚台店，店主从善人桥、石码头采购粗加工的砚台坯料，雇用艺人雕刻成品后出售，艺人大多来自善人桥地区，用工方式有常包（长期雇用）与临时包做两种形式。时有周和尚、周荣富、钱永庆、马金泉、曹林泉、陈金男等砚雕高手，其中周和尚、马金泉、陈金男等在上海宛平路、城隍庙地段开设以周德顺、马兴记、陈源兴为商号的砚台店，生意兴隆。产品以零卖为主，主销苏、沪，还"每年运销东北数省，为额颇巨"（《善人桥区政录》），部分出口日本等国。1937 年抗日战争爆发后，砚雕业受冲击，渐趋衰落；后稍有恢复，1941 年成立石业同业公会。因战争时局不稳，加上"秘传"业规制约，至 1949 年从事制作高档澄泥砚的艺人濒临绝迹。

新中国成立后，砚雕作为藏书乡的传统副业得以保留和发展。1968 年成立藏书砚台厂（隶属藏书石料厂），在中低档苏砚的基础上，组织曹桂福、吴全根、高云男、朱继生等砚雕老艺人恢复生产传统高档澄泥砚，参照巉村砚历史资料并汲取其他名砚工艺之精华，兼容并蓄，雕刻出二龙抢珠、松鹤延龄、顽猫嬉蝶等仿古砚。80 年代初，开拓产品制作新领域——澄泥石壶，造型形神兼备，成为人们收藏的欣赏珍品。1984 年，藏书砚台厂生产砚台近 10 万方，其中外贸出口 3.76 万方。80 年代起，砚雕恢复家庭制作，从事砚雕者分布在牛场廊、汤巷廊、油车弄、张家廊、羊家场、蒋家场、钱家场、陈家岭、官山坞、茅坞里等 10 多个自然村庄。

工艺与作品 北宋米芾《砚史》曾记载巉村砚制作工艺，云："苏州褐黄石砚，理粗，发墨不渗，类夔石。土人刻成砚，以草一束烧过，为慢灰火煨之，色遂变紫，用之与不煨者一同，亦不燥"。砚台制作要经过选材、出坯、造型设计、雕刻、打光磨滑等 20 多道工序，工具有大小刻刀近 30 把，运用深浅浮雕、镂刻等技法，精雕细凿。

澄泥砚具有质地坚而不脆，细腻润而不滑，发墨快，不损毫，贮水数日不干等特点。清吕留良《天盖楼砚述》云："澄泥非泥，石质细腻而无纹，宋时已有之，其色微红者为上品，淡黄及秋香色者次之，又有一种香灰色者，其光滑之质，亦有佳处而胜于寻常者也。"清顾震涛《吴门表隐》云："巉村在灵岩山西……挖石琢砚，文有金星，不减歙、端（砚），有青、黄二种。"其品位极高，受到历代文人墨客的推崇喜爱。清代宫廷砚谱《西清砚谱》正册收录 5 方宋代巉村石砚，均有乾隆皇帝铭文。日本《东京精华砚

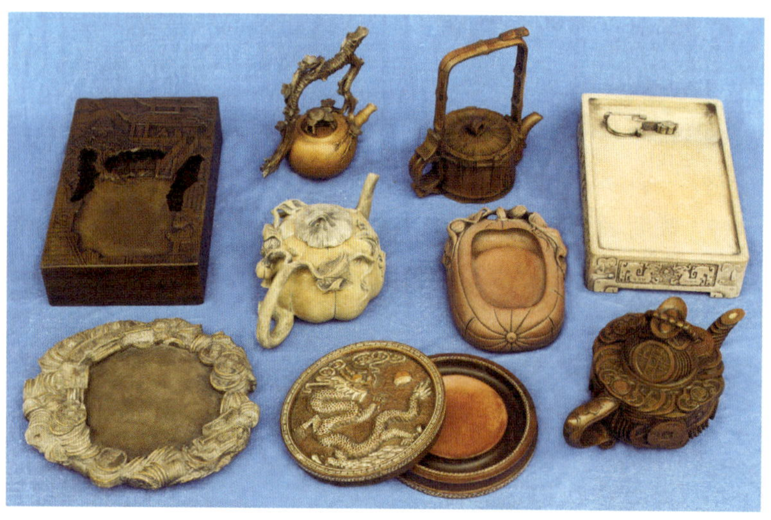

澄泥石雕产品（2006 年）

谱》认为澄泥砚是中国最美的砚石。

澄泥砚按用途可分为观赏砚（以灵岩山西巉村石制作）、实用砚（以马冈山的青紫色水域页岩制作）两大类。随着工艺不断提高，产品品种日益增多，有古朴大方的九棱砚、古瓶砚、长方回纹砚、香瓜含露砚、花瓶瑶琴砚等，有形象逼真的古钱砚、蘑菇砚、竹节砚、树桩砚等，有气势磅礴的云水八骏砚、群鸟竞飞砚、九龙戏珠砚等，有形神兼备的九龟荷叶砚、兰亭砚、蟹砚、牧牛砚、龟砚等，品种多达300余种。

澄泥石雕艺人继承创新，作品形式从单一的砚台向茶壶、仿动物雕、仿植物雕、屏风等发展。创新开发的石壶，将巉村砚雕刻工艺与陶壶设计制作技巧相结合，运用多种雕凿镂刻技法，创作出树桩壶、盘龙壶、提梁壶、八仙壶、竹节壶等100余种新品，成为澄泥石雕中的当家产品。产品远销日本、澳大利亚、菲律宾等10多个国家和中国香港、中国澳门等地区。

名家及传承人 清初，吴县顾道人工于制砚。其子顾圣之（字德邻）继承父业，所制砚皆仿古式，朴雅可玩，“即巉村常石，随意镂刻，亦必有致，自然古雅，名望于时”（《吴门表隐》，下同）。传艺于子顾启明及媳妇邹氏——顾二娘。顾启明死后，邹氏“独擅其艺者，二十余年”，技艺精湛，作品称“顾二娘砚”或“老亲娘砚”。北京故宫藏有顾二娘为黄莘田雕刻的砚台一方。民国以来，主要艺人有蔡根土、张太平、蔡兆堂、蔡锦玉、张银土、张金海等。藏书澄泥石雕技艺现有省级代表性传承人蔡金兴（江苏省工艺美术大师），区级代表性传承人有蔡云娣、许永良、陆云生、张文彪。巉村砚制作技艺有区级代表性传承人徐佩根。

石家鲃肺汤制作技艺

鲃肺汤是按古代食谱烹饪的一道苏帮菜系的著名菜肴，取鲃鱼的肝、肉，添加其他辅料经烹饪而成。木渎石家饭店传承其传统制作技艺，享誉江南。2011年6月，石家鲃肺汤制作技艺被列入江苏省第三批非物质文化遗产名录。

石家饭店，初名叙顺楼，创建于清乾隆五十五年（1790），创始人石汉。至20年代其重孙石仁安经营时，生意日隆，形成以鲃肺汤为代表、具有江南风味特色的十大名菜，被誉为“石菜”。1927年更名“石家饭店”。于右任题诗并书“鲃肺汤馆”额，李根源题“名满江南”匾，风靡一时。从此，到木渎石家饭店品尝鲃肺汤成为苏、沪美食习俗。

石家饭店制作的鲃肺汤，外观上肉如白玉、肝如象牙、汤清似露；鱼肝（鲃肺）细嫩如琼、香如凝脂，鱼汤香鲜温润、清柔雅洁。独具特色，蜚声中外，被收入《中国名菜谱》《中国名菜大典·江苏卷》《中国苏州菜》等典籍。1999年，鲃肺汤被江苏省贸易厅、江苏省烹饪协会授予“江苏名菜”称号。2006年石家饭店被商务部授予“中华老字号”称号，2008年被中国烹饪协会授予“中华餐饮名店”称号。

鲃鱼特点　鲃鱼旧称斑鱼，鱼体略呈圆筒形，体长10~12厘米，细鳞，花背，形似河豚；口小、腹大、肚白，肚有小刺，鱼背呈绿色带黑色花纹，鱼肚洁白，如果对着鲃鱼嘴吹气，鱼肚皮会膨胀起来，犹如白色的气球，因而亦称为“泡泡鱼”“巴巴鱼”。鲃鱼靠鳃呼吸，并没有肺，肝相对较大，且细腻柔嫩。因此，鲃肺汤实际上是用鲃鱼肝为主料烹制而成，故亦称“斑肝汤”。其蛋白质含量高，脂肪含量低，还富含硒、锌等多种微量元素。味甘，性热，具有补肾壮阳，温中补虚功效，宜于脾胃虚寒，脘腹冷痛，脾肾阳虚。

秋季桂花时节，鲃鱼在太湖一带形成鱼汛，花谢则去无踪影。《调鼎集》记载，鲃鱼“七月有，十月止”。民间食鲃鱼的历史悠久，吴歌《十二月鱼谚》有“八月斑鱼，要吃肝”。《随园食单补正》云：鲃鱼“肝吴人谓之斑肺，鲜嫩之至”。苏州有“秋时享福吃斑肝”民谚。清朱彝尊《食宪鸿秘》记载挑拣鲃鱼、剥皮去杂及腌制鲃肝和烹制方法，并有《斑鱼三十韵》诗。清袁枚《随园食单》“斑鱼”条云：“斑鱼最嫩，剥皮去秽，分肝、肉两种，以鸡汤煨之”。

技艺与流程

鲃肺汤是以鲃鱼肝为主料，配以辅料烹制而成的菜肴。制作技艺有原料选择、原料预制、清汤吊制、鲃肺汤烹制等流程。要运用选、剥、拣、分、浸、洗、刷、沥、剖、片、切、撇、烧、焐、观、摸、尝、闻、氽、调、淋、澄、冷等数十种技艺。通过眼看、手摸、鼻闻、口尝等感观评判技术，对原料、辅料、火候、温度、成熟度、滋味等进行评判和控制。

鲃鱼（2017 年）

鲃肺汤（2016 年）

鲃肺汤制作原料除主料鲃鱼外，辅料有鲫鱼、昂刺鱼、鳝骨、黑鱼、河虾、河蟹（以上水产用于吊熬汤）、冬菇、香菇、蘑菇、松蕈、火腿、鸡油、冬笋、绿叶蔬菜、鸡油、胡葱、白胡椒粉、料酒、生姜、食盐等。原料选择、清汤吊制、美食流程，被称为鲃肺汤制作的“三绝”。

鲃鱼挑选 鲃鱼的大小、形状、花纹等与一龄河豚相仿，河豚有毒而鲃鱼无毒，因此《调鼎集》有鲃鱼“束腰者有毒”的记载。正确选择鲃鱼是至关重要的第一步。鲃鱼选择规格为身长 6 厘米左右，胸径（未鼓气时）6 厘米左右，重 0.15~0.175 千克。外观特征为背色带翠绿，条纹均匀；鳍翅皮色呈暗黑色，胸鳍有小点，呈暗黑色；嘴较小，口腔内有齿上下各两对，尾带红色，肚白，受外界侵害会鼓气膨胀成圆球。采购后放在清水静养 24 小时，以去除泥腥味。然后是剥皮、取肝、取肉、片肉、抹盐、初腌等工序流程。

清汤吊制 主要应用苏帮菜烹饪技艺中的煨功。制汤需用多种水产原料进行煨制，并须四五个小时，最后的汤色要求清而不浊，汤味鲜而不腻。为了保持菜肴的清纯，烹饪有“三加三撇”的技艺要求。盛汤有“加底粉”“加底油”等要求。

美食品味 讲究“一个原则”和“四个步骤”。“一个原则”即热汤冷肝。在品尝鲃肺汤时，鱼汤热吃，肝冷后吃。汤冷后，腥味会增加，香鲜味会减少。肝冷后，则鱼香、肝香、脂香，韵味悠长。“四个步骤”即置、赏、品、味。将鱼肝从热汤中取出放在净碗中，肝圆面朝上放置，等待冷却。欣赏鱼肝在冷却的过程中的变化，鱼肝的表面会逐渐形成水珠、油珠，俗称“出汗”。吃的时候要用嘴“抿”，感受鱼肝的细腻、鲜嫩，体味鱼肝在口、鼻腔中产生的香味，特别是经久不散的香气。

谱系及传承人 石家鲃肺汤制作技艺以师傅带徒弟的方式传承。传承谱系：石汉（创始人）、石仁安、蒋阿三、汤尚义、庄昌利、居永泉、朱志杰、盛军、施恩、邹巍。

乾生元枣泥麻饼制作技艺

乾生元枣泥麻饼是著名“苏式”糕点之一，制作技艺独特。2011 年 9 月，乾生元枣泥麻饼制作技艺被列入江苏省第三批非物质文化遗产名录。

乾生元始创于清乾隆四十六年（1781），初名费萃泰。当时木渎有“乔酒、石饭、费麻饼”和“虹茶石饭唐点心，冷烟乔酒费麻饼”之说。清光绪七年（1881），商人蒋富堂盘下费萃泰，更名乾生元。新中国成立前，由沈新三等人合股，更名乾生元益记。1956 年公私合营，乾生元、春乾元、康乐、采芝村、一合兴等麻饼、茶食、炒货店合并为乾生元糕饼工场，复名乾生元，隶属国营商业吴县木渎办事处。60 年代，乾生元麻饼工场改名乾生元食品厂。2000 年，转制为民营企业，更名为苏州乾生元食品有限公司。2006 年，乾生元被商务部评定为首批“中华老字号”。

原料与特色　乾生元枣泥麻饼形如满月，色泽金黄，具有入口香甜，甜而不腻，香而不焦，油不外溢，松脆可口等特色，深受顾客喜爱。《姑苏食话》记载：“凡游山入湖，途经木渎，必买几筒枣泥麻饼归去，作为土宜，馈赠亲友。”金孟远《吴门新竹枝词》云：“春来一别几回肠，遗尔琼瑶湘竹筐。今日张盘无别物，枣泥麻饼脆松糖。”

枣泥麻饼（2008 年）

乾生元枣泥麻饼以乌枣泥为主要馅心，添加玫瑰花酱、核桃仁、瓜子仁等多种原料。制作有原料选择、原料预制、皮馅制作、成形烘烤等工艺流程；运用选、筛、洗、剪、敲、蒸、炒、剥、切、剁、调、捣、搅、拌、腌、醒、擀、压、拍、揉、包、整、洒、颠、刷、烘等几十道手工技艺，通过手捏、耳听、鼻闻、眼看、口尝等感观评判技术，判断产品在制作过程中的生物、理化变化状，从而对产品生产和产品品质进行有效控制。

乾生元枣泥麻饼原料，可分为瓜果类、花果类、蛋畜类、调和类、粮食类、发酵类6大类10多种。瓜果类有乌枣、核桃仁、松子仁、西瓜子、乌枣、梅子；花果类有玫瑰花、桂花、芝麻；蛋畜类有鸡蛋、猪板油；调和类有菜籽油、饴糖、绵白糖；粮食类有面粉；发酵类有酵母、碱水。

技艺与流程

主要制作技艺有制馅、面皮、包馅、成形、擀压、上麻、烘烤等流程。

制馅　按各类原料在馅中的比例，逐一加放，以黑枣泥为基料，和入核桃仁、松子仁、瓜子仁、玫瑰花酱、绵白糖等，最后加入油脂。手工搅和30分钟，直到馅料起劲，搅拌均匀，油脂透润。馅在枣泥麻饼中的用料占70%。

面皮　以小麦粉为基料，加入鸡蛋、饴糖、菜油、猪油等原料，拌入酵母、发酵剂，充分糅合后醒发2个小时左右，直到手摸不黏，按拉有弹性，拍击有嘭嘭响声，外观色光亮时，方可使用。面皮在枣麻饼中使用的分量占30%。

包馅　取适量面皮，擀成圆形面饼备用，取适量馅心和成圆团，然后用面包馅，再压入蜜好的猪板油，捏封无漏馅即可。

成形　用手先把包好馅心的面团压扁，然后用擀杖擀压成薄圆饼，不时用双手整形，以保持外观一致。

擀压　用擀面杖擀压成不同规格厚的薄饼。在擀压的同时旋转面皮，形成圆形轮廓。再用手进行搓圆，直到达到规定的规格尺寸。要求做到外形圆整，形态均一，无漏馅，皮馅到边，分布均匀。

上麻　在平底竹匾内放适量的白芝麻，将成形的圆饼放在匾下，边推动竹匾，边用竹帚洒入适量洁净清水，使面饼表面微湿，芝麻易沾上。一面沾上芝麻后，再翻转进行另一面上麻。同时要经常用刷子轻轻刷去饼面多余的芝麻。将上好芝麻的面饼再整形，进行滚边，使边缘平整。

烘烤　将上好芝麻的面饼进行烘烤。传统烘烤使用敞口瓦盆，内燃木炭，上放置浅口平底铁锅进行烘烤。现使用摇篮炉在炉膛内不停慢速旋转，烘烤5~10分钟，麻饼侧面开花，略呈金黄色，烘烤完成。

谱系及传承人 乾生元枣泥麻饼制作技艺以师傅带徒弟的方式传承。第一代周大男、朱陈三、罗阿兴，第二代金忠麟、曹炳元、贾东栋、胡望祖、蒋洪泰，第三代韦昌伦、许定明、郑勤、盛旦华，第四代李春燕、孙桂庭。

木渎十番表演技艺

堂名是流行于江南的民间音乐班社，以坐唱昆剧折子戏和演奏十番音乐为主要特色。民国时期，木渎地区堂名有福寿堂、荣华堂、合和堂、鸿和堂等，传承至今仅存合和堂。合和堂艺人演奏的十番音乐，简称“木渎十番”，分为十番锣鼓、吹打两类。2015 年 11 月，木渎十番表演技艺被列入江苏省第四批非物质文化遗产名录。

十番锣鼓 俗称锣鼓、十番，又称十样锦、十弗闲等。明沈德符《万历野获编》云：“所谓十样锦者，鼓、笛、锣、板、大小钲、钹之属，齐声振响，亦起近年，吴人尤尚之。”清叶梦珠《阅世编》载：“吴中新乐，弦索之外又有十不闲，俗讹称十番，又曰十样锦。其器仅九：鼓、笛、木鱼、板、拨钹、小铙、大铙、大锣、当锣。人各执一器，唯木鱼、板以一人兼施二色。”

十番锣鼓奏于演唱折子戏前后，有“清锣鼓”“丝竹锣鼓”之分。清锣鼓，俗称素锣鼓，只用打击乐器演奏，又分粗锣鼓、细锣鼓两种，前者用绰板、小木鱼、单堂、单皮、大锣、戏锣、大小齐钹等乐器，代表性曲目如《粗旺》等；后者除上述乐器外，加马锣、春锣、七冒、双磬、汤锣、扑钹。丝竹锣鼓，俗称荤锣鼓，打击乐外还要加丝竹乐器。管弦乐器和打击乐器更番演奏，可分笛吹锣鼓、笙吹锣鼓、粗细丝竹锣鼓三种。以曲笛为主奏加粗锣鼓的是笛吹锣鼓，如《喜遇元宵》等，偶尔也有用细锣鼓者，如《小如意》等。以笙为主奏加上细锣鼓的是笙吹锣鼓，如《寿亭侯》，亦有用粗锣鼓者，如《阴送》。粗细丝竹锣鼓，俗称“鸳鸯拍”。“粗”指大、小唢呐及曲笛；“细”指笙吹锣鼓的乐器编制。其丝竹乐段由粗、细丝竹更番演奏。锣鼓部分用细锣鼓者如《十八

十番乐器（2015 年）

拍》，用粗锣鼓者如《花四合》等。

十番锣鼓的传统曲目有《粗旺》《喜元宵》《下西风》《万花灯》《阴送》《寿亭侯》《香袋》《十八拍》《大红袍》《龙船》《翠凤毛》《花信封》《四时景》等。

十番吹打 为增添喜庆欢乐气氛、迎送宾客时演奏，分粗吹、细吹两类，前者用大唢呐一对为主奏，不用弦乐器，有时加长尖及号筒。其中打击乐器必备的有单堂、小齐钹、汤锣，还有兴锣、汪锣、大锣等。后者以曲笛主奏，加丝竹乐如箫、管、笙、曲弦、琵琶、双磬、提琴、胡琴等，有时也用小唢呐。打击乐器除粗吹所用者外还有点鼓、春锣、云锣、小木鱼，不用大锣。

木渎十番演出（2017 年）

十番吹打的传统曲目有《将军令》《普天乐》《山坡羊》（以上为开场演奏，俗称“三响头”）以及《一枝花》《月儿高》《春日景和》《傍妆台》《雁儿落》《到春来》《水龙吟》《大开门》《小开门》《汉东山》《朝天子》《迎仙客》等。

木渎十番演奏所用乐器分管弦乐器、打击乐器两类。管弦乐器有曲笛、闷笛、箫、管、笙、大唢呐、小唢呐、长尖、号筒、曲弦、双磬、琵琶、提琴、南方板胡、二胡共15种。打击乐器有单皮、单堂、点鼓、绰板、小木鱼、双磬、大锣、马锣、春锣、戏锣、汤锣、七冒、汪锣、兴锣、云锣、大齐钹、扑钹、小齐钹18种。

合和堂活动于木渎藏书及其周边地区，每年演出约40场。2010年11月9日，代表苏州民族民间音乐班社参加在苏州举行的“两岸三地民族音乐学论坛”，演出十番锣鼓曲目《十八拍》等，被誉为“遗世之音”。次年5月，参加吴中区非物质文化遗产展演。

谱系及传承人 合和堂创立于清同治初年，创始人许义田、孙云庭，设于木渎镇白果巷口。传承谱系：许义田、许阿三、许云南；孙云庭、孙耕堂、孙锦涛、孙长卿、孙根大、顾再欣，其中顾再欣现为该项目市级“非遗”代表性传承人。

吴氏疔疗诊治技术

吴氏疔疗，亦称吴氏疔科，因木渎山塘街吴家世代中医疔科而得名。2016年1月，吴氏疔疗诊治技艺被列入江苏省第四批省级非物质文化遗产名录。

疔是皮肤炭疽及急性淋巴管炎，是一种发病迅速、危险性较大的急性感染性疾病。《外科正宗·疔疮论》云：“夫疔疮者，乃外科迅速之病也。有朝发夕死，随发随死。”名称繁多，症因各异，按照发病部位和性质不同，分为颜面部疔疮、手足部疔疮、红丝疔、烂疔、疫疔5种。

创立与传承 吴氏疔疗诊治创始于清乾嘉年间（1736—1820）。据《吴县文史资料》

第六辑《民间良医吴氏疔科》记载："吴县木渎镇吴氏疔科，专门医治疔疮，疗效显著。"相传，清代乾嘉年间，木渎山塘街李姓医生娶了位吴家姑娘，吴家世代中医疔科，过门后新人便挂"吴氏疔科"招牌行医。旧时春末夏初季节，为农村疔疮高发期，吴氏为患者逐个诊治，药到病除，无不立即奏效，声名渐著。此后，就以女性主持治疗，婆逝媳继，世代相传，闻名远近。

民国时期，时吴氏疔科传人为吴金秀。曾有位北方老人带着一位十七八岁的青年，不远千里而来，登门要求吴金秀传授治疗技术。虽然来者诚心，但碍于家规，吴氏疔疗技术不传外人，婉言谢绝。民国初期，吴江有位叫马恭福的患者，生疔疮已经走黄，群医束手无策，生命危在旦夕，急忙雇快船到木渎，找到吴氏疔科求医。吴金秀精心治疗，其病便渐渐痊愈。为感谢救命之恩，马恭福雇请一支乐队，从吴江一路吹打来到木渎，送上"仁心仁术"匾。

方法和步骤

吴氏疔疗具较完整的治疗理论体系，疔疮的治疗方法和步骤如下：

望诊 通过中医的望诊观察病人形体、面色、舌体、舌苔，根据形色变化确定病位、病性，初步确定病人的患病天数、病情变化。

问诊 采用对话方式，向病人及其知情者查询疾病的发生、发展情况和现在症状、治疗经过等，以诊断疾病的变化与发展。

脉诊 脉象的形成与脏腑气血密切相关，若脏腑气血发生病变，血脉运行就会受到影响，脉象就有变化。通过脉诊，可推断疾病的进退预后。

配方 针对不同的病人、不同的疔疮和皮肤疾病，调配不同配方的中药，对症下药，有的放矢。

配药 根据不同的配方选取相应的药物，经过一系列加工处理制作成成药。

药膏 针对不同类型的疔疮，用独特配方配制成外用药膏。

药捻 对于病情严重的病人还需要制备药捻。药捻是指带药的纸捻或纱布条，中医外科治疗时用来放入伤口或疮口内。

吴氏疔疗诊治技艺运用中医中药治疗，具有痛苦小、疗效好、见效快、花费少等特点。

谱系及传承人 木渎吴氏疔科自清朝开创，至民国年间吴金秀（1868—1939）已是第四代。吴金秀 17 岁时婆母去世，她即接承家业行医，治疗疔疮 55 年。第五代传人吴

吴氏疔疮传人正在研究配药（2006年）

志云（1910—2001），第六代传人李永熙和孙莲珍，第七代传人李路，第八代传人李啸。其中李永熙现为苏州市级“非遗”代表性传承人，李啸现为吴中区级“非遗”代表性传承人。

穹窿山上真观庙会仪式

穹窿山上真观庙会，始兴于清顺治七年（1650）。1966年“文化大革命”开始后中断，1991年恢复。上真观庙会最大的文化价值，在于它比较完整地保存并传承了道教“穹窿山派”的仪式及其音乐，2011年被列入吴中区非物质文化遗产名录。

日期与区域　穹窿山上真观有多个庙会，其中有影响的是农历正月初九“天生日”和六月二十四“雷祖生日”庙会。清顾禄《清嘉录》有“穹窿山斋天”记载：“正月九日为玉皇诞辰，玄妙观道侣设道场于弥罗宝阁，名曰斋天，酬愿者骈集，或有赴穹窿上真观烧香者。”蔡云《吴歈》云：“七日为人八日谷，谁祈人寿谷丰登。惯闻九日朝天去，香市穹窿第一层。”六月二十四庙会尤其著名，声播遐迩。庙会二十二至二十四为期三天，时四面八方的信众上山进观烧香。

庙会以穹窿山为中心，香山、胥口、善人桥、光福、木渎等周边地区，家家扶老携幼，全家参与，吴江、昆山、常熟、无锡、江阴、常州、南京、苏北及上海、浙江等地香客亦纷纷前往。凌晨三四点钟，人们就陆续到上真观进香祈祷。太湖船帮则打鼓敲锣，吹着唢呐，抬着猪头、水果、糕点等供品到上真观天妃殿，祭拜主管水上安全航行的妈祖，祈祷外出打鱼平安归来。周边乡村的善男信女纷纷到上真观吃“雷斋素”，祈祷雷祖大帝保佑全家平安，无病无灾。

庙会期间，山下村民纷纷上山打杂差，或搞运输，或当向导；还有出售土特产，如穹窿山蕨菜、小竹笋、灵芝、乌米饭及车木玩具、澄泥砚台、澄泥石壶、折扇、绣品、盆景等。香客则自发组织腰鼓队、歌唱队，在上真观山门口广场进行扭秧歌、打莲湘、挑花担、舞龙灯等表演活动。游人香客云集，摊贩漫山遍野，苏式糖果、糕饼、腌金花菜、甘蔗等小吃应有尽有，山上观里，人头攒动，热闹非凡。三天庙会期间，香客可达数万人。

上真观庙会活动（2017 年）

做法事仪式（2017 年）

斋醮仪式 庙会期间，上真观道长和高功法师将进行隆重的道教斋醮仪式，活动主要内容有祈福谢恩、祛病延寿、集福延生、解厄消灾、祝寿庆贺等，为善男信女带来祖师的庇护，保佑大家幸福康宁，恭祝国泰民安、风调雨顺。

斋醮仪式分为发送文书和章表两部分，主要方法与形式有诵、咒、祷、诀、罡、步、赞、礼、表等种类。醮仪法事有独唱（诵）、独奏、领唱（诵）、领奏、齐唱（诵）、齐奏、合唱（诵）、合奏，并融入吴地戏曲、民间音乐，结构完整，形式多样，表演丰富，音乐完美，风格独特，在全国道教音乐中独树一帜。另有存想、运讳、叩齿、集神等修功方式。

斋醮仪式器具及用品

斋醮仪式要搭建斋坛，准备相应的器具和用品。

供器 香炉、烛台、花瓶、香筒等。

供品 香、烛、花、灯、水、果等。

法器 朝简（圭简）、如意、玉册、玉印、法剑、令旗、令箭、令牌、法尺、镇坛木，以及铙、锣、铛、镲、鼓、铃、螺、磬等。

其他 幢幡、符简、章纸、法水、手炉、毛笔等。

谱系及传承人 清初，施亮生开创“穹窿山派”。凡天师门下受职者，按施亮生所作“道守得元真，神全体自灵；三仙垂救度，四海尽飞升”偈语作为谱系传承字辈。第13 代道长觉得“救度”“尽飞升”不太吉利，将后两句改为“三仙垂觉悟，四维永清宁”。现已传至“维”字辈，但有人仍以“海”字辈自称。

穹窿山乌米饭制作技艺

木渎丘陵地区多南烛树（俗称乌饭树），善人桥、穹窿山一带有制作乌米饭、吃乌米饭的传统习俗。2011 年，木渎吴珍堂的穹窿山乌米饭制作技艺入选吴中区非物质文化遗产名录。

习俗由来 乌米饭亦称青精饭、黑饭，吴语"乌米"与"阿弥"读音相同，故亦作"阿弥饭"。原先为道家食品，唐陆龟蒙《道室书事》有"乌饭新炊芼臛香，道家斋日以为常"的诗句。宋代，佛门僧尼将乌米饭作为斋食，尤其是农历四月初八浴佛节（相传为佛祖释迦牟尼生日），佛教徒以乌米饭供佛。宋葛胜仲《四月八日蒙文饷黑饭》诗描绘浴佛节食用乌米饭情景，曾有"点漆饭蒙清净供"之句。明李时珍《本草纲目》云："此饭乃仙家服食之法，而今释家多于四月八日造之，以供佛。"清乾隆《吴县志》有"僧家以乌叶染米，作黑饭赠人"的记载。

吴地人吃乌米饭的历史悠久，清《清嘉录》《吴郡岁华纪丽》分别记载吴地乌米饭食俗的由来与食法。至清末，乌米饭成为百姓户户皆食的时令食品。

食材与功效 乌米饭的主要原料是糯米和南烛树叶。南烛树古名杨桐，俗名乌饭树，属杜鹃科常绿灌木，叶草质，椭圆状卵形，新叶鲜红，老叶深绿。总状花序腋生，花冠白色。浆果球形，成熟时紫黑色。亦可用乌桕树叶、枫叶。明方以智《通雅·饮食》云：乌米饭"今释家四月八（日）作，或以乌柏（叶），或以枫（叶）"。

南烛树叶（2017 年）

乌米饭由糯米加南烛树叶汁，再加上少许"野枫香"汁烧煮而成，呈乌黑色，油光发亮，香气扑鼻，令人垂涎。

乌米饭（2017 年）

乌米饭具有补益脾肾、止咳、安神、明目、乌发的功效。据《本草纲目》等记载，南烛树益须发及容颜，兼补暖；又祛风疾，久服轻身明目，黑发驻颜。乌桕树的根皮及叶入药，有消肿解毒、利尿泻下之效。现代科学检测，乌米饭含有 17 种氨基酸和硒、磷、钙、铜、花青素等营养元素 30 多种，尤适宜体质衰弱者食疗调补。

方法与步骤 乌米饭古今的制作方法不尽相同。古代做乌米饭先将米（多用粳米）蒸熟、晒干，再浸南烛树叶汁，复浸、复蒸、复晒 9 次，所谓“九浸九蒸九曝”，成品米粒坚硬，可久贮远携，再用沸水泡食。现代乌米饭，当天做，当天吃，不需“九蒸九曝”。做法是采摘南烛树叶洗净，舂烂沥汁，倒入糯米浸泡，待米呈墨绿色捞出略晾；再将青汁入锅煮沸，投米下锅煮饭，熟后饭色青绿，气味清香。

具体步骤是从采摘的南烛树叶中捡又嫩又红的叶片，洗干净，晾干水分，去除根茎；用刀把南烛树叶切细后放入盆或罐中，戴上手套用力揉（或用木棍捣），直至叶子搓烂即可；搓烂的叶子中放入适量水，浸泡两小时左右；用滤网过滤（器皿里的就是制作乌米饭的汁水），到第二天澄清后再用。若在南烛树叶中加些青枫嫩叶更佳。将糯米淘洗干净、漂清，放入乌米汁水（与平时煮饭一样的水量），浸泡 10 小时许。烧制乌米饭最好用瓦罐，烧出的乌米饭醇香馥郁。现在多用铁锅，在锅底扣上一只瓷碗或瓷盆以防止烧焦。烧开后，用文火慢焐，待锅内飘出香气，稍焖片刻即可食用，加上少许食糖。这样的乌米饭清香扑鼻，油亮乌黑，甜糯滑润。

乌米饭已成为食客喜爱的食品，木渎吴珍堂开发出不少延伸产品，并采用真空包装。中国中央电视台《舌尖上的中国 2》《走遍中国》栏目等多家媒体曾予以报道。

传承人 穹窿山乌米饭制作技艺现有区级“非遗”传承人郁佩玲、方伟锋。

苏绣盘金绣技法

木渎是苏州刺绣（以下简称“苏绣”）重要的生产基地之一，历史悠久。2006 年 5 月，苏绣被列入首批国家级非物质文化遗产名录。盘金绣是苏绣技艺中的一种，2014 年，木渎的苏绣盘金绣技法入选吴中区非物质文化遗产代表性项目名录。

刺绣流程 刺绣生产主要以家庭为主，以妇女为主。绣工至刺绣发放站（旧时称绣庄）领取绸缎面子与丝线（俗称花线），拿回家中刺绣：有时刺绣发放站为了招揽生意，会主动派人到农村挨家挨户推销。绣完成品，送交刺绣发放站，发放站工作人员当场检验绣品质量，按绣工巧拙、绣品工艺高低而评定等第，然后按质付给工钱。

盘金绣工艺流程：设计绣稿（画稿，或国画、油画、照片）、上稿（根据绣稿题材与内容，选用相应质地的底料）、勾稿（复制出黑白单线的轮廓稿）、上绷（将底料安置到绷架上）、勾绷（将勾稿用细针钉在底料反面，再用铅笔或毛笔在底料上将线稿勾画出来）、配线（按绣稿的色彩，选配所需的色线）、刺绣（根据画稿图案绣制）、落绷

盘金绣技艺指导（2016 年）

（绣完后从绷架上取下）、装裱（根据不同需要进行装裱）等。

工具与针法 生产工具有绷架、绷凳、绣针、搁手板、面料、绷布、绷嵌条、线、剪刀等。

盘金绣即在一般刺绣结束后，再在图案上及其四周运用金线绣制，后发展为多彩线绣制。针法有平金绣、刻鳞绣、网绣、擞和针画绣、戳纱面绣等。

品种与特色 盘金绣主要用于服饰。从明代起，盘金绣绣品成为皇家御用品种，主要用于龙袍、腰带等制作；龙袍最多有 9 条长龙，全用真金线盘绣而成，盘金绣因此得名。普通的民间绣品主要是民俗服饰，如婚庆礼服等，绣有莲、菱、鱼、鸳鸯等图案，具有浓郁的江南水乡生活气息。盘金绣继承传统苏绣技艺，融入粤绣饱满构图、色彩富丽的风格和纹理清晰、针法善变的特色，作品构图细腻、清雅，表现恢宏大气，风格独特。

名家及传承人 刺绣是木渎重要的传统产业，绣妇心灵手巧，聪明勤劳，起早贪黑，曾涌现沈寿、沈立、顾文霞、李娥英等大师名家。盘金绣传承谱系：林招大、林夫金、林多妹，其中林多妹现为该项目区级“非遗”代表性传承人。

苏州碑刻技艺

木渎是“苏派”碑刻技艺的主要发源地和生产地之一。2014 年 12 月，木渎弘戈堂碑刻艺术工作室的苏州碑刻碑拓技艺被列入吴中区非物质文化遗产代表性项目名录。

在印刷技术产生之前，碑刻是传播文化、传承文化的重要载体，是最早的印刷术模板。经历战争、自然灾害、动乱等劫难，能较好传承文化的载体要数碑刻。碑刻主要指人们利用天然的石材资源，将人类发明的文字和图画信息记录于石材上的过程。技艺古老而现实，至今仍在人类文化传播、艺术传播中发挥作用。

苏派碑刻源远流长，技艺精湛，至今苏州碑刻博物馆内保存《天文图》《地理图》

《帝王绍运图》《平江图》"四大宋碑"。木渎是苏派碑刻重要的发源地和生产地，灵岩山下保存至今的宋韩世忠墓巨碑，碑文多达近 1.4 万字，雕刻精美。明清时期，以金山石碑刻为主，成为全国四大石雕之乡之一。清末民国初期，苏州碑刻非常鼎盛，以吴昌硕弟子周梅谷最为出色，曾篆刻孙中山《国民政府建国大纲》。

碑刻与石雕工艺不完全相同，碑刻者要求具有较高的文化素养，尤其是书画素养。1991 年，木渎艺人戈春男创办弘戈堂碑刻艺术工作室，成为专门从事艺术碑刻设计制作的生产场所，秉承"笃实耕耘，精雕细琢"的工匠精神，追求品质第一。2009 年，弘戈堂碑刻艺术工作室被苏州碑刻博物馆确定为非物质文化遗产碑刻技艺传承基地。

碑刻种类 碑刻种类众多，按材料质地分为青石（石灰石）、金山石（花岗石）、大理石；按用途功能分为书法、绘画、佛经及墓志铭、墓碑、纪念碑、桥名、桥联、摩崖石刻等。

材料及工具 碑材石料主要有青石、金山石、大理石，工具有锤子、锤板（各种重量）、刻刀（各种型号）。

技艺流程 有选材（挑选天然石材）、做坯（切割造型）、磨石（将石材磨平）、成材（按不同规格要求做成碑材）、上样（将书法文字或图画复制到碑材上）、雕刻、上色、安装等。

代表作品 寒山寺"中华第一诗碑"，由戈春男弘戈堂碑刻艺术工作室制作。碑总

碑刻制作（2017 年）

寒山寺“中华第一诗碑”（2008 年）

高 15.86 米。其中，碑座高 2 米，上沿宽 7.1 米、下沿宽 7.2 米，上沿厚 2.6 米、下沿厚 2.84 米；碑身高 10.22 米、宽 5.32 米、厚 1.28 米；碑帽高 3.64 米、宽 5.5 米、厚 1.48 米。青石材质，重 388 多吨。正面镌刻清代俞樾书唐代张继《枫桥夜泊》诗，背面镌刻清乾隆皇帝手书《金刚般若波罗蜜经》，全文 5000 多字。诗碑石料采自山东嘉祥，2008 年刻成。诗碑被上海大世界吉尼斯总部确认为“中华第一诗碑”。

谱系及传承人　碑刻技艺的传承主要是以师傅带徒弟的方式。苏派碑刻传承谱系：第一代吴昌硕，第二代周梅谷，第三代钱荣初，第四代时忠德，第五代戈春男，第六代戈红伟、张弘、戈春伟、郁求林、柳龙南、戈继伟、王义德等，其中戈春男现为该项目区级“非遗”代表性传承人。

风土民情

木渎山水秀丽，风物清嘉，百姓勤劳朴实，民风平和敦厚。在漫长的岁月中，形成了许多独特的地域民俗文化。岁时节令、婚丧喜庆等习俗内容丰富多彩，成为百姓喜闻乐见的文化样式。年初一进寺庙烧头香、中秋节灵岩山走月亮、深秋天平山看红枫、重阳节贺九岭及穹窿山登高等习俗，更充满人文气息，寄托着百姓追求美好生活的愿望。

新中国成立后，随着科学的发展，经济的提升，文化水平的提高，整个社会文明显著进步，许多陈俗陋习逐渐被革除淘汰。80年代起，传统风物及相关习俗得到充分重视和发掘，其中鲃肺汤、枣泥麻饼、上真观庙会、乌米饭分别被列为省、市、区非物质文化遗产。崇文重教，敬老爱幼，助人为乐，追求优美环境和注意健康养生，如今已成为社会新风尚。

特产美食

木渎的特产美食，丰富多样，其中鲃肺汤、枣泥麻饼、乌米饭、灵岩山寺素斋面尤其著名。

梅花糕　海棠糕　因糕形似梅花、海棠花而得名，为木渎特色风味小吃之一。梅花糕、海棠糕制作精良，外层是面粉皮，里面是豆沙馅，上面点缀果丝、瓜仁、芝麻等，五色纷呈，表面撒着饴糖。在特制的模具中烘烤而成，色呈紫酱红，香甜且软，适宜热食。

腌金花菜　金花菜属豆科植物，嫩茎叶，又名黄花苜蓿、刺苜蓿、草头。茎平卧或倾斜之出复叶，有野生，亦有栽培。木渎百姓采摘其嫩苗腌制，称腌金花菜。原料配方讲究，金花菜 5000 克、盐 600 克、茴香 100 克、花椒 100 克。腌金花菜颜色金黄，香气扑鼻，味道鲜美。卖腌金花菜者多为中老年妇女，在古镇街头巷尾叫卖："阿要买腌金花菜——"声音悠扬。卖时用一小方白纸递给买者，夹上一筷子腌金花莱，再洒上些许甘草粉末。

粽子糖　因其形状如粽子而得名。采用蔗糖，配以玫瑰花、饴糖、松仁而制成。木渎"秦隆昌"生产松仁粽子糖，始于清同治年间（1862—1874），现已传承至第四代传人秦洽兴。"秦隆昌"松仁粽子糖，选材讲究，做工地道，糖体外形美观，油光坚硬，晶莹透亮，能清晰看见玫瑰花、松子仁均匀地散布在糖体内，食之甘润，鲜酥可口，伴有松仁和玫瑰的清香，回味无穷。

灵岩素斋面　灵岩山寺素斋面久负盛名。选用上等面粉，加上钙水，用制面机制成。采用大汤锅下面方式，软硬适中，有咬劲。灵岩山上松树底下出产一种松花蕈，俗称塘蕈。取鲜蕈，用上等酱油、菜油一同煎熬成"蕈油"，勾兑面汤；面浇头素什锦，有香菇、黑木耳、豆干、扁尖（又名扁尖笋，苏州话叫扁节，也有人称其焐熄）、黄豆芽，色香味俱佳。

岁时节令

春节 正月初一，木渎百姓有到灵岩山、穹窿山、五峰山等寺观烧头香的习俗。人们为争头香，子时即出门上山，日出时山上已是人山人海。初一黎明放鞭炮，以求开门大吉。全家人着装新衣，见人贺喜。是日，不扫地，不洗衣。初二开始走亲戚“吃年酒”，亲戚朋友互相邀饮。初五迎财神，天未明，鞭炮声已响彻云霄，有“迎财接神争个先，先接先到”之说，可带来好运，称作“接路头”。

元宵节 正月十五为元宵节，也称上元节。是日，民间传统要吃团子，寓意团圆吉祥。团子用糯米粉制成，搓成圆子，添加桂花、白糖煮食，香甜不腻。

清明节 是日，人们为已故家人选墓地，进行安葬；或上祖坟祭扫，烧香点烛，焚烧纸钱，放上荤素菜、水果、青团子等供品。清明节的前一天与后一天被称为“浪荡

迎春节写春联（2017 年）

元宵节猜灯谜（2017 年）

端午买艾草（2013年）

端午节小孩穿老虎衣（2013年）

日”，不能上坟，否则会出“浪荡子”。当日在家里摆桌祭祖，供酒菜、香烛等祭品，供敬祖先，称“过清明节”。清明节春暖花开，结伴出游，称为“踏春”。现在许多人选择在凭吊先人的同时，到郊野游玩一番，感受春天气息。木渎公墓众多，上海苏州等地城里人扫墓祭祖后，顺便到天平山、灵岩山、穹窿山、天池山、木渎古镇踏青游玩。清明时节吃青团、马兰头、枸杞头（即枸杞的嫩梢、嫩叶）、螺蛳为时尚，民间有“清明螺赛白乌龟（白鹅）”之说。

立夏　立夏日吃酒酿、粽子、咸鸭蛋，尝鲜笋、蚕豆。小孩在颈上挂一只用线编织的“蛋络子”，内放咸鸭蛋一个，吃了能“滚”（意同混）过夏天，不生病。家中小孩子则要称重量，叫“称人”。还要吃猪头肉，有“立夏吃猪头肉，夏日不疰夏”之说。

端午节　农历五月初五为端阳节，旧时百姓在胥江观看龙舟竞渡，纪念吴国功臣伍子胥。木渎有吃粽子、挂艾草、菖蒲、大蒜、挂香包（袋）和吃“五黄”（黄鱼、黄瓜、黄鳝、鸭蛋黄、雄黄酒）的习俗。如将艾草悬挂在门上及床头，驱邪避毒。将驱虫消毒中草药和大蒜制成香包（袋），戴在小孩身上，驱瘟散毒。还有以铜钱编成虎头形，挂在小儿胸前，以示其勇猛，称“老虎头”。小儿肚兜上绣虎形，称“老虎肚兜”，给小孩穿虎头鞋，在额头上写“王”字等。

中秋节　农历八月十五为中秋节，俗称“八月半”。旧时有焚香点烛，膜拜月亮的习俗，称为“斋月宫”。中秋之夜，家人团聚，吃月饼、糖芋艿，寓意团团圆圆、甜甜蜜蜜。还会食用菱藕、柿子、栗子等时令果品。

中秋节木渎还有“灵岩走月”的习俗。中秋节晚上，妇女三五成群聚集在灵岩山下，以山脚向山上走，边走边赏月，称为“走月亮”。天上一轮明月高悬，皎洁明亮，人群不时驻足，抬头仰望观赏，心里默默许愿，企盼阖家团圆，生活圆满。

重阳节　农历九月初九为重阳节。木渎有喝菊花酒、吃重阳糕、登高的习俗。重阳糕用米粉制成，呈红、黄、绿三色，插上纸做的三角“重阳旗”，象征高升和登高之意。当天还有登穹窿山、灵岩山、天池山、贺九岭的习俗。

贺九岭登高（2015 年）

贺九岭摩崖石刻（2017 年）

链接：重阳节发源地贺九岭

天池山北的贺九岭，有“江南孝道第一山，九九重阳发源地”之称。相传春秋时，在吴越檇李之战中，吴王阖闾因伤而死，夫差即位后一心想为父王报仇雪恨。伍子胥十分赞赏夫差的孝心，心想若能把大王的孝道在全国推行，使国民以孝为本，为国效力，那吴越之战自然胜算在握。伍子胥在天池山北的小山岭上，搭建了一座神庙，供奉吴王阖闾神位；同时两边摆放 100 把座椅，从吴国上下挑选 100 位老寿星就座，围观百姓成千上万。

重阳日那天，夫差率大臣到此叩拜神位，并向 100 位寿星表示祝贺，祝贺他们健康长寿。伍子胥趁机向百姓演说，大王如何推己及人，将自己对先王的孝顺转为对全国老人的敬重。百姓听了无不感动，便称小山岭为“贺九岭”。贺九岭从此出名，每年重阳日人们都来到这里举行登高活动，祈求健康长寿。1987 年，苏州市人民政府把农历九月初九重阳节定为苏州市老年节。

看红枫 天平山是全国四大红枫胜地之一。天平山红枫叶呈三角状，入秋后叶子由青变黄，由黄变橙，再由橙变红，由红变紫，故称“五色枫”。有的则呈浅绛、金黄、橘黄、橙红等色彩，形成非花斗妆，不春争色奇观。从山麓朝山上仰望，青、黄、橙、红、紫，五色缤纷，妍丽动人，犹如亿万彩蝶飞舞于香花丛中。而攀登至中白云“望枫台”，纵目眺望，犹如一抹微红的云霞覆盖在枫林之上，呈现出万紫千红、五光十色的景象，蔚为奇观。

清朝以来，金秋天平山看红枫成为吴中习俗。《清嘉录》《吴郡岁华纪丽》有“天平山看枫叶”的记载。90 年代起，每年举办天平山红枫节，游客纷至沓来，车来人往，络绎不绝，盛极一时。

冬至 木渎民间有“冬至大如年”之谚。冬至前一夜为冬至夜，家人团聚吃冬至夜饭，喝冬酿酒，吃羊肉，祈祷来年全家太平安康，有“有铜钿吃一夜，无铜钿冻一夜”之说。如有家人外出，则要给他放副碗筷，以示团圆。还有吃汤圆、祭祖的传统，吃汤

天平山红枫（2017 年）

圆叫吃冬至团，祭祖称“过冬至”；落葬等丧事大部分在冬至前进行。

腊八节 农历十二月被称为腊月，初八为腊八。木渎民间有喝腊八粥之俗，并有吃了腊八粥能消灾降福之说。腊八粥用多种食材熬煮，主料有大米、花生、绿豆、红豆、莲子等，辅料有红枣、桂圆、山药、百合，枸杞、薏米、小米等，或加糖制成甜食。是日，灵岩山寺、明月寺僧人会熬煮腊八粥，施送给百姓。

除夕 农历十二月三十为大年夜，在客堂中设席桌，烧制荤素大菜，摆上若干酒杯，台前放水果点心，点燃香烛，敬酒三次，每次朝拜，念意祖先保佑，化锭息烛，俗称“摆年夜饭”。部分农户则在除夕前几天举行燃香敬酒的仪式。当日，每家以年夜饭为席，小辈向长辈祝寿，长辈给晚辈压岁钱。当晚，全家人一起“守岁”，至半夜零时，放炮仗，迎春增岁。

80 年代起，除夕晚上全家人围聚电视机前，观看中央电视台春节联欢晚会（以下简称春晚），现已成为百姓不可或缺的重要习俗。晚上 8 点开始，至零时结束。春晚有小品、歌曲、歌舞、杂技、魔术、戏曲、相声剧等节目，让百姓感受普天同庆、盛世欢歌的节日景象。

腊八粥施送现场（2013 年）

生活习俗

服饰

木渎人穿着服饰的色彩多淡雅。着装用料有丝绸、棉布、羽绒、皮革等。80年代起，衣着式样不断翻新，颜色多样。戴领带，穿西装、高档衬衫、牛仔裤、呢制服、滑雪衫（羽绒服）、夹克衫、皮夹克，随处可见。90年代起，流行皮风衣、休闲服、职业装和各式男女时装，衣着如花似锦，美观大方。

裙子 女性穿裙子，款式有连衣裙、旗袍裙、筒裙、一步裙等，时髦的穿超短裙、牛仔裙、裙裤等。

鞋子 50年代，一般穿着布鞋，农村普遍穿草鞋、蒲鞋。六七十年代，穿着胶鞋，有解放鞋、高筒鞋、低筒鞋。80年代以后，着皮鞋、运动鞋、保健鞋、休闲鞋、塑料制品鞋（拖鞋等）；年轻女性讲时髦，穿高筒靴。

袜子 旧时穿布袜，用白布纳底，袜帮及踝。六七十年代，穿棉线袜和丝袜，现在流行穿锦纶袜、尼龙袜、绢丝袜、线袜和全棉袜等。

发式 新中国成立后，木渎人渐兴西式头、大背头、小平头。如今男人发式多西式头、平顶头，少数男青年留长发，长及脖颈，或剃光头。女性多留披肩发或削剪散发式、蘑菇式等，流行烫发如长波浪、翻翘式等。更有时髦者将头发染成金黄色、褐色、紫色等颜色。

食俗 木渎人主食以大米为主。每日一般三餐，早晚喜食粥或泡饭（用饭加水做成稀饭）。副食品种繁多，家常副食品有青菜、蚕豆、竹笋、茭白、蘑菇、南瓜、山芋、土豆等，还喜食荠菜、金花菜、马兰头等野菜。

造房

造房为木渎百姓人生大事，农民往往以毕生积蓄建造房子。

选址 坐北朝南，略偏西 2°~10°，称为“太平向”，定向时放鞭炮驱邪，然后画线，并在地中央挖个小洞，洞内埋块石头或钱币，作为镇宅。

破土 开工动土称为“破土”。破土前房主备好三牲酒饭，烧香点烛，鸣放鞭炮，祭拜太岁和土地。破土时的第一铲土，木匠锯下的第一段木梢，都要用红纸包好由东家藏于灶上，叫作“断木墩”，新房建成后“进屋”时烧掉。破土当晚，房主要请泥水木工吃开工酒。

上梁 山墙砌好后，将正梁搁在山墙尖顶上称“上梁”。上梁前要把红绿布条挂上梁，或用铜线和红绿彩带编成饰物，如“招财进宝”“福禄寿”“吉星高照”等图案字样，安放在明间的脊檩中间，并供三牲，焚香点烛，磕头礼拜，燃放鞭炮。最后一根梁上好后，即用酒浇梁。上梁后把桁条用叉提升上来，称为“叉梁”，一根根木桁条安装到梁架上去，名为“安梁”。

抛梁 大梁定位后，木匠师傅头顶盘子，一步一步上梯子，登高后大师傅即以仙桃、馒头等从上抛下，东家以大红毡毯展开承接，叫作“接宝”。接着便是抛梁，大师傅边唱“抛梁歌”，边将兴隆馒头、定胜糕、糖果、钱币等物向下抛散，群众纷抢。同时放炮仗、鞭炮，以示庆贺。上梁当夜，新屋内要摆上梁酒，款待工匠，发送喜钱。还要祭祀鲁班祖师，亲邻送贺礼件数、样数要成双。

圆屋 房子造好，称为“圆屋”。要举办宴席，邀请亲朋好友来庆贺吃酒宴，俗称“吃圆屋酒”。

婚俗

旧时木渎婚礼习俗十分烦琐，有提亲（纳采）、问名（俗称“问年庚”）、纳吉、纳礼等，随着时间的推移，木渎的婚礼习俗程式逐渐简化。

择期 男方家准备就绪，择定良辰吉日，将迎娶日期送至女方家，征求女方意见，称为“请期”，俗称“送日脚”。现在大多由男女双方商量而定，然后到酒店预订婚宴。迎娶前十余日，男方家送聘礼到女方家，叫作“送大盘”。女方家亦要回送礼品，叫作“回盘”。

暖床 结婚日（俗称“好日”）前数日，新郎请亲友家聪明活泼、长相漂亮的小男孩联床同眠，称为“暖床”，意在盼望将来能生个白白胖胖的儿子。

铺床 迎娶前一日或当日，男方家新房要“铺床”。铺床一般由男方娘舅、舅妈完成，如果娘舅、舅妈中的一人已不在，则换其他多子女的成双夫妻，以示吉利。铺床时

迎亲（2013年）

拜堂（2013年）

绿被铺在下，红被在上，称为“和合床”。毯子铺在里床，有棱有角，上面贴大红喜字，喜气洋洋，干净整洁。

迎亲 又叫迎娶，女方家称“嫁囡圄”，男方家称“讨媳妇”。大喜之期，新郎须至女方家迎娶，男方派人到女方家抬嫁妆，俗称“搬行嫁”。现在都用汽车娶亲，少则五六辆，多则二三十辆，车上装饰彩带、花卉。到门前放爆竹，女方家闻声，紧闭大门，门内提出要钱、烟、糖等要求，称给“开门钱”，满足要求后方开大门。迎亲回来，鼓乐大作，喜堂上张灯结彩，供桌上龙锡钎，红烛高烧，三个果盘里分别盛着枣子、核桃、桂圆，取其“早生贵子”“和和气气”“团团圆圆”口彩，墙上挂着“和合”轴子（图画）。如今婚礼大多到酒店举行，农村则搭大棚办宴席。婚礼上，新郎、新娘按掌礼口令，参拜双方父母（俗称“拜高堂”）后再互拜，交换婚戒。婚礼中，一些新娘还要更换多套婚纱或喜服。

洞房 婚礼结束后，送新郎、新娘入洞房。新房挂有发禄袋及绘有吉祥图案的刺绣挂件，床中央放着红纸包的红皮甘蔗、秤杆、如意，讨“节节高升”“称心如意”吉利。床前放子孙桶，有5只煮熟的红蛋放在桶内，象征“五子登科”。

闹新房 通过闹新房取乐祝吉，增加欢乐气氛，增进亲友感情。旧有“新婚之日无大小，80岁公公也能在新床上翻跟斗、豁虎跳”之说，认为越闹越吉利。闹新房常有过分之举，使新郎、新娘无所适从。如今已演变为让新郎、新娘讲恋爱经过，或做咬苹果等嬉闹游戏。

招女婿 又叫入赘，俗称“补代”。女家膝下无儿，赘婿进门，男子改从妻姓。现在多独生子女，娶媳妇、招女婿观念渐趋淡薄。

生育

木渎民间流传许多独具特色的生育习俗，别有情致。

有喜 婚后新娘怀孕，俗称“有喜”。80 年代起，孕妇要定期上医院做各种检查，以观测胎儿生长发育情况。

分娩 旧时在家中分娩，请接生婆（俗称“老娘”）到家接生。50 年代中期起，实行新法接生，市镇上的孕妇均进医院，由助产士及医生接生；农村孕妇自 80 年代后选择进医院分娩。

坐月子 产妇俗称“舍姆娘”，满月前一般不下地，称为“坐月子”。产妇生产后要喝几口人参、桂圆汤，身边不能断人，叫作“热血期”，防止产妇出现大出血等疾病。月子里产妇不能吹风，手脚不能入冷水，不能受气，否则易得手脚酸痛、头痛等后遗症，称为“做毛病”。

满月 婴儿满月，请亲友吃满月酒、送红蛋，凡送礼的亲友送 5 个红蛋，喻“五子登科”；未送礼的送 3 个红蛋，喻“连中三元”。2000 年后，多为买好面券分送亲友，更为便利、灵活。大多数人家到酒店举办满月酒宴。

剃头 剃头时，孩子由舅舅抱坐在厅上，将理发师请到家里剃，不能剃光，且要剃得长短不一，剃下的胎发不能乱丢，要将胎发用红绿丝线扎好串起来，挂在小孩床上，据说可以压邪。剃好头后由亲友递相互抱，随后由娘舅抱着，走“太平”“吉利”“状元”三桥。

周岁 孩子过第一个生日，合家吃面，并向邻居送面，亲友则向孩子送童衣、鞋、帽及各种玩具等。周岁的孩子家一般会举办“周岁酒”，庆贺孩子生日，答谢亲友。

丧俗

木渎传统丧俗礼仪程式烦琐，随着社会文明进步，程式逐渐简化。

送终 临终时，血缘亲族要侍奉在身侧，倘若子女远在他乡，须用急电召还，见最后一面，称为“送终”。家属号啕大哭，小辈们跪泣送终。同时在宅旁天井或户外屋角处插点一串方向偏北的香火烛，以引导死者“上路”。子女披麻戴孝，穿白布孝衣，亲友多臂缠黑纱。

灵堂 死者去世后，一面发出讣告向亲友报丧，一面办理丧事。家属按辈序分穿麻、白孝服及白布扎头、束带等。在家里设灵堂，家人守护旁边，请僧尼或道士在旁念经奏乐，亲友邻里吊唁。旧时多送纸钱为奠仪，如今改为送现钞、奠幛、花圈。

入殓 大殓日，门前贴有丧条，写明“××× 丧事”。入殓日，雇鼓手吹唢呐、鸣长号，请僧道做法事。丧家备筵，菜中必有豆腐，俗称“吃豆腐饭”。现在大多上饭店举办酒席，农村则搭大棚办席。

出殡 70年代初期起实行火化，出殡时雇用乐队吹打送灵，沿路撒纸钱（冥钱），称作“买路钱”，骨灰入盒。

回丧 出殡回归叫“回丧”。回丧禁哭。凡是丧家归来，须于门前焚稻草一束，人从其上跨过而入，否则不吉利。回到屋内还要喝糖水、吃云片糕。

祭灵 家中悬挂逝者遗像，设座供神主，称为“座台”，也叫“灵台”，灵台上点一盏“七灯”，长明不熄，至终七而止。

做七 丧期七七四十九天。每7天请和尚或道士做佛事，共7次，俗称“做七”。最后一次“收七”，俗称“断七”，撤座台。

落葬 选好墓地择吉开兆，然后将骨灰盒安放入穴，叫作“登位”。墓前有碑、墓志铭，刻有死者生卒年月、后裔姓名。

庙会

木渎庙宇众多，各自定期举办庙会，自春至冬，四季不绝。岁月变迁，有些庙会仍延续至今，并被赋予新的内容，成为百姓民俗文化活动的重要内容。

五峰山庙会 五峰山旧有莲池庵，建于清道光十七年（1837），原为城隍庙，香汛极盛。“文化大革命”期间，庙被拆毁。1999年重建，改名五峰山道院，成为穹窿山上真观下院。2017年，道院占地面积近1.4万平方米，建筑面积3800平方米，有灵官殿、仲景殿、娘娘殿、慈航殿、长生殿等。

1999年起，五峰山道院每年举行两次庙会，农历十月初一至十二，传说为太太生日；农历十一月初一至十二，俗称大爷生日。两次庙会历时将近一个月，届时香客云

五峰山庙会（2017 年）

集，每天有数千人之多，特别在十一日当天，人数达万余人。香客来自江、浙、沪，道院邀请堂名、宣卷等班子演奏，香客自发组织演出舞龙灯、打腰鼓、打莲湘、荡湖船、扇子舞、挑锦担、说唱等文艺节目。时游览者、小摊贩聚集五峰山，人头攒动，热闹非凡。

猛将会 俗称抬猛将，又称待猛将。旧时木渎各村多供奉猛将神像，百姓尊称“猛将老爷”，一年要举办多次猛将会，人们抬着猛将神像走街串巷，俗称“走会”，祈求丰收平安。走会队伍长 1000 余米，锣鼓声声，鞭炮齐鸣，热闹非凡。孙庄马塔庙猛将会、穹窿山七段头“老菩萨会”，规模盛大，最负盛名。60 年代，抬猛将废止。80 年代后，穹窿山下村落逐渐恢复活动。

抬猛将（2015 年）

最有代表性的是穹窿山麓东楼的年初六抬猛将祈福庙会。初六早晨，人们敲锣打鼓、放鞭炮，到穹窿七段头请“老菩萨”，并延请音乐班演奏，参与者着一式古装。先走街串巷，为沿途 30 多家企业和 30 多家商店祈福，企业、商家都出喜钿，然后回衙。四邻八乡民众纷纷观看，或烧香拜佛，参与者三四千人。中午，请吃“猛将喜酒”，多达 130 桌。下午，抬着猛将走 3 个自然村，锣鼓喧天，鞭炮齐鸣，最后回到猛将堂门前场地（面积 2000 平方米），佛像坐北朝南，村民自发组织舞龙、打腰鼓、打莲湘、广场舞、说唱、戏曲折子戏等演出，场面热闹非凡。年初七，再把猛将像抬回穹窿山七段头。

名人与名镇

木渎钟灵毓秀，经济发达，文化发达，教育昌盛，文德武功，忠烈英士，代不乏人，瑰奇之士辈出，诚如清王汝玉所言：“木渎为吴治一大镇……其人物事迹，当有不胜书者”（《香溪杂咏并序》）。木渎历来人文荟萃，“寓公先正，高士逸民，鸿博渊懿，魁垒俊特之伦，胥于是乎。在宋有徐、范先居，明则谈、殷继起；自渔洋（王士祯）南来，而汪钝翁、叶己畦、毕秋帆皆取名山自号也……归愚为诗伯，而香草、锄茅、巘村、青嵝赓唱有伴也。小宛亦文宗，而西津、莱逸、秋坪、逋梅前后相师也”（《木渎小志·骈言》），素以人物众多著称吴中。

木渎拥有穹窿、灵岩、天平等吴中名山，环境优美，风物清嘉，又有上真观、灵岩山寺等著名道观寺庙，历代达官贤士、骚人墨客钟情于此，留下众多轶闻佳话。

人物传略

朱买臣（？—前115） 西汉大臣。字翁子，吴县人，家住穹窿山麓。喜爱读书，不治产业，靠砍柴卖薪维持生计。他读书入神时，肩上担木柴，边走边高声诵读。他的行为不被人理解，并遭人侧目嘲笑，妻子也因此离去。数年后，朱买臣随地方官吏当差到长安（今陕西西安），找到同乡严助。严助向皇帝举荐朱买臣。汉武帝召见，朱买臣当面讲解《春秋》《楚辞》，旁征博引，深入浅出，深得赞许，于是拜为中大夫。

当时，东越王余善蓄意谋反。朱买臣上疏云："可以发兵，从海洋直指泉山，陈舟列兵，席卷南行，即可攻破并消灭东越王。"武帝见言之有理，任命他为会稽太守。朱买臣到任后建造战船，操练士兵，准备粮食，锻造兵器。西汉元鼎六年（前111），受诏即领军出征，从海上直取东越，最终与横海将军韩说等打败东越国。因功征召入京，被任命为主爵都尉，位列九卿。此后，改任丞相长史（丞相府秘书长）。后因张汤多次越权代行丞相职事，对他故意侮辱。朱买臣厌恶其行为，告发张汤谋反，张汤于是自杀。后来，武帝发现张汤被冤枉，诛杀了朱买臣。

〔清〕《穹窿山志》"朱买臣采樵读书图"

朱买臣工文学，擅长赋，有赋3篇（今已佚）。其旧宅在穹窿东麓，俗称朱家场。山里有藏书庙、读书台。子朱山拊，官至郡守、右扶风。

陆玩（277—341） 东晋大臣、书法家。

字士瑶，家住木渎灵岩山。出身世家士族，器量宽厚，儒雅宏远，弱冠便有美名，后为丞相司马睿召为掾属，被王敦强聘为长史。王敦之乱平定后，晋元帝引其为丞相参军，累拜侍中，迁吏部尚书，转尚书左仆射，领本州大中正。东晋咸和二年（327），历阳内史苏峻联结镇西将军祖约以讨伐庾亮为名起兵进攻建康（史称“苏峻之乱”），朝廷派陆玩与兄陆晔把守宫城，陆玩成功劝说叛将匡术归顺义军，致使局势发生转变，陆玩因功封为兴平伯。咸和六年（331），转升尚书令，加散骑常侍。王导、郗鉴、庾亮等重臣相继逝世后，陆玩因有德望升任侍中、司空。陆玩为人谦让，性格通雅，不以名位格物，善纳后进。东晋咸康七年（341）逝世，赠太尉，谥号康，故称“陆太尉”。陆玩善书法，尤其擅长行书。

相传，陆玩生前曾舍宅为灵岩山寺。卒后，墓葬在木渎鸡笼山。木渎南有陆家场，灵岩山下有陆家村，都是他的遗迹。

徐林（生卒年不详） 宋朝官员。字稚山，家住灵岩山下，自号砚山居士。祖先建安（今属福建）人。曾祖徐奭历官苏浙，子孙于是成为吴人。少有至操，北宋宣和三年（1121）考中进士。南宋绍兴元年（1131），上书言事，召改官，累迁太府少卿，出为江西转运副使。曾弹劾秦桧亲党，贬谪兴化军。南宋绍兴十三年（1143），任刑、户部侍郎，南宋隆兴元年（1163），改任吏部侍郎，“因议论符离之役不当”，逆忤王龟龄，于是以敷文阁直学士身份出任平江知府。他极力推辞，不久乞求致仕。再以给事中召，不起，迁龙图阁学士。“世称贤侍从，以（徐）林为首”（宋范成大《吴郡志》）。卒年80余岁（一说90余岁），墓在灵岩山西麓。子徐藏，字子礼，进士，历知饶州、江阴军、秀州，有惠政。有学识，尤善汉隶。

徐兢（生卒年不详） 宋代官员、书法家。徐林弟，字明叔。18岁入太学。以父任补通州司刑曹事，招入阮冶司幕，出任雍丘县令，百姓被教化，狱讼明显减少。后改任原武县令。北宋宣和年间（1119—1125），出使高丽，撰成《宣和奉使高丽图经》40卷，进呈宋徽宗，阅后大悦，召对便殿，擢大宗正丞事兼管书学，迁刑部员外郎。南宋绍兴年间（1131—1162），任平江（苏州）郡守，任职吴中20年而卒。善书法，以擅篆书著名。

袁遇昌（生卒年不详） 宋代泥塑名家。木渎人。工于捏塑、速塑，尤擅塑泥婴孩，俗称“摩喉罗”，名扬四方。宋陈元靓《岁时广记》称：“摩喉罗惟苏州极巧，为天下第一。”亦长于捏泥美人，人物栩栩如生，一般以十六出为一堂，高三五寸，给人供神攒盆之用。技工艺精，彩画鲜妍，形态各异，“牙齿、唇发、衣襟势似活动，揿按脑囟亦如活人”。有的还饰以彩带、金银、珠宝、象牙、翡翠等，放置于红色或绿色的纱笼里，达到神奇的境地。“每用泥抟埴一对，约高六七寸者，价值三数十缗”。镇江市博物馆藏有多件宋代泥塑孩童，高 10 余厘米，有的略加点画，有的加彩绘。捏像儿童其中完整的一组（5 个娃娃），形态天真稚趣，十分惹人喜爱，出自袁氏之手。袁遇昌死后，此艺逐绝。清顾震涛认为虎丘泥人其法始于袁遇昌。

朱碧山（生卒年不详） 元代金银器雕刻铸造工艺家。字玉华，一号行，木渎人。擅长银器雕刻铸造，被人称为“吴中绝技”。所制酒器最为精妙，如虾杯、蟹杯、灵芝杯、槎杯等，尤以槎杯著名。元天历年间（1328—1330），曾为奎章阁学士院鉴书博士、鉴赏家柯九思制作灵芝形酒杯，精奇格致。曾为诗人虞集和揭奚斯铸造过银槎杯，作为酬酢酒器。槎杯取材于西晋张华《博物志》神话故事，用白银铸成独木舟形状，中空以贮酒，槎上乘坐一人。通体雕刻精细，槎身还雕刻桧柏纹理，老杈屈曲。槎上一道人斜坐，头戴道冠，足穿云履，长须宽袍，正在凝视手中所执的书卷，神态可掬、形象生动，腹底、口底均刻有诗句。清代名流孙承泽、宋琬、高士奇、马曰绾等都曾收藏，朱彝尊作有长诗《银槎歌》。

朱碧山银槎存世有 4 件，一件藏于北京故宫博物院。一件藏于苏州市吴中区文物管理委员会，造于元至正五年（1345），1973 年穹窿山寿山湾清兵部尚书韩菼墓出土。一件现藏于中国台北“故宫博物院”，原藏于承德避暑山庄清行宫。一件现藏于美国克利夫兰博物馆，原藏于北京圆明园，清咸丰十年（1860），英法联军攻入北京时被英国人毕多夫盗窃而去。

朱碧山银槎（穹窿山寿山湾清韩菼墓出土，现藏苏州市吴中区文管会）

杨基（1326—1378） 元末明初著名诗人。字孟载，号眉庵，原籍四川嘉州（今四川乐山），祖父到江南为官，从此居家吴中，家住天平山南赤山下上沙村。杨基自幼颖敏绝人，9岁能背诵六经，著书10万余言。元末，曾入张士诚幕，为丞相府记室，不久辞职。又客饶介所。朱元璋攻克苏州后，杨基曾因饶氏客而迁置临濠（今属安徽凤阳），不久迁徙河南。明洪武二年（1369）放归，出任荥阳知县，后又谪居钟离。推荐为江西行省幕官，因得罪官吏落职。洪武六年（1373），又奉命出使湖广，授兵部员外郎，出任山西副使，晋升为按察使。后被谗罢官，罚服劳役，死于工所。杨基少有文才，尤工于诗，与高启、张羽、徐贲为诗友，人称"吴中四杰"。写景咏物诗尤佳，描绘如画，情景交融，佳句不绝，有"五言射雕手"之称。兼工书画，尤善绘山水竹石。

殷乾（生卒年不详） 明朝清官。字一清，号五泉，木渎花园村人。少有清操，潜心读书。明嘉靖二十八年（1549）登乡举，选任江西德安知县。到任后，尚风化，重贤良，兴利革弊，以清耿称于世。任职到期离开时，当地士民卧在车辙前，致使车不能前行。此后，调任广东龙门知县，龙门为岭南烟瘴地，多盗贼，以难治闻名。殷乾到任后重礼宣教，轻徭薄赋，群盗屏迹，有"殷青天"之誉。龙门有个铁冈，百姓诚朴而英勇，殷乾组织训练成有绝技的士兵，并时常演习，也屡次告捷奇功。邻县峒族人经常越界掠夺财物，成为当地祸害。自殷乾治理龙门后，再也不敢轻举妄动，若有人要行不轨必相互告诫曰："毋犯殷青天治"。离任之日，龙门百姓堵塞道路哭泣送行。后改任郾城教授修学官。又迁楚王府纪善，卒于任。

黄习远（生卒年不详） 明代文人。字伯传，木渎人，世居木渎山塘街。平生嗜好读书，工诗、古文，以诗文往来于公卿名流间，曾为状元大学士申时行门客。明万历年间（1573—1620），与隐居寒山的赵宧光校刊、增补、编定宋朝洪迈《万首唐人绝句》40卷。好山水远游，考察名胜古迹，曾游览安徽黄山，题名"始信峰"，撰有《黄山纪游》。万历三十八年（1610）灵岩山寺遭大火，寺内和尚为生计而卖山石，大量奇石古迹遭毁。黄习远为保护灵岩山胜迹，终日奔走，多方呼吁，后得到浒墅关榷使马之骏支

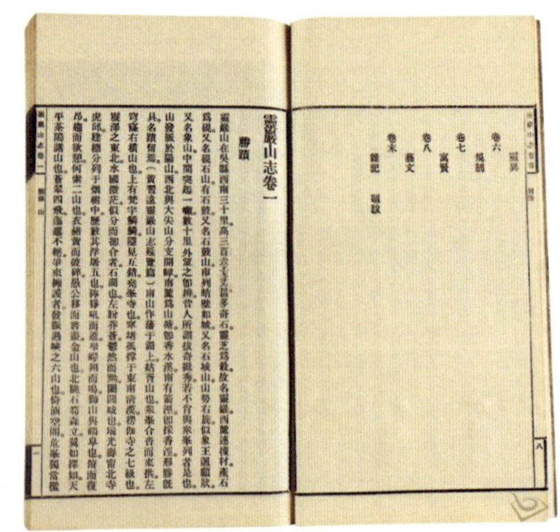
靈巖山志卷一

勝蹟

黄习远《灵岩山志》书影

持，出高价赎此山为官物，立碑刻文，永不许斧凿（沈德符《万历野获编》），撰写碑记。此举触犯当地宕户利益，黄习远因此遭到仇视和报复，被逼逃往南京。流离他乡期间，他搜辑古今资料，著成《灵岩山志》8卷，志成而卒。死后棺材寄存外地不得而归，人们争相以诗哭之。

徐如珂（1562—1626） 明末名臣。字季鸣，号念阳，木渎人，世居西跨塘。曾祖徐政，字兰谷，在西跨塘桥侧筑凝翠楼，与文徵明、王宠等人结吟于此。明万历二十三年（1595），徐如珂考取进士，任刑部主事，历郎中主事。因言“建储”，降为云南布政司照磨。后累迁南京礼部郎中、广东岭南道右参议。他为人刚正，为官清廉。明天启元年（1621），澳葡当局借口防御荷兰进攻，在水坑尾与三巴门间建筑城墙。徐如珂奉命通知澳葡当局拆毁城墙，澳葡不听，徐如珂即派中军领兵进驻澳门，并随军前往，拆毁了城墙。迁升为川东兵备副使，因功召为太仆少卿，转左通政。

魏忠贤把持朝政，驱逐名臣杨涟，大臣都不敢言，徐如珂则亲自送到“郊外”。天启六年（1626），魏忠贤下令逮捕前应天巡抚周起元、吏部主事周顺昌、左都御史高攀龙、谕德缪昌期等东林党人。缇骑态度蛮横，于夜间强行带走周顺昌。苏州百姓不胜愤怒，打死旗尉一名。魏忠贤拟以“民变”的罪名屠城，徐如珂得消息后独自倡言于朝，“抗言苏州财赋重地，不可重扰，且所连引俱系人望，宜以东汉末为鉴”，并以全家百口担保吴民不反。屠城消息传来，苏城居民惊慌万恐。徐如珂跑到“魏党阁老”顾秉谦门上，最终说服顾秉谦，致使百姓免遭屠城之灾。徐如珂因此削籍归里，回家三月后，应邀参加客人举办的宴席，当场丧命。明崇祯元年（1628），赐祭葬，谥忠仁，并建忠仁祠。墓在西跨塘桥西平原作字圩祖坟旁，钱谦益撰墓志铭。

智旭（1598—1654） 明末高僧。俗姓钟，原名际明，字振之，木渎人。13岁读儒书，以圣学自任，著书辟佛，凡数千言。父见了责怪他，示以云栖《竹窗随笔》，他于是焚烧所著论。20岁父卒，延请僧做道场，见《地藏本愿经》，读后顿发出世志。24岁入湖州万寿禅寺，从德清弟子雪岭剃度，取名智旭，字蕅益。27岁起遍阅律藏，见当时禅宗流弊，决意弘律。32岁开始研究天台教理。次年秋始入浙江灵峰寺。后历主漳州、石城、长水、新安等处寺院方丈，讲经著述，广宏台教。清顺治六年（1649），自

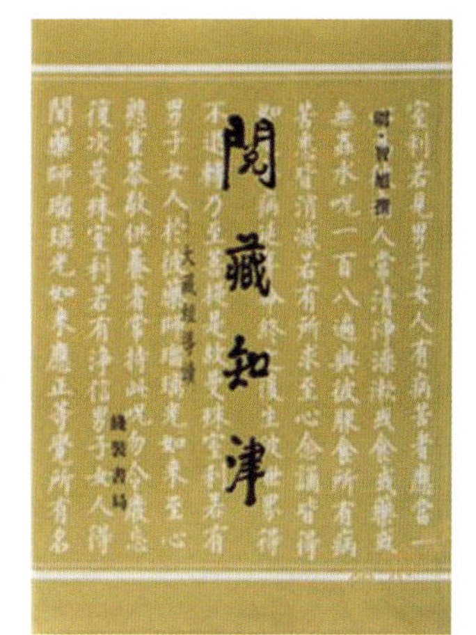

智旭《阅藏知津》书影

金陵归灵峰，自号灵峰老人。不久外出，云游江浙间。顺治十一年正月二十一日（1654年3月9日）端坐而逝。两年后，建塔于云峰大殿右。

智旭饱览各种藏经，潜心研究佛教，讲学著述不断。他的学说综合禅教律而会归净土，同时又融会儒释，著作丰富，有《楞严经注》《法华经注》等60余种164卷。他在佛学界享有极高声望，与憨山、紫柏、莲池大师合称“明末四大高僧”。

沈祚昌（生卒年不详） 清乾隆时期（1736—1795）书法家、金石家。原名御天，字纯如，一作乘如、乘时，木渎人，自号虹桥居士。诸生。自幼颖异，嗜好古文，不屑参加科举，潜心研讨六书，究心碑版金石，师法著名金石家顾苓、陈炳，风格苍劲中含秀雅，深得古趣。与张锡圭、连朗、张屿等人合称“吴派”。门人汇集他所镌印，编成《虹桥印谱》。工诗，喜欢唐代山水田园诗歌，格调古澹高华，著有《虹桥小草》。又工书法，隶书临《曹全碑》《孔庙碑》，楷法摹褚遂良、柳公权，深得其堂奥。从子沈元龙，字凌苍，号秋坪，从伯父学书法，工真、草各书。诗学唐贤，以贡生游幕粤40余载。曾选《木渎诸家诗》行于世。

〔清〕张宗苍画作

张宗苍（1686—1756） 清朝画家。字默存、墨岑，号篁村、太湖渔人，晚称瘦竹，篁村（今属木渎藏书）人。孝友绝俗，能诗文，著有《墨岑诗稿》一卷。曾任河工主簿。早年学画于娄东画派传人黄鼎（字尊古），擅长山水画，用笔沉着，神气葱蔚可观。清乾隆十六年（1751），乾隆皇帝南巡至光福，张宗苍进献画册“吴中十六景”（《万笏朝天》《寒山晓钟》《支硎翠岫》《千尺飞泉》《法螺曲径》《华山鸟道》《天池石壁》《石湖霁景》《灵岩积翠》《海涌一峰》《邓尉香雪》《光福山桥》《穹窿仙观》《包山奇石》《莫厘缥缈》《苏台春景》），得到赏识，招入京城，供奉宫廷画院。乾隆皇帝赞赏他画艺，清乾隆十八年（1753）[或作乾隆二十年（1755）]特赐工部主事，启祥宫行走，不久告归。

他的山水画用笔沉着，表现出深远的意境和深厚的气韵，风格苍劲，深得乾隆皇帝喜爱，屡次赐膳、赐杖及福字、貂裘。乾隆皇帝曾为他画题诗 70 余首。《石渠宝笈》收录他作品 116 幅。张宗苍曾在灵岩山下构筑篁村别墅。其侄张述渠，字筠谷，诸生，亦善山水，笔法老秀。

周孝垓（1763—1833） 清朝中后期文人。原名兰颖，字愚初，号逋梅，木渎人。5 岁入私塾，读书过目成诵，为文秀拔浏亮。早年曾师从木渎王在东、孙炳文。20 岁后补吴县学生，以诗文见称一时。乡试屡次不中，清乾隆六十年（1795），入赀为刑部主事，后分刑部广西司。一年后兼安徽司行走，充律例馆纂修官。嗣以养母，乞归。归后，更加潜心学习，遍读家中藏书图史。后迁居枫桥，莳花种竹，啸歌其中。与吴翌凤、沈元龙、胡眉峰、韩崶等尤相契合，先后辑《渎川耆旧诗集》及友朋遗集各十数种，锓版以刊行。其诗文风格洒脱，著有《还读小庐诗》等。墓在尧峰山柴场村。

其弟孝垓，字平叔，号心香。庠生。精研古籍，曾刊《毛诗郑氏笺》《李鼎祚周易集解》，号为善本。清嘉庆二十四年（1819），捐资重修木渎义学。

沈钦韩（1775—1831） 清朝训诂学家、考据学家、历史地理学家。字文起，号小宛，木渎人。清嘉庆十二年（1807）举人，任安徽宁国府训导。他聪敏而勤学，“暑夕苦蚊，置两足于瓮，读书常至漏三下”（同治《苏州府志》，下同），于是贯通经史，旁及诸子百家、古今别集汇集、类书杂记。他博闻强识，学问自诗赋古文词外，尤擅长训诂考证。以为《汉书颜氏注》浅陋、章怀《后汉书》杂集众手、刘氏注《司马八志》颇宏富而少统贯，撰写《两汉书疏证》74 卷；以为《左传杜注》多舛，撰写《左传补注》12 卷；以为裴氏《三国志注》专补其事迹，而典章名物缺失，撰写《补训故》8 卷、《释地理》8 卷。系统研究《水经注》，撰写《水经注疏证》40 卷，古今郡县的建置、山川的沿革都逐个清楚叙述。另有《韩昌黎集补注》《王荆公集补注》《范石湖集注》等，他深谙唐宋两朝典章故实，因此多得作者的原意。“每一书成，辄三四易稿”。他一生著述计 400 余万字，大部分为手稿，唯《幼学堂诗集》刊行于世。死后，“家无余财，不克葬者十年。上海郁某闻之，助以葬资”，墓在尧峰山麓草字圩。

顾德华（1816—？） 木渎七子山人。字鬘云，清末女名医。擅长于内、妇科，清道光、咸丰年间（1821—1861），士大夫争相延诊。她治妇科，以养心脾、疏肝郁、调奇脉为主；治内科，精细审慎，多本《内经》《难经》、张仲景，故有良效。撰有《花韵楼医案》，为罕见女中医医案。1921 年经张玉山录校，刊入《珍本医书集成》。

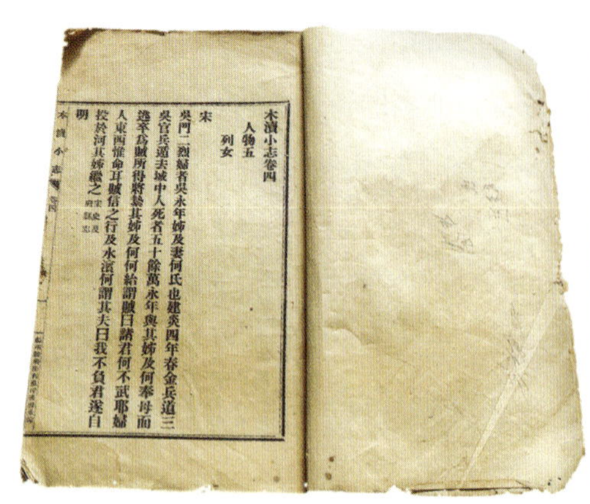

木瀆小志卷四
人物五
列女
宋
吳門二烈婦者吳永年姊及妻何氏也建炎四年春金兵道三
吳官兵遁去城中人死者五十餘萬永年與其姊及何奉母而
逃卒爲賊所得將縶其姊及何何紿謂賊曰諸君何不武耶婦
人東西惟命耳賊信之行及水濱何謂其夫曰我不負君遂自
投於河其姊繼之
明

木瀆小志 卷四

张郁文《木渎小志》书影

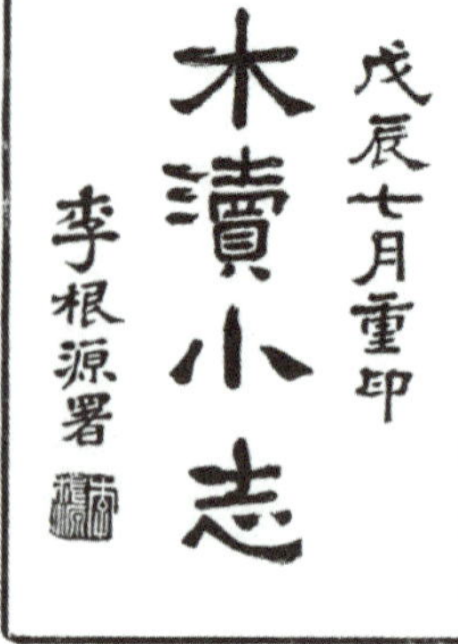

李根源《木渎小志》题签

张郁文（1863—1938） 近代文史学者。又名学文，字壬士，晚号訚如，木渎藏书下场村人。光绪廪生。祖父张光阶好史地研究，撰有《辽金元史地略》。张郁文少时随父寓居木渎冯桂芬家，遍览冯家藏书，学识大长。善操琴，工诗文，邃于史学，兼精舆地方志。爱好史地，尤好《元史》，著成《元史地理通释》。曾游历名山大川，东瞻泰山，拜谒孔林、孔庙，南泛圣湖，登临庐山，西溯开封、洛阳，徒步黄河铁桥，俯仰伊阙龙门，考察山川风物，写下了许多的游记诗文。民国初年，担任吴县修志局采访员，感于“木渎既无旧志，而县志所载又百不及一”（郭绍裘《木渎小志序》），遂爬梳载籍，采访历遍，于1918年撰成《木渎小志》（1921年出版），搜罗详尽，考证精当，资料丰富，为民国时期乡镇良志。曾协助同里郭绍裘辑印《木渎诗存》。1929年，应聘校补清代道光徐傅《光福志》，并撰写《光福诸山记》。

张郁文热爱乡村教育，民国初年曾任木渎吴县第六高等小学校长，文史地一人兼授，苏州东吴大学屡聘请他而不就。热心慈善事业，曾出面筹资铺筑胥江北塘。晚年独子夭折，悲痛欲绝，以致双目失明，暮境凄凉。1937年归隐故里下场村，次年1月逝世。门生吴昔芾等为颂扬其业绩，收集其藏书遗著，在木渎古镇上创建壬士图书馆（即吴县图书馆前身）。

袁培基（1870—1943） 民国时画家。字子辛、幼辛，号雪庵居士、雪庵叟。木渎人，居住下沙塘。自小喜丹青，临摹花卉果品、山水人物、走兽翎毛。数年后，运腕自然，致力于山水画。又喜创稿，不拘古人范本，常交游于真山真水间。故落笔不凡，构图时出新意，自得造化之真趣。他的画挥洒自如，而烟云在握，为画中逸品，誉满东南，与徐悲鸿、张大千、吴湖帆等齐名。曾参与《木渎小志》阅校。

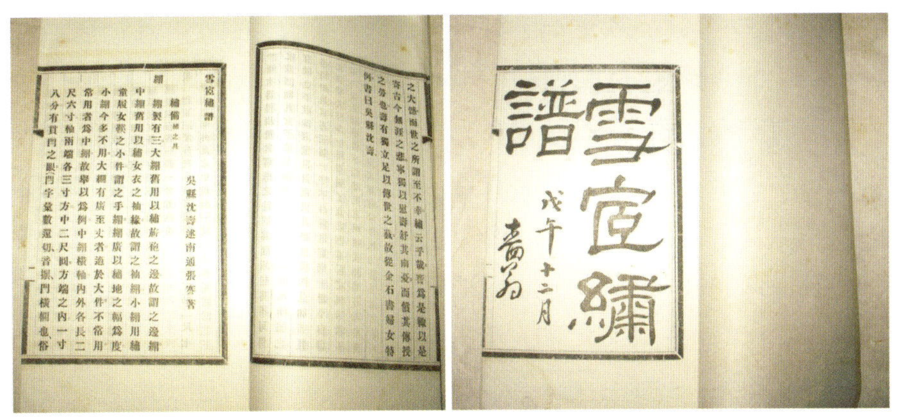
雪宧繡譜
戊午十二月

之大藝術世之所謂至不幸繡云乎哉審為是編以是寄古今無涯之悲寧獨以思壽紓其南臺西傾其傳授之勞也壽有獨立足以傳世之藝故從金石書婦女特例書曰吳縣沈壽

雪宧繡譜
吳縣沈壽述 南通張謇著
繡備 繡之具
綳
綳製有三大綳舊用以繡旂袍之邊故謂之邊綳中綳舊用以繡女衣之袖緣故謂之袖綳小綳用繡童履女襟之小件謂之手綳綳度以繡地之幅為度小綳今多不用大綳有廣至丈者適於大件不常用常用者為中綳故舉以為例中綳橫軸內外各長二尺六寸軸兩端各三寸方中二尺圓方端之內一寸八分有貫門之眼門字彙數還切音撰門橫櫚也俗

沈寿《雪宧绣谱》书影

沈寿（1874—1921） 女，近代刺绣艺术家、刺绣艺术教育家。原名云芝，字雪君，晚号雪宧，木渎人。从小颖慧，7 岁随姐沈立学刺绣，12 岁绣成《秋雨月上图》，以刺绣闻名乡里。清光绪十九年（1893），与绍兴余觉结婚。余觉出身书香世家，能书善画，沈寿婚后绣技日臻精妙，士大夫们争相购藏。光绪二十五年（1899），随丈夫迁居上海。光绪二十九年（1903）起，创造仿真针法。翌年十月，慈禧 70 寿辰，余觉将她的绣品《无量寿佛图》《八仙上寿图》送至北京，由载振代呈。慈禧特书“福”“寿”两字分赐沈寿夫妇（余觉得“福”），因此改名沈寿。十一月，奉派前往日本考察美术绣。光绪三十一年八月，回到苏州创办福寿绣厂。翌年奉诏赴京，任农工商部绣工科总教习。其间，获得意大利皇后爱丽娜照片，精心绣成中国第一幅人物肖像刺绣作品《意大利皇后爱丽娜像》。清宣统元年（1909），这幅绣品参加南京南洋劝业会展，获最高奖。作品后又参加意大利都朗博览会展，荣获世界至大荣誉最高级卓越奖，意大利国王与皇后赠以国家荣誉勋章和金质钻石表。又以《英女王维多利亚像》参加世界万国博览会，获得优等奖。

1912 年，沈寿在天津创办自立绣工传习所。南通状元、实业家张謇担忧沈寿技艺失传，于 1914 年创办南通女红传习所，聘沈寿为所长兼教习。当时，四川有人聘请担任刺绣总教习，愿出每月报酬 200 两银子，而南通每月报酬仅 50 银圆，沈寿辞多而就少，毅然携侄女沈粹缜（邹韬奋的夫人）到南通。张謇十分感动，“以天下之奇女子目之”。翌年，美国为纪念巴拿马运河通航在旧金山举行博览会，沈寿的《世界救世主耶稣像》获博览会一等奖，声名远播。1917 年 10 月，沈寿患病后，仍“无一日不为诸生勤勤指授”，并口述绣技经验与理论，由张謇手记整理成《雪宧绣谱》。1920 年 10 月南通绣织局落成，沈寿任局长。次年6月8日去世，年仅48岁。墓在南通黄泥山东南麓，墓前立张謇书“世界美术家吴县沈女士之墓阙”牌坊。

沈寿刺绣有“神针”之称，被誉为“绣圣”。传世名作还有《牧羊图》《观音像》《山水风景》《花鸟册页》《罗汉》《济公像》《美国女优倍克像》等。其姐沈立，又名鹤一，刺绣技艺堪与沈寿媲美，沈寿去世后接任南通刺绣局局长，代表作有《马》《神女》等。

严良灿（1874—1942） 民国时期工商实业家。字子绚，木渎人。祖籍洞庭东山。清嘉庆年间（1796—1820），祖父严征祥到木渎经商，父严国馨正式迁居木渎西街。清光绪年间（1875—1908），严家经商富甲一方，成为木渎“四大家族”之一。严良灿自幼聪明伶俐，秉性率直，善于理财，全心发展本地工商实业。光绪三十三年（1907），在下塘道场浜旁创办严和美（又名东和美）米酱行，内设有米作、酒作、酱作。后又陆续开设西和美米酱行、严裕泰粮油酒酱店、严万和粮酒酱店和严安德中药店，经营业绩居木渎全镇首位。他坚持信义，真诚待客，在经营方式上除了现款交易外，多用赊账形式，按一年三节（端午、中秋、年关）结账付款。同时开展批发业务，香山、善人桥、横泾、西山等地商家都批购严家粮食、豆饼、酒酱等商品。

严良灿曾担任木渎区区董，掌管木渎商业。1920年投资5000多银圆，在南街底创办小型发电厂，白天用于生产，晚上无偿用于全镇照明。抗日战争前，购置“特络威”牌救火车（当时苏州城内仅有两辆），成立木渎救火会，组织全镇青年店员担任义务消防队员。组织成立善济堂、代赊会等慈善机构，拥有学田300亩、房屋18间，以其收入为地方举办公益事业，每月为全镇孤寡老人、教师发放生活补助费，平时还参与修桥补路、收送弃婴、收殓掩埋无主棺（尸）。曾参加《木渎小志》阅校。其次子严家显，著名昆虫学家、教育家。四子严家贵，医学病理学家。

顾允若（1880—1940或作1886—1937） 现代著名中医。名恩湛，字允若，以字行，木渎七子山人。世代业医，以“七子山顾”闻名遐迩。幼承家学，少随父顾积庵学医，尤喜丹溪、东垣之说。16岁独立行医。1925年迁至苏州富郎中巷。精擅内科，专治风痨、臌膈疑难杂症，名噪江浙沪皖。任吴县医学会会长、中央国医馆医务顾问等职。著有《内经辑要》《伤寒辑要》《妇科辑要》《伤科辑要》等。著述深刻精到。知名弟子有宋爱人等。

赵子康（1905—1977） 现代雕刻艺术家。原名根荣，木渎凤凰村（今属姑苏村）人。少时师从陈富庆学习雕刻技艺，聪明刻苦，深得师傅赏识。19岁出师后到上海从艺，技艺大进。1927 年，为木渎孙家戏班雕刻灯担一座，新颖别致，玲珑剔透。木渎首富严康伯修建新宅，请他雕刻装饰，选用黄杨木树根，以天然形态，雕刻成一尊尊神仙，嵌在两只经木桌子角上，合成“八仙图”，妙趣横生。1934 年起，印光和尚修葺灵岩山寺院，赵子康担任殿宇内雕刻及佛座等设计，带领 7 名助手，雕刻长达 17 年之久。50 年代应邀参加苏州园林修葺，曾修复狮子林雀梅竹石屏风长窗、拙政园双面林木雕飞罩等精品。此后转为工艺木雕，创作摆饰件、几座、文具、屏风等欣赏品，作品有黄杨木雕《东方巨龙》《鹊梅笔筒》，银杏木雕《虎丘全景》，以及南京长江大桥公路桥两旁栏杆浮雕等。风格疏朗清逸，灵活多变，层次清晰，不落窠臼，精巧秀美，有“雕花赵”之誉。

柳支英（1905—1988） 著名昆虫学家、蚤类学家。字肇沅，曾名知行，木渎人。1924 年，苏州晏成中学毕业。1929 年从南京金陵大学生物系毕业后，历任江苏省昆虫局副技师兼标本室主任、浙江省昆虫局技佐兼稻虫研究所主任，又兼任浙江大学生物系的科研和教学工作。1933 年赴美国明尼苏达大学，就读昆虫和经济动物学研究生，以优异成绩取得硕士学位，应邀参加美国科学荣誉学会、美国农学荣誉学会，获得两枚金钥匙。1936 年发表中国第一份“蚤类名录”，1939 年出版《中国之蚤类》。抗日战争时期，任广西农事实验场技正兼广西大学农学院教授，在世界上首次发现新的植物种子杀虫剂。抗战胜利后，任浙江大学农学院教授、杭州市昆虫学会理事长。

朝鲜战争爆发后，肺病尚未痊愈的柳支英积极报名参加抗美援朝。他提出的判别敌投昆虫（动物）“三联系、七反常、一对照”原则，在战场上发挥较好作用。1957—1958 年，到中国北方鼠疫自然疫源地帮助灭鼠，配制成“1080 葵花子毒饵”，灭鼠效果显著。历任军事医学科学院微生物流行病研究所研究员、副所长，研究所学委会主任，军事医学科学院专家组副组长。他是中国蚤类研究奠基人、中国媒介生物学及其防制科学奠基人之一，发现并命名蚤目 5 个新属、2 个新亚属和 60 个新种及新亚种，发表蚤类研究论文 59 篇。曾获军队科技进步一、二等奖各 1 项，国家自然科学二等奖 1 项。曾任浙江省及上海市昆虫学会理事长、中国昆虫学会副理事

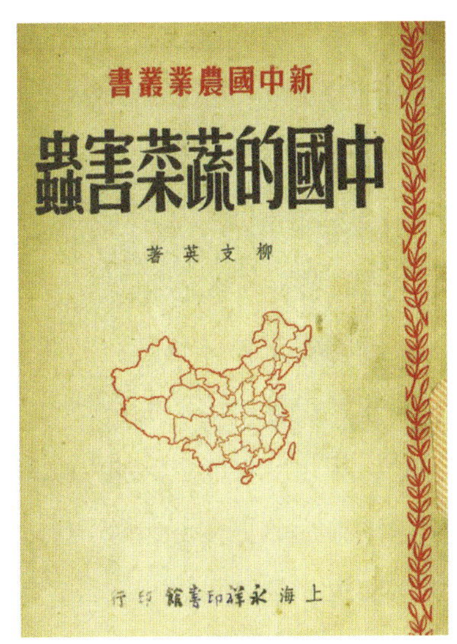

柳支英《中国的蔬菜害虫》书影

长、《动物分类学报》副主编。1988 年 10 月 14 日病逝于北京。

王为一（1998 年）

王为一（1912—2013） 著名电影导演。木渎人。1930 年考入上海美术专科学校，参加中国左翼戏剧家联盟及美专剧团。擅长拉二胡，被选为影片插曲《渔光曲》配乐，曾任百代唱片公司演奏员。1934 年，任艺华影片公司场记，新华影片公司演员、副导演，参加上海业余剧人协会。1936 年入新华影业公司，在《狂欢之夜》《夜半歌声》等影片中担任角色，同时参加上海业余剧人协会实验剧团演出。抗战爆发后，参加救亡演剧队第三队，宣传抗日。在中国电影制片厂任编导，辗转至重庆。1939 年夏，与赵丹等人赴新疆开拓话剧工作，遭军阀盛世才逮捕。抗日胜利前夕获释，回到重庆，继续从事电影和戏剧活动。1946 年年初回到上海，建立联华影艺社。1947 年年初，作为副导演协助史东山拍摄《八千里路云和月》。1948 年，与徐韬合作导演《关不住的春光》。1949 年，在香港南国影业公司独立导演粤语片《珠江泪》，该影片成为粤语片中的代表作。

新中国成立后，王为一相继在北京电影制片厂、上海电影制片厂、珠江电影制片厂任导演，拍摄《山间铃响马帮来》《铁窗烈火》等名片。1958 年，参与筹建珠江电影制片厂。1963 年，导演粤语喜剧片《七十二家房客》。1975—1980 年，他与王毅等联合执导《蓝天防线》《一个美国飞行员》等。1984 年导演的《阿混新传》，次年获第五届中国电影金鸡奖特别奖。他的导演艺术风格，自然朴素、流畅。2012 年 9 月，获金鸡奖终身成就奖。历任中国电影家协会第一届委员、第二至四届理事、电影家协会广东分会副主席、珠江电影制片厂艺委会主任等职。2013 年 10 月 8 日在广州病逝，享年 102 岁。

陈翰伯（1914—1988） 新闻家、编辑出版家、国际问题评论家。笔名梅碧华、王孝风等。祖籍木渎，生于天津。1932 年考入燕京大学新闻系，1935 年参加“一二·九”运动，从此投身革命，加入中国共产党，在白区从事报纸新闻和地下工作。1936 年燕京大学毕业后到西安东北军中办报，任《西京民报》总编辑，1937 年任西安《西北文化报》编辑，曾陪同美国著名记者埃德加·斯诺的夫人到延安与毛泽东、朱德见面，并当翻译。1942 年任重庆《时事新报》采访部主任，1945 年任重庆《新民晚报》副总编辑，

1946年任上海《联合晚报》总编辑，1949年在西柏坡任新华通讯社总社编委兼国际新闻部主任。新中国成立后，任中共中央宣传部理论宣传处副处长，主管理论刊物《学习》编辑工作。1958年起，历任商务印书馆总经理兼总编辑、人民出版社领导小组组长，组织出版《辞海》《辞源》《汉语大词典》《汉语大字典》《现代汉语词典》等字（词）典48部。1964年，任文化部出版局局长。1969年年初，至湖北咸宁向阳湖“五七干校”劳动改造。1976年起，历任国家出版事业管理局代局长，中国出版工作者协会主席、名誉主席，全国政协委员。1978年，兼任《中国大百科全书》总编辑委员会副主任。1988年8月26日在北京病逝，享年75岁。

《报人出版家陈翰伯》书影

名人与木渎

白居易题诗白云泉 唐宝历元年（825），白居易到苏州担任刺史。他以民为本，省政宽刑，使得百姓获得轻徭薄赋、休养生息的机会，深受爱戴。离任时，苏州百姓“一时临水拜，十里随舟行”，热情相送，悲啼惜别。

白居易在苏州时，喜欢到天平山游览、读书。相传有一天他登上半山腰，听得淙淙水声。寻声拨开草丛，发现一股清泉，从石缝中流出，顺着陡峭石崖，流向山下。他心想：如果用这泉水沏茶，味道一定很好。第二天，白居易带了一只瓷钵盂，用竹管将泉水引入盂内，用来沏茶，果然水清味甜，特别爽口。更稀奇的是在满满的茶杯内投下铜钿，水会渐渐向上隆起，而不会溢出杯口。他于是叫人在半山腰凿石为池，拦住泉水。池内泉水，清澈见底，天空白云映入池内，飘逸多姿。白居易见此情景，诗兴大发，欣然题写“白云泉”三个大字，并赋诗：“天平山上白云泉，云本无心水自闲；何必奔冲山

白云泉诗摩崖石刻（2017 年）

下去，更添波浪向人间。”白云泉从此出名。为了纪念白居易，后人在白云泉旁崖壁上刻凿其像，称为“仙人影”，称他下榻读书的楼为“乐天楼”。白居易还在木渎吟有《灵岩山》《观音山》等诗。

钱元璙归葬横山潜龙坞　钱元璙是吴越王钱镠的第六个儿子，钱塘（今杭州）人。后梁乾化三年（913），以功迁苏州刺史，在吴“以俭约慎静镇之者三十年，与江南李氏接境，而能保全屏蔽”（宋朱长文《吴郡图经续记》）。他俭约镇靖，郡政循理，诏封广陵郡王。

钱元璙葬在横山北麓潜龙坞（现属七子山公墓九龙坞墓区），三面环山，有 9 处山湾，谷间地形平坦，坐北朝南，面向狮子山，树木幽深。他生前曾在此建造荐福寺，百姓因此称山为荐福山。后晋天福五年（940），其子吴越国中吴军节度使钱文奉在墓旁建造寿圣广福禅寺（初名吴山院，简称寿圣院），以奉墓祀。墓地有墓碑及石人、石马、牌坊和祠堂。此后其四世后裔都葬于此。清嘉庆十六年（1811），江苏巡抚、苏州知府、吴县知县及钱氏后裔礼部侍郎钱樾、安徽巡抚钱楷、布政司经历钱泳等重修，树“吴越广陵郡王墓”碑，潘奕隽撰《重修吴越广陵郡王墓记》。1960 年，钱元璙、钱文奉父子墓被列为市级文保单位。今墓园占地面积约 6000 平方米，封土高 6 米。

范仲淹迁葬祖坟天平山　范仲淹是唐朝武则天时宰相范履冰后裔。四世祖范隋，唐咸通二年（861），任幽州良乡县主簿，咸通十一年（870）迁丽水县丞，“遭乱奔二浙，家于苏之吴县，自尔遂为吴人”。居住在苏州城区灵芝坊。

北宋时，朝廷将天平山赐给范仲淹，他于是把迁吴始祖、曾祖、祖父、父亲的墓迁葬到天平山三让原，人称“范坟山”。因范仲淹显贵，朝廷分别追封曾祖范梦龄为徐国公、赠太保，封祖父范赞时为唐国公、赠太傅，封其父为周国公、赠太师，俗称“三太师坟”。墓前现在尚存“范氏迁吴始祖唐朝柱国丽水府君神道”牌坊。坊下有 1995 年 4 月所立江苏省文物保护单位“范坟”碑。墓旁有祭祀范仲淹“忠烈庙”。范仲淹有《白云泉》等诗。

范氏祖坟（2017 年）

韩世忠墓巨碑亭（2017 年）

韩世忠情缘灵岩山 韩世忠是南宋著名将领，陕西人，与岳飞、张俊、刘光世，并称南宋“中兴四将”。南宋建炎年间（1127—1130），韩世忠曾居住在苏州沧浪亭。南宋绍兴元年（1131），韩世忠提兵路过苏州，将章氏献园改为家园，俗称“韩家园”。宋高宗赐予他木渎灵岩山寺，并更名显亲崇报禅院。绍兴十二年（1142），部将随他到吴中，在穹窿山宁邦坞剃发隐居，创建寺院，宋高宗赐额“宁邦禅院”（即今宁邦寺）。韩世忠在宁邦寺旁垒建石台，取名“玩月”。次年，韩世忠在灵岩山下修盖道观，建屋 50 余间，宋高宗赐额“希夷观”。绍兴二十一年（1151），韩世忠卒于临安（今杭州）。宋孝宗继位后，追封为蕲王，谥忠武。同年十月，敕葬灵岩山西麓，墓前立有巨碑，宋孝宗书写“中兴佐命定国元勋之碑”额，建太师蕲国韩师忠武王庙，俗称韩蕲王庙（祠）。

马之骏捐资赎灵岩山禁采石 灵岩山是苏州著名风景名胜地，明万历二十八年（1600）夏，灵岩山寺毁于雷电火灾，众僧离去，留下的和尚无以为生，把山地卖给当地百姓，而“山麓居民与石户为奸，据为己有，日夜锥凿，巑岏颓堕”（明沈德符《万历野获编》，下同），山上古迹划削过半，灵芝石、石马等奇石毁于一旦。寓居吴中的江

灵岩山上马之骏赎山禁采石摩崖石刻（2015 年）

都人王醇曾作《采石谣》讽喻，其中有“朝采山暮采山，谁知鬼斧出人间。山灵夜哭向风雨，奇峰悔不先飞去。石芝昔含元气生，兹山始有灵岩名。石马之形绘不出，四蹄宛踏空中行。海水不枯石不烂，可怜神物翻成幻”之句。木渎黄习远见奇峰异石被毁，“独心哀之，欲禁而无力”。

万历四十一年（1613），马之骏（河南新野人）受朝廷选派到苏州担任浒墅关榷使。马氏出身书香门第，上任后到灵岩山访古寻幽。黄习远陪他游览灵岩山，请他出面禁止开采，马之骏于是出高价给居民，“赎此山为官物，立碑刻文，永不许斧凿”，并撰写赎山记，摩崖镌刻“户部马捐俸赎山永禁采石”字样（至今灵岩山继庐亭后、西施洞旁仍保留其石刻）。苏州杨廷枢亦撰写《赎山疏》。

文震孟读书竺坞　文震孟，长洲（今苏州市区）人。文徵明曾孙、文彭孙子、文元发长子。明天启二年（1622）状元及第，明崇祯八年（1635）拜礼部左侍郎兼东阁大学士。志节操远，刚方贞介，史称“有古大臣风”。福王时追谥“文肃”。

文震孟父亲 46 岁时生他，“顾爱百倍，然不事姑息”（《药园文集》，下同）。为了让文震孟读书不受干扰，在天池山南竺坞买地筑屋，“以一石支门，不交当世”。文震孟后与寒山赵宧光共订偕隐之盟。明万历二十二年（1594），文震孟考中举人，此后曾十赴会试。万历三十年（1602），其父亲去世，葬在竺坞。文震孟在墓旁筑丙舍竺坞草庐（或称竺坞山房），庐墓守孝，读书科举，直至明天启二年考中状元离开，20 余年，“砥

灵岩山寺（2015 年）

躬饰行，读书味道，匿影深山之麓，结庐丙舍之旁”。文震孟很喜欢竺坞清雅幽静的环境，有“竺坞居天池、花山间，万峰环绕，岩穴幽奇，甲于西山，长松古洞……真不知谁为诗中画，谁为画中人矣”的感慨。竺坞成为他心灵的慰藉地，每次科举落第便回到这里。他在竺坞写下《姑苏名贤小记》《竺坞草》《竺坞藏稿》等著作。

明崇祯九年（1636）六月十二日，文震孟逝世于苏州家中，归葬于父亲墓旁。子文秉、孙文点、玄孙文赤亦隐居竺坞，并葬于此。

弘储重振灵岩山寺　弘储是清初高僧，清顺治六年（1649）应吴门巨公名绅邀请，到灵岩寺担任方丈。当时寺院久废，弘储到寺后“禅衲景从，檀施云涌，广建诸殿阁”（《苏州灵岩山志》，下同），大启法筵，殿堂寮舍，焕然一新。他刻经弘法，宗风大振，使灵岩山寺成为丛林。后游南岳德山福岩寺，弘道广法。顺治十二年（1655）他回到苏州，卓锡尧峰山寿圣寺，兴建单传殿、大宗堂、湘云馆、争光塔院。不久，又重返灵岩山寺。弘储十坐道场，说法满天下，历住名蓝十六刹，以灵岩山寺最久。海内称圣恩寺法藏和尚、灵隐寺弘礼和尚、灵岩山寺弘储和尚，为“佛、法、僧三宝”。灵岩山寺因此为海内宗仰，禅子口碑有“天下灵岩”之语。

弘储为临济宗第三十二世，始终以明朝人自居，以忠孝作佛事。每年农历三月十九崇祯帝忌日，必素服焚香，北面挥涕遥祭，二十八年如一日。弘储能诗善文，曾为灵岩山寺写下诗文多首（篇），为灵岩山落红亭、迎笑亭题词作跋。清康熙十一年九月二十七（1672 年 11 月 16 日），弘储圆寂灵岩山寺大鉴堂，谥静照禅师。塔在尧峰山寿圣寺，徐枋题“大光明藏”碣。

沈德潜木渎苦读中进士　沈德潜是清乾隆时著名诗人，长洲（今苏州市）人。早年有“神童”之称，精擅诗文，享誉江南，名声藉藉，然而科举屡试不第，参加岁科试共 30 余次、乡试 17 次。为了潜心科举，他于 57 岁那年从苏州葑门外竹墩老家迁居木渎山塘街，筑灵岩山居。他在此全心苦读，一心科举。清乾隆元年（1736），荐举博学鸿词科，因“失写题中字”而落第。他屡败屡战，乾隆三年（1738）终于考中举人，次年以二甲第八名进士及第。是年他已 67 岁，在木渎苦读了整整 10 年。

在木渎期间，沈德潜辑成《说诗晬语》等著作；他与当地文人广泛交往，沈磐、张锡祚、黄子云、盛锦都擅长吟咏，沈德潜称为“灵岩四诗人”，并汇订其诗稿刊印。入仕后，他以诗受到乾隆皇帝的赏识，常出入禁苑，与乾隆唱和。官至内阁学士、礼部侍郎。74 岁时，他在苏州永安桥北兴建别墅，正式离开木渎，迁回苏州。

印光灵岩山寺创净土道场　印光和尚是近代高僧，名圣量，字印光，俗姓赵，陕西

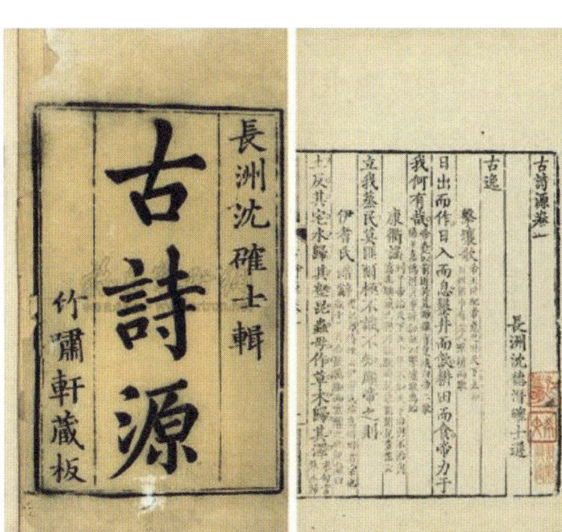

〔清〕沈德潜《古诗源》书影

印光像（1936 年）

郃阳人。1930 年自上海来到苏州，掩关穿心街报国寺，在灵岩山寺创办十方净土道场。山寺建筑次第恢复，先后撰写《灵岩山寺笃修净土道场启建大殿碑记》《灵岩山寺重修弥勒楼阁功德碑记》《灵岩山寺启建四众普同塔碑记》。灵岩山寺因此得以兴盛，名扬海内外。

印光和尚学识渊博，修道研法，造诣深厚，被尊为佛教净土法门第十三代莲宗世祖，与虚云、太虚、弘一并称为民国“四大高僧”。弘一称“大德如印光法师者，三百年来一人而已”。1940 年 12 月 2 日，圆寂于灵岩山寺，世寿 80 岁，僧腊 60 年。1947 年 10 月，灵岩寺大殿建成全身舍利石塔。其弟子又在灵岩山落红亭东山坡建有印光塔院（亦称印光园），在灵岩山南麓建亭子，取印光号继庐行者，命名“继庐亭”。

陈去病禁止天平山采石 陈去病是近代革命文学团体南社的发起人，著名诗人，吴江人。他对天平山情有独钟，常与柳亚子、金松岑等好友到此游览。

天平山因范坟受历朝政府保护，列为“永禁开采”。1926 年 1 月开工的南京中山陵第一期工程，选择在天平山附近的仙人宕开采石料。第二期工程用石量大，工期紧，石号、宕户于是准备到天平山采石，将意见提交总理陵墓工程处，函请吴县政府准予开采。范氏后裔非常着急，由第 26 世孙范恒牵头召集族人，联络吴中士绅张一麐等人商量对策，联系到家族旧交、时任大学院古物保管委员会江苏分会主任委员的陈去病。负责总理陵墓工程的民国政府政务委员张继正好到苏州督办采石工程，陈去病陪同前往天平山调查，再与张一麐、张一鹏、吴健庵等人研讨法律，达成共识。1928 年 4 月 3 日，陈去病执笔写下《履勘天平山采石记》，明确指出：“因建造陵墓而导致文物古迹破坏，为总理在天之灵所不能容许；号召吴地有识之士‘作不平之鸣’。”在陈去病等人的极力呼吁下，吴县县政府于当年 5 月、8 月发出布告，对天平山实施“禁采”。警察局派出 10 余人组成的骑巡队常驻天平山，监督宕户执行。天平山胜迹得以保护，安然无恙。范氏后裔将《履勘天平山采石记》等勒石刻碑。如今，此碑和《吴县县政府布告》等 4 块碑保存在天平山高义园里。

于右任题诗石家鲃肺汤 于右任是陕西三原人，早年因参加反清活动遭通缉，亡命上海，入震旦学院读书。1906 年起，先后在沪上创办《神州日报》《民呼日报》《民吁日报》《民立报》，开辟反清舆论阵地。在日本考察期间，结识孙中山，并加入同盟会。

1928 年 9 月，于右任的苏州籍爱妻黄纫艾不幸病逝于上海。10 月 5 日，于右任与老友李根源等前往光福堪舆择墓地。当时正是光福邓尉山桂花盛开时节，他与林少和、

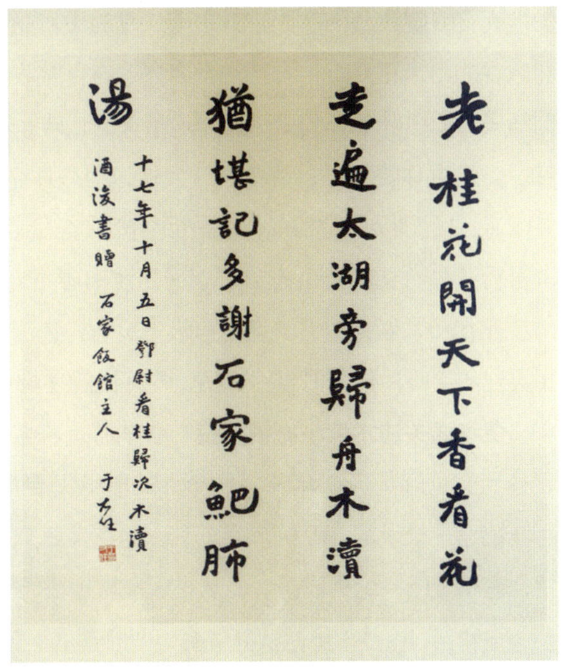

于右任书法

王启黄、张文生、祁筱峰等友人沿着太湖边而行，边观赏桂花边择墓地，不觉忘了归期。当于右任一行归舟木渎古镇时，已是腹中空空，饥肠辘辘，便来到镇上石家饭店。他连要了几份鲃肺汤，食毕，诗兴大作，在饭店墙上所挂的旧年画上欣然挥毫题诗："老桂花开天下香，看花走遍太湖旁。归舟木渎犹堪记，多谢石家鲃肺汤。"此事被苏沪两地的小报记者获悉，在沪报纸上渲染，石家鲃肺汤由此名声大振。1930 年秋天，担任南京国民政府监察院院长的于右任再次来到苏州，在李根源的陪同下再次到光福赏桂，又一次来到石家饭店品尝鲃肺汤，欣然题写"名满江南"4 个大字，写下"桂花香里鲃鱼肥，载酒行吟归不归"诗句。

石家饭店老板将于右任题词制成招牌，饭店风靡一时。李宗仁、李济深、沈钧儒、张治中、邵力子、叶楚伧、沙千里、史良、盖叫天、周信芳、张大千等社会名流以及黄金荣、杜月笙等沪上闻人都曾到店就餐。

邓拓灵岩山寺作画吟诗　邓拓是当代著名新闻工作者、政论家、历史学家、诗人和杂文家。1962 年春节，时任中华全国新闻工作者协会主席的邓拓与北京著名画家周怀民、上海画院副院长唐云等到灵岩山寺游览。寺庙方丈妙真用香茗与苏州土产熏青豆、春不老等招待。邓拓还是位书画收藏家，当时正计划写一部《中国绘画史》，他兴致勃勃地观赏寺院收藏的字画，其中有朱耷的山水花鸟、唐伯虎的落花诗、石涛的泼笔山水和虚谷的山水花卉等，看得很是高兴。在寺院收藏文物中有件唐代楠木雕刻观音像，雕刻精美，原由叶恭绰收藏，后赠送给灵岩山寺，被鉴定为国家一级保护文物。邓拓等观赏后，连声称赞不已，诗情画意大作，即兴挥毫。他与周怀民合作绘成《梅石》中堂，并赋诗："石破天惊骨相奇，冰霜历尽挺雄姿。灵岩月照罗浮影，更喜东风着意吹。年年占得百花先，红满枝头态自妍。最是江南春不老，岚光香雾绕山前。"后来，周怀民绘《灵岩山景》，题诗中有"盘山拾级上灵岩，夜深挥毫结墨缘"两句，就是指当年他与邓拓灵岩山寺吟诗作画旧事。邓拓、周怀民的《梅石》图，现保存在灵岩山寺。

费孝通关注木渎小城镇建设 费孝通是著名社会学家，对小城镇建设有特别的研究和独到的见解。1987 年 5 月，身为民盟中央委员会主席的费孝通到木渎考察，对木渎小城镇建设给予很高评价。回京后，他在《瞭望》杂志发表文章，称"灵岩山下的木渎镇，道路宽畅，绿树成荫，俨然是一座城镇公园"。

1992 年 10 月 3 日，秋高气爽，丹桂飘香。时任全国人大常委会副委员长的费孝通再次到木渎视察。上午 9 时 30 分，82 岁的费孝通来到位于苏福路的苏州意华塑料制品有限公司，他下车后顾不得休息，走进车间参观。隔着全封闭的玻璃窗，他神情专注地望着一支支一次性注射器在流水线上鱼贯而出，连声称赞。意华公司的总经理告诉他："这是全国规模最大的一次性注射器生产厂之一，年生产能力 1 亿支，产品出口东南亚地区。"费孝通听后，高兴地点头称好。

费孝通一如既往关心木渎小城镇建设，讯问近年来建设情况，听取木渎镇领导的汇报，目睹沿路两旁的建筑群，他夸奖木渎镇建设速度很快，说道："搞市镇建设与搞经济建设一样，应该有这种远见。"中午，来到石家饭店就餐，欣然挥毫赋诗："灵岩遥揖范公祠，老桂花开正值时。乡情洋溢沁人心，石家鲃肺又入诗。"

艺文著述

木渎文化发达，积淀深厚。汉代朱买臣，宋代顾禧，明代杨基，清代徐政、沈钦韩，近代张郁文……历朝历代文人辈出。清代散文家汪琬隐居尧峰山，诗学家叶燮在横山讲学，诗评家沈德潜在山塘街鹭飞桥畔编著《说诗晬语》等，沈磐、张永夫、黄子云、盛锦“灵岩四诗人”留下大量诗作佳篇。新中国成立后，文艺创作繁荣。

木渎是风景名胜地，历代文人墨客探幽寻胜，流连忘返，诗赋吟诵，留下众多的诗词艺文。境内寺庙道观众多，记载其沿革变迁的志书亦多。明清以来，有识之士撰着汇编著作，明代冯翼的《渎上篇》，清代章日照的《灵岩三家诗选》以及汪正的《灵岩诗》《木渎诗征》《木渎诗存》《木渎文存》，当代陆文贤的《历代名人咏木渎》《木渎古镇对联集成》《木渎古镇文选》，搜集保存了大量的佳作名篇。

诗歌选粹

登琴台

〔梁〕萧纲

芜阶践昔径，复想鸣琴游。音容万春罢，高名千载留。

弱枝生古树，旧石染新流。由来迭相叹，逝川终不收。

——《梁简文集》

苏台览古

〔唐〕李白

旧苑荒台杨柳新，菱歌清唱不胜春。只今惟有西江月，曾照吴王宫里人。

——《全唐诗》卷一八一

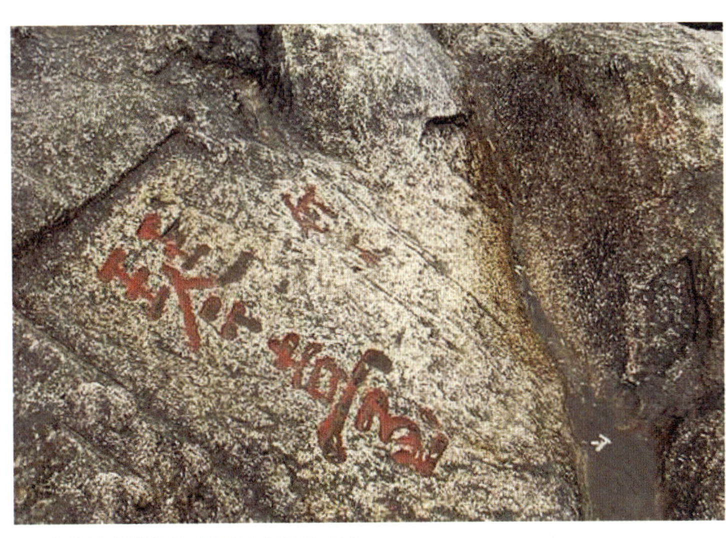

灵岩山摩崖石刻“琴台”（2015 年）

游灵岩寺

〔唐〕韦应物

始入松路永，独欣山寺幽。不知临绝槛，乃见西江流。吴岫分烟景，楚甸散林丘。方悟关塞眇，重轸故园愁。闻钟戒归骑，憩涧惜良游。地疏泉谷狭，春深草木稠。兹焉赏未极，清景期杪秋。

——《全唐诗》卷一九二

题灵岩寺

〔唐〕白居易

娃宫屧廊寻已倾，砚池香径又欲平。二三月时何草绿，几百年来空月明。使君虽老颇多思，携觞领妓处处行。今愁古恨入丝竹，一曲凉州无限情。直自当时到今日，中间歌吹更无声。

——《全唐诗》卷四四四

馆娃宫怀古

〔唐〕皮日休

艳骨已成兰麝土，宫墙依旧压层崖。弩台雨坏逢金镞，香径泥销露玉钗。
砚沼只留溪鸟浴，屧廊空信野花埋。姑苏麋鹿真闲事，须为当时一怆怀。

——《全唐诗》卷六一三

吴宫怀古

〔唐〕陆龟蒙

香径长洲尽棘丛，奢云艳雨只悲风。吴王事事须亡国，未必西施胜六宫。

——《全唐诗》卷六二九

白云泉

〔北宋〕范仲淹

灵泉在天半，狂波不能侵。神蛟穴其中，渴虎不敢临。
隐照涵秋碧，泓然一勺深。游润腾云飞，散作三日霖。

天造岂无意，神化安可寻？挹之如醍醐，尽得清凉心。
闻之异丝竹，不含哀乐音。月明群籁息，涓涓度前林。
子晋罢云笙，伯牙收玉琴。徘徊不拟去，复发沧浪吟。

——《古今图书集成》第六八六卷

穹窿山

〔北宋〕杨备

吴郡名山第一山，翠微心在碧霄间。林泉潇洒烟岚秀，直拟结庐终老闲。

——《全宋诗》第二十八部

晚登木渎小楼

〔南宋〕范成大

万象当楼黼绣张，阑干一一立苍茫。云堆不动山深碧，星出无多月淡黄。
宿鸟尽时犹数点，归鸿惊处更斜行。松陵政有鲈鱼上，安得长竿坐钓航？

——《全宋诗》第五部

题白云寺

〔元〕倪瓒

龙门秋月影，茶室白云泉。不与世人赏，瑶草自年年。
复有天池水，松风舞沦涟。何当蹑飞凫，一采池中莲。

——《古今图书集成》第六八六卷

木渎敌楼（清末）

白云古刹（2005 年）

雨中过山

〔明〕高启

春云晻霭涧奔浑，风雨行人过一村。不似山家深竹里，乳鸠啼午未开门。

——《古今图书集成》第六八六卷

穹窿山诗

〔明〕吴宽

我闻吴中谚，阳山高抵穹窿半；壮哉拔地五千仞，始羡吴中有奇观。铜坑邓尉作屏扆，天平灵岩当几案；吾闻法华与雅宜，水边横亘如长岸。何人著山经，宜作吴山冠，但嫌地势高，山家无忧旱。舟行半日青已了，却被浓云忽遮断。水回路转二三里，依旧诸峰青历乱。人云山顶百亩半，合结茅庐傍霄汉。龙门胜迹未遑游，坐向船头先饱看。

——《穹窿山志》卷五

天平山

〔明〕文徵明

雨过天平翠作堆，净无尘土有苍苔。云根离立千峰瘦，松籁崩腾万壑哀。

鸟道逶迤悬木末，龙门险绝自天开。溪山无尽情无厌，一岁看花一度来。

——吴江博物馆《徵明行书手卷》

金山

〔明〕杜庠

阖闾城外翠云间，扬子江心白浪湾。踏破芒鞋踪迹遍，始知人世两金山。

——〔清〕道光《苏州府志》卷第一百三十九

题贺九寺

〔明〕申时行

吴王昔日登高地，千载犹传贺九名。不见旌旗疏辇道，尚闻岩谷应呼声。

莲峰静拭寒烟吐，岭树常衔夕照明。寂寞山僧时倚杖，荒郊闲看鹿麋行。

——《古今图书集成》第六八六卷

西施洞

〔明末清初〕顾炎武

馆娃遗迹草迷离，古洞千秋尚姓施。大可功成隐岩穴，又何一舸逐鸱夷？

——民国《灵岩山志》卷一

怀灵岩

〔清〕徐灿

支硎山畔是侬家，佛刹灵岩路不赊。尚有琴台萦藓石，几看宝井放桃花。

留仙洞迴云长护，采药人回月半斜。共说吴宫遗屧在，夜深依约度香车。

——《拙政园诗集》卷上

穹窿山望湖亭望湖

〔清〕爱新觉罗·弘历

震泽天连水，洞庭西复东。双眸望无尽，诸虑对宜空。

三万六千顷，春风秋月中。五车禀精气，谁诏陆龟蒙？

——〔清〕道光《苏州府志》卷首之五

灵岩山“吴中胜迹”题词（2000 年）

穹窿山望湖亭（2015 年）

读书台怀古

〔清〕许维升

深山片石高，嵯峨立榛莽。隐隐读书声，林泉尽传响。
徘徊倚秋空，孤怀殊惚恍。梯岩逼青雯，而乃得心赏。
闻说汉翁子，挟编时独往。攀云羡飞腾，临风滋慨慷。
赫赫会稽守，早已出其上。贫贱安足怜，使我长瞻仰。

——《穹窿山志》卷六

穹窿禅寺

李希白

才上宁邦玩月台，又到朱公读书处。两肩挑云大有人，一担横经谁为步。
竹深露重翠沾衣，松古风摇香满路。好是僧家茶当酒，清供聊将重阳度。
摘取山花插满头，纵无萸菊亦成趣。好游不觉归来迟，莫认山中观棋误。

——李根源《松海》

松海歌

陈衍

上冢庞公不胜数，誓墓右军独千古。何如我友李腾冲，买山葬亲自负土。泌也宰相仍白衣，广也将军只射虎。赞皇草木平泉庄，岂若愿也盘谷得其所。我曾一宿来匆匆，见公手种廿万松；我乃名之曰松海，擘窠上石屡磨砻。犒以食料何乃丰，有如烹羊供卫

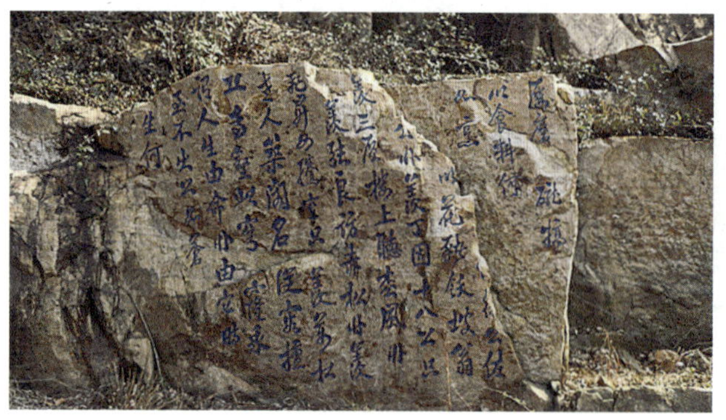

小王山《松海歌》摩崖石刻（2015 年）

公。佐以花猪饫坡翁，知公非羡丁固十八公。只羡三层楼上听松风，非羡张良访赤松。非羡升仙女腾空，只羡万松老人筑阁名从容。擅丘专壑此穹窿，我谓人生由命非由他。时至不出，公如苍生何？

——李根源《松海》

文章选粹

登姑苏台赋

〔唐〕任公叔

司马迁世掌天官，才称良史，探禹穴之遗迹，纪吴国之旧轨，乃抚然而嘻曰：登此姑苏之墟，淹留兮踌躇，感斯宇之基为沼，而仲雍之祀忽诸。我闻周道既衰，诸侯狎主，中无霸王，蛮戎振旅。始阖闾以信威，继夫差以极武，斜与劲越同壤，右以强楚为邻，内有高台之筑，外有远略之勤，积如莽而暴骨，亦如仇而视人。是以疆场日骇，板筑未弭，方五载而厥成，造中天而特起。因累土以台高，宛岳立而山峙，或比象于巫庐之峰，或倒影于沧浪之水。悉人之力，以为美观；厚人之泽，以为侈靡。斯实累卵于九层，夫何见乎三百里？野语有之曰："川壅则溃，月盈而斥。"善败由己，吉凶何常。矧谋主之赐剑，若涉川兮无梁，以为栖越以求霸，卒见豢吴而受殃。客自南鄙观于江，徘徊旧德，惆怅前闻。试游目于寥廓，曾是岿然而参云；听逆虐而翳谏，竟麋鹿而为群。高天放旷，平湖泱漭，奕奕孤屿，茫茫极浦，悲旱雁于海风，啸高鸥于江雨。况复关梁坐隔，羁旅增愁，山木将落，汀葭乱秋。思美人兮，子胥何为？怀直道而骤谏，遭重昏之见危，将渔父以抗迹，且垂钓于江湄。高台既倾，夕露沾衣，感莅国之不及，冀莱人之与归者也。

——《吴郡志》卷八

穹窿山寺记

〔宋〕杨宿

穹窿禅院者，唐会昌六年之所建也。先是萧梁下诏，取梅梁于兹地，致白马之奠，感明神之征，因谓白马坞，即兹院之址也。至唐宣宗改元大中，重兴梵宇，法眷承绍，六世于兹。事旷缮完，迨今百载，飞梁朽以虹天，危檐压而翼摧，则燥湿之患是生矣。大教不泯，招来信人。天王嗣位之八年，粤有当院徒弟奉安，发志必葺，梁得檀那继踵而至，自夏侯、钟离二氏等一百五十余人，咸蠲净缗。鼎新大壮，殿堂爽垲，廊庑轇轕，璇题次第以辉鲜，金地回环而严洁。於戏！阿含所云，若能补故寺者，是谓二梵之福。则安师之兴葺能事有是夫，诸檀信之慈悲喜舍有是夫。魁兹胜事，愿勒贞珉，聊奋直笔，为纪岁时。皇宋景德四年五月九日记。

——《吴郡志》卷三十三

游灵岩天平山记

〔元〕朱德润

吴郡之西为湖，东为江，独灵岩、天平为山之胜境。予昔陪宋尚书诚夫来游，距今十有七年矣。其山峦林麓陂池之美，盖尝粗记而未能再览其详也。至正己丑春暮，判簿顾君定之，毗陵潘子仪、曹德文，约予为山行。于是买舟携具，于城西之枫桥入，过雁港，先抵吴安山下，即乘肩舆行二三里，至观音山，有“寒泉”二字于卧石，字皆方丈余。又行抵北山，抚蟠松，还宿衍福精舍。明日复就肩舆，由吴安山左度天平岭，瞻文正范公故祠，乔木森茂，异石林立。转过野桥村店，山回涧曲，樵歌牧唱，相与应答以翠微空旷之间。里人所谓鸡经山、虎子谷者，突然乎其左；琴台、羊肠岭者，兀然乎其右。迤值上坡陁，经荦确，曰观音峰，曰猿愁岭，皆陟险攀缘而上，直抵灵岩山永祚寺后。回望诸山，皆在其下，菜畦麦陇，苍黄相间。入寺观八角井，出响屧廊，陟香径，登琴台。予足力倦，距两步而止，回抚偃松，倚盘石，坐涵空阁。南望三山环抱，即太湖之洞庭，山色苍茫，湖光镜净，瞰飞鸢于木杪，睇云帆于天际。于是临前轩，濯浣花池，寺僧揖予小亭而憩焉。询昔游之记，则已刻于五至堂矣。众客举酒相属，倘佯久之，皆步出前三门，有亭翼然，则陆象先之所曾游息也，故刻“象先”二字于匾。即由山径寻所谓西施洞，则古佛石像在焉。遂缘山而下，路两傍松杉阴翳，苍藤如虬蜿，鸟声关关，游人交躅，真一时之佳致也。乃环山而归，复抵天平之白云寺，入拜范公祠

天平山庄（2017 年）

下。出则日色已晡，烟光黯淡。诸峰如人立，如戟插，如笔卓，如拱如揖，如迎如送，皆天造之巧也。仆谓定之曰：“人生聚散之踪，来不可期，去不可追。矧岁月奔驰，一俯一仰，悉为陈迹，物是而人非者有矣。今则天和日晴，川朗山秀，心开而目明，意适而情畅，有朋侪足以唱和，酒肴足以献酬，讵知非它日之观美乎！则斯游也，不可以不记。”至正九年三月廿二日，朱德润记。

——《存复斋文集》卷二

游天平山记

〔明〕高启

至正二十二年九月九日，积霖既霁，灏气澄肃，予与同志之友以登高之盟不可寒也，乃治馔载醪，相与诣天平山而游焉。山距城西南水行三十里，至则舍舟就舆，经平林浅坞间，道旁竹石蒙翳，有泉伏不见，作泠泠琴筑声，予欣然停舆，听久之而去。至白云寺，谒魏公祠，憩远公庵，然后由其麓狙杙以上。山多怪石，若卧若立，若搏若噬，蟠拏撑拄，不可名状。复有泉出乱石间，曰白云泉，线脉萦络，下坠于沼，举瓢酌尝，味极甘冷。泉上有亭，名与泉同。草木秀润，可荫可息。过此则峰回磴盘，十步一折，委曲而上，至于龙门，两崖并峙，若合而通，窄险深黑，过者侧足。又其上有石屋二，大可坐十人，小可坐六七人，皆石穴空洞，广石覆之如屋。既入，则懔然若将压者，遂相引以去。至此，盖始及山之半矣。乃复离朋散伍，竞逐幽胜，登者，止者，哦者，啸者，惫而喘者，恐而咷者，怡然若有乐者，怅然俯仰感慨若有悲者，虽所遇不同，然莫不皆有得也。予居前，益上，觉石益怪，径益狭，山之景益奇，而人之力亦益以惫矣。顾后者不予继，乃独蹇裳奋武，穷山之高而止焉。其上始平旷，坦石为地，拂石以坐，则见山之云浮浮，天之风飕飕，太湖之水渺乎其悠悠。予超乎若举，泊乎若休，然后知山之不负于兹游也。既而欲下，失其故路，树隐石蔽，愈索愈迷，遂困于荒茅丛之间。时日欲暮，大风忽来，洞谷谽谺，鸟兽鸣吼。予心恐，俯下疾呼，有樵者闻之，遂相导以出，至白云亭，复与同游者会。众莫不尤予好奇之过，而予亦笑其恇怯颓败，不能得兹山之绝胜也。于是采菊泛酒，乐饮将半，予起言于众曰："今天下板荡，十年之间，诸侯不能保其国，士大夫之不能保其家，奔走离散于四方者多矣。而我与诸君蒙在上者之力，得安于田里，抚佳节之来临，登名山以眺望，举觞一醉，岂易得哉？然恐盛衰之不常，离合之难保也，请书之于石，明年将复来，使得有所考焉。"众曰喏。遂书以为记。

——《凫藻集》卷一

天池

〔明〕袁宏道

从贺九岭而进，别是一洞天。峭壁削成，车不得方轨，飞楼跨之，舆骑从楼下度。逾岭而西，平畴广野，与青峦紫逻相映发。时方春仲，晚梅未尽谢，花片沾衣，香雾霏霏，漫十余里，一望皓白，若残雪在枝。奇石艳卉，间一点缀，青篁翠柏，参差而出，种种夺目，无暇记忆。归来思之，十不得一，独梦境恍惚，余芬犹在枕席间耳。土人以茶为业，隙地皆种茶，室庐不甚大，行旅亦少，鸡犬隐隐，若在云中，因诵苏子瞻"空山无人，水流花开"之偈，宛然如画。四顾参曹，无一人可语者。余因下舆，令两小奚掖而行，问若佳否？皆云："疲甚，那得佳。"行数里，始至山足，道旁青松，若老龙麟，长林参天，苍岩蔽日，幽异不可名状。才至山腰，屏山献青，画峦滴翠，两年尘土面目，为之洗尽，低回片晷，宛尔秦馀，马首红尘，恍若隔世事矣。天池在山半，方可数十余丈，其泉玉色，横浸山腹。山巅有石如莲花瓣，翠蕊摇空，鲜芳可爱。余时以勘地而往，无暇得造峰顶，至今为恨。寂鉴庵在池旁，内有石室三间，柱瓦皆石，刻镂甚精。室后石殿一，殿甚宏敞，内外柱皆石，围三尺许，禅堂僧舍，周绕其侧，亦胜地也。时寺僧方有构，庵内行脚挂搭者多，余意欲讽其去，因大书简板曰："种阿僧善根，亲非亲，怨非怨，阳焰空华，诸法皆如幻；遍阎浮提佛土，去自去，来自来，闲云野鹤，何天不可飞？”自是诸僧稍稍散矣。

——《袁中郎全集》卷八

二茅峰记

〔清〕李标

山灵之有怪石，犹丈夫之有异骨也。丈夫无异骨者，不可与入道；山灵无怪石者，不可以栖真。吾尝见黄山石骨，天下异绝，一指一臂，俱可插云，峰峰逼天，十里无附，此犹龙之骨，非人世所常有。下数黄龙洞、莲花顶之骨，容貌姣好，绘成文章，此文士之骨，而不足与近仙真。乃吾见中峰之骨，其奔放谲诡者，怪不一状，若怒猊，若攫狮，若嗥象之逸岭，若渴马之饮溪，跬步险侧，怪不可履杖策，未敢翼而乃趋。世间骨性异人，固与行人格格不相亲若此。由大茅峰而上视，苍空积翠，似可尺计，由大茅峰而下视，百寻失足，毛惨肌栗，似乎上者之近，而下者之远也。未几，策杖而下，药花分红，古茅破绿，鸟道侧足者，顷刻而至，而卒不闻上有寸风片云，可随白鹄翱翔去者，又何上达之难而下达之易也。中峰平壤数丈，断碑绿苔，有延祐纪年，岂昔日固祠

〔清〕马咸《穹窿山图》

于此耶，抑以穹碑纪真君显化处也。夫当日明光宫里，捧出芝封，六辔驰花，香飘龙篆，以致敬名山大泽，能兴云雨益百姓者，百里聚观，何等胜事，而此日残碑断藟中，曾不得有樵夫牧竖牵衣碎记当年事者。况吾侪策杖山头，若飘埃之点寥廓，欲持蜗角纤毫记仙家胜地，吾恐深深翠里，咄咄风前，有嗤下士蜉蝣之顾者，又安敢冀定箓峰头，烟霞之有喜色哉。中峰再起再伏，其第三起，则为三茅峰。

——《穹窿山志》卷四

吴山十二图记（节选）

〔清〕徐枋

灵岩、邓尉两山固吴山之殊胜，两山法席亦吴中之巨丽也。每谓邓尉以湖山取胜，灵岩以泉石争奇。而一登涵空之阁，陟琴台之巅，以香泾为襟带，以具区诸山为屏案，则湖山之胜灵岩固兼有之矣。而自山麓以至绝顶多奇石多古迹，骚人凭吊资其风雅，亦一无尽藏也。

天平泉石之胜甲于吴山，自陟山麓迤逦而上，龙门两石夹立，其高几丈，中通一径，登山者必从中而过。白云泉则巨石如扆，崚嶒磅礴，石有罅如线，涓涓成池。而最胜者则莲华洞也，其蹊径之屈曲梯登之，魂奇峰粤之峥嵘，竹树之葱蔚，诚有所谓善画者莫能图也。

上沙，在天平、灵岩之间，其地最胜。

〔清〕徐枋《灵岩积翠图》

大焦仰天界其右，笏林、岝崿峙其左，中为村落，多乔林古藤，苍松翠竹，与山家村店相掩映，真画图也。一涧从灵岩、大焦逾重岭而来，涧声潺潺，水周屋下。予草堂在焉。轩窗四启，群峦如拱，空翠扑人，朝霏夕霭，可卧而游，又不假少文图画矣。

华山为吴山最胜，从支硎、寒山而来，有亭翼然，即华山。初地也，路平如砥，长松参天，翠磴丹梯，可陟可坐，崖树交柯，绿阴覆道。华山全体俱奇，而鸟道尤胜，昔时赵凡夫与朱白民两隐君为山一开生面，凡夫有摩崖大书，白民凿一巨石为接引像，至今犹标胜山中云。

天池在华山之幽，从莲华峰而下未及半，即天池也。四面皆石壁，巉岩崭巌，群峭摩天，中汇一池。池甚广，当池之中复有石壁涌起，崚嶒层视如莲华。而遥望绝壁，则四围苍翠，树石参错，而谷鸟翔鸣，溪山悄然，真殊境也。

吴中诸山多名胜，然苦乏幽深之致，惟竺坞则连峰列岫，以引其前，重冈复岭，以障其后。自伏龙、凰村越溪渡硐，一入坞中，迥然绝尘。山鸟山花，幽蹊绝径，若与世隔。昔文文肃公筑竺坞草庐于此，亭馆泉石，标奇领异，中则有钓矶、石屋，外则有湘云渡、仙掌峰，此又招提之胜概矣。

——〔清〕道光《苏州府志》卷第一百三十二

游姑苏台记

〔清〕宋荦

予再莅吴将四载，欲访姑苏台未果。丙子五月廿四日雨后，自胥江泛小舟出日晖桥，观农夫插莳，妇子满田塍，泥滓被体，桔槔与歌声相答，其劳苦殊甚。迤逦过横塘，群峰翠色欲滴。未至木渎二里许，由别港过两小桥，遂抵台下。山高尚不及虎丘，望之仅一荒阜耳。舍舟乘竹舆，缘山麓而东，稍见村落，竹树森蔚，稻畦相错如绣。山腰小赤壁，水石颇幽，仿佛虎丘剑池，夹道稚松丛棘，薝葡点缀其间，如残雪，香气扑鼻。时正午，赤日炎歊，从者皆喘汗，予兴愈豪，褰衣贾勇，如猿猱腾踏而上。陟其巅，黄沙平衍，南北十余丈，阔数丈，相传即胥台故址也，颇讶不逮所闻。吾友汪钝翁记称方石中穿，传为吴王用以竿旌者；又矮松寿藤类一二百年物，今皆无有。独见震泽掀天涌日，七十二峰出没于晴云淼中，环望穹窿、灵岩、高（皋）峰、尧峰诸山，一一献奇于台之左右。而霸业销沉，美人黄土，欲问夫差之遗迹，而山中人无能言之者，不禁三叹。从山北下，抵留云庵，庵小有泉石，僧贫而无世法，酌泉烹茗以进。山中方采杨梅，买得一筐，众皆饱啖，仍携其余返舟中。时已薄暮，饭罢，乘风容与而归。

——《西陂类稿》卷二十六

天平山看枫叶记

〔清〕李果

天平山，予旧所游也。乾隆七年十月朔之二日，马生寿安要予与徐北山游。泛舟从木渎下沙可四里，小溪萦纡，至水尽处登岸，穿田塍行，茅舍鸡犬，遥带村落；纵目鸡笼诸山，枫林远近，红叶杂松际；西山皆松、栝、杉、榆，此地独多枫树，冒霜则叶尽赤。今天气微暖，霜未著树，红叶参错，颜色明丽可爱也。历咒钵庵，过高平范氏墓，岩壑溢秀，楼阁涨彩。折而北，经白云寺，憩泉上，升阁以望，则天平山色崚嶒，疏松出檐楯，凉风过之，如奏琴筑，或如海涛响。马生出酒馔，主客酬酢，客有吹笛度曲者，其声流于林籁，境之所涉，情与俱适，不自知其乐之何以生也。方今淮、徐十四州县被水，舟从城上过，济宁河堤继决，枣林诸处数十里多牵马船载以渡，而沛县复水涌

天平山枫叶红了（2017 年）

流，民载路上。廑天子宵旰，出帑金赈恤，谋毋失所。而吾郡获邀苍昊太和之气，秋禾茂登，民物安阜。初冬佳日，吾党得以嬉游田野，顾瞻山泽之明秀，云磴石壁，巉削类断，深林红叶，掩映若画，酌芳醴，对良友，陶陶衎衎，舒我襟抱，觉天地之浩浩，景物之熙熙，而忘吾生之须臾也，其乐又宁有涯欤？

始约游者六人，马退山、张秉衡、王在林皆以事阻，而予儿子师稷适来，马生之父南村闻予游辄喜，携其孙以从，适得六人。游之后四日，北山补图以纪其胜，而予为之记。悔庐翁李果。

——《在亭丛稿》卷九

遂初园记

〔清〕沈德潜

容斋吴太守于木渎镇东治园一区，园故废地，蠲荒薉，拂蒙翳，因其突者垒之，洼者疏之，垒者为丘为阜为陂陀，疏者为池。因池之曲折，界以为堤，跨以为桥，楼阁亭榭，台馆轩舫，连缀相望，垣墙缭如，怪石嵚如，古木槎枒，篔筜萧疏，嘉花名卉，四方珍异之产咸萃。园既成，名曰遂初，取孙兴公绰赋名以托意云。予尝与客往游，经邃室，循修廊，西折而西南者，为拂尘书屋，深静闲敞，林阴如幄，于休坐宜。经桂丛北迤，有亭翼然，俯临清流，为掬月亭，倒涵天空，影摇几席，于玩月宜。自亭而东，随堤南折，沿石齿，度略彴，为听雨篷。宾朋既退，船窗四阖，风摇枝柯，飒飒疑雨，于夜卧宜。东望为鸥梦轩，主人息机，物我偕适，于徙倚宜。又东迤为凝远楼，登楼四望，娃宫西峙，五坞东环，天平北障，皋峰南揖，余若鬣、若奔、若倚、若伏，苍烟晴翠，斗诡献异，胥入栏槛，于眺览宜。楼之东为清旷亭，绮疏洞开，招纳远风，于披襟宜。亭皋南折，回旋冈岭，拾蹬级，穿梅林，耸然而高者为横秀阁，东北送目，平田万顷，纵横阡陌，绿浪黄云，夏秋盈望，于观稼宜。其他平室深窝，交窗复壁，敞者宜暑，奥者宜寒，约略具备。此遂初园之胜概也。夫园名遂初，慕兴公作赋之意而名也。然考《晋书》，兴公隐于会稽，放浪山水，作《遂初赋》以致意，后为散骑常侍，上书言事。桓温笑之曰："何不寻君《遂初赋》，知人家国事邪？"是兴公先赋《遂初》，而后历宦途者也。今太守两典剧郡，民以宁一，大吏方交荐之，而翻然归田，丘园偃息，斯真能遂其初服者，而岂若兴公之前后异趣，有言不复者与？抑太守于四时佳序，逍遥杖履，涵泳太平，胸怀所乐，若有一己独喻，而不必喻之人人者，是岂无得于中者而能然

与？然则林园景物亦寄意而已，而人世之侈靡相高，徒有羡于金谷、铜池之华者，为足陋也。承太守命作记，遂记之。

——民国《吴县志》卷三十九

登灵岩山琴台记

〔清〕姚燮

灵岩山之椒曰琴台，相传为吴王弦歌之地。台下之径，即所云响屧廊者，然眇无所征，存其说可也。山之势，句者锐，窪者欹，坦者庳下而阴，穹者磝礐而磊，千推百拥，脉束络结，荦乎成一台，遂踞兹山之胜。是日也，秋风正高，万象森逼，凛若颠陨，虚若振飞，爰拭藓趺坐以憩焉。兰丛蘙蘙，结其幽怨；松气勃勃，郁之满衿。流精四眄，群纲一提。青天上横，而片云不滓；午日下照，而六幕皆洁。穹窿左屏，明螺两髻；洞庭斜迆，菡萏九葩。隔林烟横，城郭十万之灶；吹空帆乱，具区千顷之波。因之揽斗南之山川，怆姑胥之伯业。铜沟玉槛，美人蛊于椒华；地户天门，军阵雄于东武。海灵仙逝，春宵梦回，鸱夷之魂待招，属镂之芒旋蚀。荒陵凄雨，不复笙歌；幽径夕阳，已无花草。荡羁愁之浩莽，不知吾涕泗之何从也。塔铃乍喧，山鸟皆舞，扪萝下厂，晚气已乘，群从促归，一僧相送。

——《复庄骈俪文榷二编》卷五

吴丞相顾雍祖孙墓记

李根源

吴县张壬士郁文《木渎小志》载，吴丞相顾雍墓在穹窿山坞。注云:《顾氏谱》小黄山有祖墓三，汉驰义侯贵、吴丞相雍、梁建安令烜。自宋顾禧居邳村，子孙世守其祭。考穹窿中干也，山之东麓为吾母阙太夫人墓域所在，意常与顾墓邻近。去岁十月，至山中集村人暨顾氏子姓询之，莫知其处。愕然久之，而心终未忘。今复来山，宿秀水王氏墓庐，殷君泰来访，云:“邳村顾桐生有顾氏旧谱抄本”。乃邀桐生持谱来，阅之，三墓暨彦成、禧父子确葬小王山。然桐生终莫知其处也。余偕桐生暨乡人再往，寻之于小王山南麓，荆莽丛中得碑一方，字为风雨剥蚀，剔拓审视，中镌三行，曰“汉驰义侯、顾氏迁吴始祖贵，吴丞相、封醴陵侯顾雍，梁建安令、赠侯爵顾烜之墓”。左侧镌二行，曰“祖传顾氏上世并附于此。宋文节公彦成及漫庄先生禧，皆附葬此墓”。右侧镌一行，

小王山顾雍祖孙墓（2017 年）

曰“嘉庆丙子岁初冬，裔孙顾锡周、卿云、尚耀、震云敬立。”碑后三冢，岿然平列，面晏岭。壬山丙向，千年名迹，一旦披露，闻者莫不惊喜。

然余不能无感焉。此墓明知在小王山，访之屡矣。其地距吾母兆域才五十丈，逾岭即是，且有墓碣可认，而几失之咫尺。彼乡人暨其子孙亦茫然而听其湮没。吴中先贤名墓若是者，不知凡几，滋可惧也。或曰隐显晦明，是有数焉，诚以求之，鬼神来告。然耶？否耶？乃为立碣其地，种松以护其墓，冀顾氏嗣裔世守厥祀，永永勿替焉。次日，又于小王山东麓南端丛冢中，得潘氏南渡始祖之墓；再于北端南竹坞村后，获宋秘书省正字周南墓，均培土立碣，并识于此，以稔来者。民国十七年戊辰正月初十日。

——《松海》

羡园记

钱仲联

世称桂林山水甲天下，而吴会则以园林甲天下名。吴会园林萃于今之旧城区及附郭，其在乡镇则以木渎一镇园林为之甲。谈园林者不可不知吴会，亦不可不知木渎，否则乃目拘一隅未能圆照者焉。

木渎古镇位郡城西郊，胜迹夥颐，夙有园林之镇之称。明清时是镇私家园林达二十余，遂初园、羡园俱江南之名园也。羡园位镇之山塘街王家桥畔，因园主严姓而有严家花园之号。乾隆时，为诗人沈归愚寓居。道光时，沈氏后裔售园与木渎诗人钱端溪，名之曰端园。镇名士冯桂芬、叶昌炽先后寓此。光绪二十八年，端园易主于镇人严国馨。

严氏世操陶朱公术，致巨富。国馨得此园后，鸠良工重葺。钦慕前代贤哲易园名为羡园，自号羡园主人。后经倭夷入寇，园被殃及。己卯岁初乃进行修复。重修之后，面南，中间为住宅，三面为园。有友于书屋、延青阁、澈亭、锦荫山房，疏密曲折，高下得所。按季节种植各类花木，古玉兰、荷、桂、梅，四时各擅厥胜。骚客雅士可以于此枕流漱石，遥挹灵岩之秀，近吸香溪之芬。较之板荡凄凉之岁，烟峦如赭、流水如焚者，风物顿殊，不能不令人兴沧海桑田之感矣。庚辰秋，虞山九十三老人钱仲联撰书。

民间故事

木渎百姓在长期的劳作与生活中，曾经创作了丰富的民间故事及传说，寄托对社会的臧否和生活的情感。这些故事与传说深为百姓喜闻乐见，口口相传至今。现择录数则，以窥木渎文化一斑。

痴汉等老婆　相传秦朝时，灵岩山下有户人家，夫妻两人，男的叫阿夯，力大惊人；女的叫阿巧，非常标致。夫妻俩日子过得和和美美。

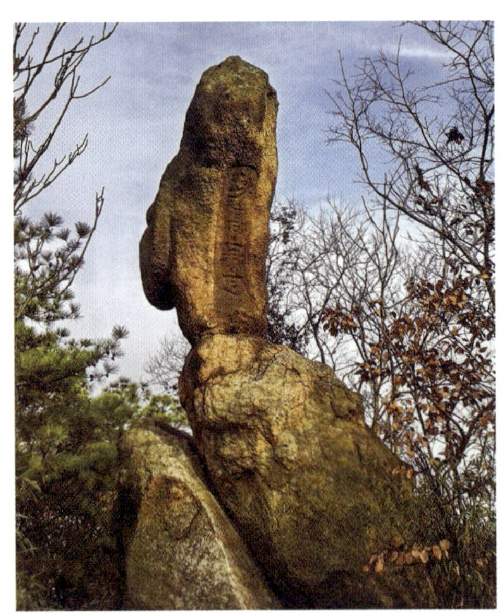

奇石“痴汉等老婆”（2016 年）

有一年，秦始皇在全国各地挑选大力士做卫士，圣命传到木渎。驻镇上的朝廷官员龚龙，外号龚扁头，得知消息以后一心想把阿夯送到秦始皇那里去，自己就可以升官发财，还可以把阿巧抢过来做小老婆。一天，阿夯挑着山柴到街上售卖，龚扁头说要买他的柴，叫他挑到衙门厨房里，并请他坐一会吃杯茶再走。阿夯一杯茶下肚，顿时头晕眼花，昏坐在座位上。待他苏醒过来，已经是手铐脚镣，像犯人一样躺在囚车里，十多个士兵推着车，日夜兼程，向北赶路。

再说阿巧不见阿夯回家，便到镇上打听他的下落。有人告诉她，早晨阿夯挑柴进了衙门，她便赶到衙门问讯。龚扁头早就在衙门口守候，龚扁头说阿夯在衙门里，领阿巧去见。阿巧进了衙门却迟迟不见阿夯，感到事情不妙，忙问阿夯在哪里。龚扁头说："阿夯替官府运柴到县衙去了，明天一早回来，你先在这里住一夜。"龚扁头嘿嘿地笑着，边说边动手动脚。阿巧知道强来不行，于是顺水推舟说道："忙什么？"

龚扁头一听，高兴得手舞足蹈，便把阿巧领到楼上房间里。阿巧坐定，说要盆洗脚水。龚扁头亲自下楼端来一盆水，送到阿巧前面，阿巧趁他的头要抬未抬之时，顺手抓起台上的铜花瓶，对准龚扁头的后脑勺狠狠砸下，龚扁头当即不省人事。阿巧吹熄灯火，迅速逃出衙门。她回家一看，自己家房子已经被烧成灰烬。阿巧无处安身，心里又惦念阿夯，边哭边走，连夜进城寻找。

再说阿夯被押送到咸阳，秦始皇留他做了卫士。阿夯想念阿巧，就设法逃出咸阳城，一路乞讨回来。可是回家一看，房子烧了，阿巧不见了，经过打听才知道是龚扁头下的毒手。阿夯实在气愤，誓要报仇。

再说被阿巧打昏的龚扁头，直到第二天早晨才苏醒，接着一场大病，半年没起来床。他听说阿夯逃了回来，便派人前去捉拿。岂知阿夯拿着铁扁担先闯到龚家，对准龚扁头就是一扁担，阿夯下楼后，放火烧了衙门。大火烧着烧着，他突然大笑起来，疯了。他跑到灵岩山上，日夜站着，遥望东方，不断地喊："阿巧，我在这里等你，你快回来吧——"喊啊喊啊，直到绝气，慢慢地变成了一块石头。后来，人们都叫这块山石"痴汉等老婆"。

烂柯山与姚木碗　穹窿山东北延脉有座笔架山，最早则叫烂柯山。相传很久以前，山旁塘湾村有个专门车制木器玩具的姚姓年轻人，擅长车制木碗，大家都叫他"姚木碗"。有一天，他带着斧头、扁担和绳子上山去砍木材，沿着山路进山，走呀走呀，不觉走进了深山老林。忽然，姚木碗发现在几株大树中间，有两位长者，鹤发童颜，一穿红袍，一着绿袍，正相对而坐在一块磐石上凝神弈棋。姚木碗觉得非常奇怪，心想深山里怎么会有人在悠闲下棋呢？不敢发出一丝声音，悄悄放下手中工具，轻手轻脚走近红袍老人身后观棋。不一会，穿绿袍的老人正在举棋之际，抬头望见有人看下棋，便大声问道："你是何人？竟敢到此观棋，还不快快离去！"话音刚落，姚木碗只觉得一阵清风从脸上拂过，两位老人已无影无踪。姚木碗呆了一会，才想着要回家，返身去取放在一边的工具。哇！扁担、绳络已不见踪影，仅有一把铁锈斧头，柄已烂掉。于是赶紧寻路下山。回家路上，姚木碗发现遇见的人都是他不认识的，大家见了他也都面面相觑，视同陌路。姚木碗好不容易找到了塘湾村，可是寻不着自己的家。村里孩童朝他嬉笑。不一会，有位老太正在训教自己的孙子："倷个小阴伤，呒清头（小孩子，不懂事），出去仔不想转，赛过姚木碗哉！"姚木碗听到有人提到他的诨号，更是莫名其妙。后来有几位长者与他交谈，他诉说自己如此长短的经过，众感惊奇。长者告诉他："你家人年年月月盼你回家来，可是望眼欲穿盼不来。"边说边引领他到他家的祖坟，已经古木成荫。

姚木碗的故事传开后，大家就把这座山叫"烂柯山"。至今，当地人仍把贪玩不想回家的孩子，称作"姚木碗"。

万笏朝天　天平山上奇石林立，四周有金山、天平山、前山、秦台山、鸡笼山环抱。相传，有人想在这片地内建坟墓，请来阴阳风水先生堪舆察看。阴阳先生看后说道："这里山上的石头横七竖八，而且大多是往下而生，犹如乱箭穿胸，是块'五虎扑羊'的绝地，要是把祖先葬在这里，后代永世做不了官，还可能绝后。"那人听了吓得便不敢在那里建坟。

范仲淹不相信风水先生的话，花钱买下这块地皮，作为范氏坟地，并将其高祖丽水县丞范隋的墓迁葬于此。就在迁葬的当天晚上，忽然天空狂风大作，雷电霹雳，地动山摇，闹了一夜。第二天早晨，人们开门后都惊奇地发现，山上所有的石头都翻了身，许多石头竖了起来，极似古代百官上朝时所捧的笏板。"一峰复一峰，峰峰作笏立"，形成

天平山"万笏朝天"（1985年）

万笏朝天的奇观。传说是范仲淹的道德品行感动了上天，于是上天将山上的石头翻身竖立起来。

莲花峰的传说 天池山莲花峰，由三块高数丈的巨石组成，上宽下窄，巍然兀立，危如累卵，状似莲花，被誉为“吴中第一峰”。

传说盘古开天辟地的时候，将天和地分开，天逐渐升高，慢慢地变宽、变广。日月星辰、草木鸟兽以及人类相继出现。可是，天的东南方缺了一块，望上去恰似一个黑洞，深不可测。天上的女娲娘娘想：天上缺了一块，望上去难看不说，万一天塌下来，天和地又要合在一起，那么地上的人就没法生活。于是她决心设法补天，补天要用五彩石料，她就到昆仑山上劈山炼石，并招来天神、天将，叫他们将石料挑到天上去补天，并说：“补天是天机，不可向凡人泄漏，要是凡人知道了，他们会害怕的。所以，你们挑石头只能在晚上去挑。”天神、天将依照女娲的吩咐，每天晚上到昆仑山挑石头，挑给女娲娘娘去补天。

女娲补了七七四十九天，天就快要补好了，她对天神、天将说：“每人再挑一担就够了。”大家非常高兴，每人挑了满满的一担，向天上走去，其中有个天将想这是最后一担了，要装得多一点，便选了几块既巨大又好看的石头向天上送去。由于选石料耽误了时间，当他路过姑苏上空时，公鸡啼鸣，天已亮了。起早的人们隐隐约约听见天上有脚步声，抬头一看，只见有个大汉挑了一担石头，在云端里快步奔走，随即高声喊道：“大家快来看呀，有人在天上挑石头。”百姓纷纷出屋观看。天将听见喊声，心想天机已经泄露，反正天已补好了，不如将这担石头倒在这里。想毕，就将石头往下一倒，其中一

天池莲峰（2015 年）

部分不偏不倚，正好倒在天池山顶上。远远望去，好似一朵盛开的莲花，因此叫做莲花峰。另一部分倒在半山，形如石鼓，叫作石鼓峰。

白鹤顶的传说 传说，从前有只洁白美丽的仙鹤，自东海飞来，越过灵岩山，在焦山顶峰上停落了下来。白鹤丰姿，优美动人，回首向着东海，正望着苏州城，久久不去。它鹤立山巅，壮美险峻，常年屹立在那里，安闲自得地供人观赏，堪称奇景，人们称为白鹤顶。

到了明朝嘉靖年间（1522—1566），木渎地区开山采石越来越兴盛，日复一日，白鹤顶两侧也被开山采石。当时热爱名胜古迹和自然风景的文人、学者，看到一些利欲熏心的石商、宕户就要开采焦山白鹤顶，但又不能直接干预让石商、宕户停止开采，便借口仙鹤显灵，编出一首歌谣："山上白鹤顶，山下狮子口；轰坍白鹤顶，火烧苏州城。"意思是说如果有人要在白鹤顶上采石，那么这个人到山下就会被狮子张口吃掉，整个苏州城还会遭天火烧。传唱歌谣的人越来越多，造成采石工的心理恐惧，也引起了社会各界的关注和反对，从而有效地制止了白鹤顶的开采，自然景观得以保存。

然而说也奇怪，歌谣竟然成了谶语。1967 年 8 月当地开山炸坏白鹤顶，8 月 2 日至 23 日，苏州城里接连发生三元坊医学院、葑门孵坊、阊门朝天乐"三把火"，其惨状令人触目惊心，致使"轰坍白鹤顶，火烧苏州城"这句歌谣流传至今。

善人桥的来历 相传很久以前，有个阴阳先生冒着盛夏炎炎赤日，从穹窿山进香回家，来到小集镇口一座茅屋前，汗流浃背，口渴难熬。恰巧看见一位老妇人出来，便上前拱手作揖，讨水解渴。老太说："请稍等，随即烧来。"阴阳先生急欲解渴，就说："门前缸里的井水就可以了。"说完便想用竹勺舀水。老太却拿出一把砻糠撒在水缸里。阴阳先生见状，心中十分恼火，但也不便发作，又因口渴难忍，只好耐心吹开砻糠，慢慢喝下。老太向他询问造房选址的事，阴阳先生便故意另选一绝地，然后辞行。

数年后，当阴阳先生再次来到这里时，只见新屋堂堂。忽见老太正从屋里出来，认出当年这位先生，热情地邀他入屋，说道："当年多亏先生指点，选中吉地盖房，如今桑田茂盛，全家康泰，正愁无处谢您。"阴阳先生甚感歉疚，默然不语。老太接着说道："我们乡下人待人一向真心善意，记得那年先生来此，见您气喘吁吁，我担心先生急喝冷水会出毛病，所以故意在水里撒些砻糠，让您耐心慢饮，当时未及说明，实在抱歉。"这番话让阴阳先生听了面红耳赤，心中更感羞愧。心想："我把老太的好心当成恶意，实在太不应该。"想到这里，他吐露当年真意，说道："其实看风水并不灵验，历来善有善报，勤劳才能致富，这是你们应得的报偿。从今后我要改邪务正，做个真诚善良的人。”又说：“这里的人心地善良，不如就把这里的墨水桥改名为善人桥吧！”于是他捐款重建石桥，并挥毫题名“善人桥”。此事后来一传十，十传百，善人桥就此出了名。

“再来人”的故事 在灵岩山南麓、香水溪北有条小河浜，浜上有座小石桥，桥东有一座墓，碑上写着“诗人张永夫墓”。民间称为“再来人之墓”，说起“再来人”还有一段故事。

张永夫学问渊博，以诗闻名吴中，最后贫病而死，无子无女，由好友盛锦出资安葬。相传若干年之后的一天，盛锦做 80 大寿。大堂上灯烛辉煌，高朋满座，忽然来了位青年，头不戴帽，脚穿木履，浑身打扮不僧不道，超然不凡。他向盛锦祝寿，口称仁兄。满座宾客都感到来客陌生，称呼不恭。盛锦问小伙子：“你究竟是谁啊？或者你的长辈是否与我认识？”这小伙子笑着说道：“先生怎么忘记啦，我的前生就是你最好的朋友张永夫啊！”盛锦非常愕然，小伙子微笑道：“你算算看张永夫死了多少年？现在我已经是 18 岁，已经科举中式，有幸进了翰林院，因为不忘你是我前世最好的朋友，所以日思夜想要来看望故人。听说你在做寿，特地远道来祝贺。”盛锦听了还是不信，小伙子就说：“不必多虑，我们两个人当年作诗唱和，其他人是不知道内情的。现在我们各自

张永夫墓（2016 年）

背诵几篇当年的和诗听听，是真是假，马上就见分晓，怎样？”盛锦颔首答应，小伙子当众背诵，竟然一字不漏，吟诗的声调、动作、表情都像张永夫。主人和众客都惊叹不已。盛锦狂喜，遍告诸位宾朋，两人更是欢饮连觞三日。小伙子临别前从囊中拿出百两银子，感谢主人当年为自己的前生收葬树碑。

民国《木渎小志》《吴县志》都记载了这个传奇故事。张永夫转世投胎成为“再来人”自然不可信，但是故事足以说明诗人清高、孤傲的性格及其诗歌的影响深远。清末，吴中保墓会为诗人立“再来人之墓”碑。其墓现为市级文物保护单位。

木渎巡检司吃粮不管事　传说，清代有对姓张的夫妇，在木渎镇市梢开了一家开来茶馆，兼营烟纸杂货。有一年年初五，张老板按旧俗出去接财神，在路上忽然看见一位

木渎巡检司（2017 年）

商人模样打扮的北方人和一个仆人，老板就上前殷勤接待，互相恭贺新禧，并邀客人到店内吃茶点。这位客人见张老板如此礼貌待人，就带着仆人随着张老板走进店堂坐下，张老板送上香茗和四小碟糖果点心，随便拉起了家常。这位客人即问老板店铺的招牌为什么叫“开来”，张老板回答说小店专做来往客商的生意，有人来饮茶，就烧起开水来，所以叫“开来”。客人见张老板说话很老实，又问店内生意如何，张老板说资金少、生意小。那客人就说：“你为何不做大一点的生意呢？资金有困难，我可以帮助些钱。”张老板当即对客人说：“你出钱我出力，合伙开设。”客人立刻同意，并从口袋里拿出一本簿子，写了几张纸，盖上图章，交给张老板，说：“你拿着这些到苏州藩台衙门去取钱吧。”话毕与店主拱手告别，张老板急忙送客出门，并追问客人居住何处。客人说：“我姓黄，住在北京，你到藩台衙门里去便知道了。”说罢扬长而去。

张老板回到店里，夫妇俩欣喜万分，就把纸拿到藩台衙门里，高兴地取回600两银子，开了一家米行。三年下来，赚到了上千两银子，并一一记入账簿。这时张老板想起当年的股东老板，有约在先，所赚之钱应当和他平分，店主即到藩台衙门去查问黄姓客人在北京的地址，专程赶到北京。三天过后，有人告诉张老板说：“今晚当今皇上要接见你。”那人又说：“今晚是便殿相见，可不必下跪。”张老板来到便殿，只见当年那人端正坐在椅上。张老板忙走上前去施礼，将账簿奉上，一五一十地叙述，最后说道：“全部记录在账，现在我把本归还你，余剩按合约各拿一半。”原来那位商人不是别人，正是当今皇上。皇帝听了心里暗暗高兴，认为此人老实、忠诚、可靠，现在贪官污吏很多，要是都像这位张老板就好了。皇帝对张老板说：“本钱你还给苏州藩台，余剩的全送给你，你也不要开店了，出来做官吧，为国家多出点力。”张老板答道：“我只会做生意，不会做官，也不愿离开家乡。”皇帝于是就封张老板为木渎巡检司，下旨在木渎按府台衙门式样建造巡检司衙门。

张老板上任后，每天只是到衙门里坐坐，根本不做事。时间一长，百姓间便传出“木渎巡检司吃粮不管事”的俗语，此俗语至今流传。

刘墉与晚照轩茶馆　在木渎虹桥北堍曾有小茶馆，面北沿街，前门对着虹饮山房，背南后有一排短窗，下临香溪清清的河水，隔河为潜园。茶客们在此品茗静憩，或交谈，或看书，或下棋，边品尝着用香溪水沏的清茶，芬芳馥郁，韵味无穷。尤其是每当傍晚太阳西下，茶馆更加迷人，因此终日高朋满座。

有一年，乾隆皇帝下江南住在灵岩山行宫，随行人员大部分散居在木渎镇上，其中体仁阁大学士刘墉住在茶馆对门的虹饮山房内。当刘墉喝到清洌的香溪水时感到茶水特别甜美，令人神清气爽。一天，茶馆老板送水进山房给刘墉沏茶请安。刘墉问老板："贵店名叫什么？挂的是什么招牌？"老板答道："小店没有招牌，也没有店号。因为开设在虹桥堍下，茶客们都叫虹桥茶馆。"刘墉听了微笑说："店怎能没有店名和招牌呢？"老板便趁机以央求的口气说："小的不识字，请不到人为我题店名写招牌，正想请求大人赐题写招牌，但又不敢开口，怕大人见笑。"刘墉点点头说："虹桥晚照是木渎十景之一，我就借景为题，给贵店起名为'晚照轩'吧！"老板听了似懂非懂，连连称谢。

刘墉离开木渎时，挥毫书写"晚照轩"三个大字，还盖了方印章，派人送给茶馆老板。老板十分高兴，做成匾额挂了起来。刘学士为虹桥茶馆题字的消息不胫而走，传遍四乡八镇。传来传去，把晚照轩传讹为"饭匙喜"。农民们想当然地解释："刘学士把我们常去吃茶的地方题名为'饭匙喜'（吴语称盛饭的匙为饭匙），这就是说拿起饭匙就欢喜，预兆着农业丰收，吃粮不用愁，我们种田人当该欢喜！"于是"饭匙喜"一名广为流传，人们反而不知晚照轩了。

著述文献

自古以来，木渎文人辈出，歌咏著述，书墨芳香，绵延不绝。历代文人记述木渎历史文化的地方文献众多，内容十分丰富，为他乡所不逮。

著作目录 本条目专门收录木渎籍人士的著作目录。书海浩若星空，又因年代久远，遗漏实在难免。

木渎镇历代人士著作书目表

表 1

朝代	姓名	著作书目	刻本或出版时间
宋朝	徐　兢	《高丽图经》四十卷	
	顾　禧	《志道集》一卷、《注东坡诗》四十二卷（吴兴施元之同撰）	

续表 1

朝代	姓名	著作书目	刻本或出版时间
明朝	杨　基	《眉庵集》十二卷、补遗一卷	
	黄河清 倪　霙	《香溪二妙稿》	
	黄习远	《朝鲜史略》、《黄山纪游》、《淋漓稿》、《僦阁草》、《萧萧稿》一卷、《增定万首唐人绝句》（赵宧光同辑）四十卷	
	徐如珂	《西蜀公移》、《攻渝小传》、《望云楼集》二十卷（一作四十卷）	
	智　旭	《云峰宗论》三十七卷、《阿弥陀经要解》一卷、《占察玄疏》三卷、《楞伽义疏》十卷、《盂兰新疏》一卷、《大佛顶玄义文句》十二卷、《准提咒持法》一卷、《金刚破空论》（附《观心释》二卷）、《心经略解》一卷、《法华会义》十六卷、《妙玄节要》二卷、《法华纶贯》一卷、《斋经科注》一卷、《遗孝经解》一卷、《梵纲经合注》八卷、《优婆塞戒经受解品笺要》一卷、《羯磨文释》一卷、《戒本经笺要》一卷、《毗尼集要》十七卷、《大小持戒犍度略释》一卷、《唯识心要》十卷、《八要直解》八卷、《起信论裂纲疏》六卷、《大乘止观释要》四卷、《阅藏知津》四十四卷、《法海观澜》五卷、《楞严经注》、《净土十要》	
	吴　溥	《历代人物氏族志》二百四十卷、《鸣秋草》三卷	
	吴荀鹤	《辛夷馆诗》	
	徐时饮	《醇堂诗》	
	沈　鲁	《金陵约句》《古风绝句》《薄游草》《灵岩集》	
清朝	徐廷柱	《印谱》《传经堂稿》	
	冯懋诚	《紫芝山房集》	
	徐　唅	《击辕集》	
	蒋　溥	《苏台诗集》《清过楼诗》《秋宁夜读山房诗》	
	蒋　涵	《东轩诗文集》	
	蒋　超	《叶耕烟集》	
	周大宗	《闽游草》《唾余草》	
	许　玑	《余闲草堂集》	
	黄　昇	《石鼓山房诗》	
	徐　夔	《笺注李義山诗》一卷、《精华录近体诗注》六卷、《渔阳咏史小乐府注》一卷、《凌雪轩诗稿》六卷、《西堂集》（一作《西堂诗钞》）	
	张宗苍	《墨岑诗稿》一卷	
	朱晋昭	《砚山堂诗》	
	沈香祖	《春秋胡传注》《桂谱》《灵岩集》	
	黄盛潜	《倚梧吟》	
	谈有耀	《金粟馆题跋》二卷、《金粟馆文钞》二卷、《金粟馆存稿》一卷	
	谈　艾	《楚游草》	

续表 1

朝代	姓名	著作书目	刻本或出版时间
清朝	谈 复	《南斋吟稿》	
	谈升吉	《楚亭遗草》	
	谈履吉	《抱香房吟草》	
	王在东	《云峰遗草》	
	吴泰来	《净名轩集》八卷、《研山堂集》十卷、《昙香阁琴趣》二卷、《古香堂集》、《停云集》	
	徐士元	《虹饮山房诗》	
	龚道开	《木石道人稿》	
	沈祚昌	《虹桥小草》	
	沈元龙	《度岭编》四卷、《读上诸家诗选》	
	孙 时	《绿芜草》	
	汤英裳	《棠阴馆吟稿》	
	蔡明徵	《拙吾诗草》	
	马泰始	《风雅汇源选》、《陶靖节诗》(附王孟韦柳四家)、《叩景小草》	
	许立刚	《清白堂诗》《箬帽山人诗草》	
	余上林	《陟屺遗稿》	
	张 丹	《玉树堂稿》	
	张茂勋	《嘉树堂集》	
	盛 杲	《印谱》《乐素轩诗》	
	许 原	《舆稽草堂诗》	
	周信昭	《秋水斋集》	
	沈 磐	《宛陵集》《吴门集》	
	盛 锦	《青嵝诗集》	
	盛 钰	《璞完诗草》	
	盛 璋	《省斋文钞》《香溪吟》	
	李协思	《晚翠阁吟草》	
	李 炯	《古愚堂诗文稿》(附尺牍、杂志)	
	沈培宗	《秋槎先生遗诗》	
	黄 成	《南游草》《墨林今话》《香泾先生遗诗》	
	周孝埙	《渎川耆旧诗集》、《还读小庐诗草》二十卷、《春晖堂文集》六卷、《韵学参考》二卷、《性理析疑》四卷、《金匮要略集解》三卷	
	周孝垓	《毛诗郑氏笺》《李鼎祚周易集解》	
	沈钦韩	《两汉书疏证》七十四卷、《左传补注》十二卷、《考异》十卷、《三国志补注》十六卷、《补训诂》八卷、《释地理》八卷、《水经注疏证》四十卷、《韩昌黎集补注》四十卷、《王荆公诗集补注》、《王荆公文集注》四十四卷、《范石湖集补注》《幼学堂诗集》十七卷、《幼学堂文稿》八卷	

续表 1

朝代	姓名	著作书目	刻本或出版时间
清朝	周珠生	《瓣香阁诗钞》	
	周宝生	《长青阁诗稿》《养云轩诗稿》	
	钱福章	《读我庐诗草》	
现当代	徐日堃	《意园遗稿》一卷	
	张光阶	《辽金元史地略》	
	张郁文	《元史地理通释》四卷、《火天居笔记》	
	郭绍裘	《退耕庐诗话》	
	顾允若	《游医室医案》《内经辑要》《伤寒辑要》《金匮辑要》《妇科辑要》《伤科辑要》《顾氏医径读本》	
	沈　寿	《雪宧绣谱》五卷	
	柳支英	《中国蚤目志》《中国蔬菜害虫》《害虫防制学》《医学昆虫学》	
	周菊坤 殷　岚 周梦帆	《小院风景》	内蒙古出版社，1998 年 3 月
	周菊坤	《木渎》	古吴轩出版社，1998 年 12 月
		《冯桂芬传》	哈尔滨出版社，2001 年 3 月
		《严家淦与严家花园》	社会科学文献出版社，2003 年 4 月
		《走遍苏州——木渎》	古吴轩出版社，2004 年 9 月
		《包山禅寺》（合著）	时事出版社，2005 年 10 月
		《姑苏十二娘》	文汇出版社，2009 年 10 月
		《知非集》	作家出版社，2015 年 5 月
	周云祥	《文化木渎》	团结出版社，2005 年 12 月
	魏紫千 殷建平	《寻梦木渎》	文化艺术出版社，2013 年 4 月
	殷建平	《藏书羊肉寻迹》	中国旅游出版社出版，2013 年 9 月
	陆文贤	《历代名人咏木渎》	中国诗词楹联出版社，2012 年 11 月
		《木渎古镇对联集成》	中国诗词楹联出版社，2014 年 7 月
	陆文贤 陆　赟	《木渎古镇文选》（上下册）	中国诗词楹联出版社，2015 年 12 月

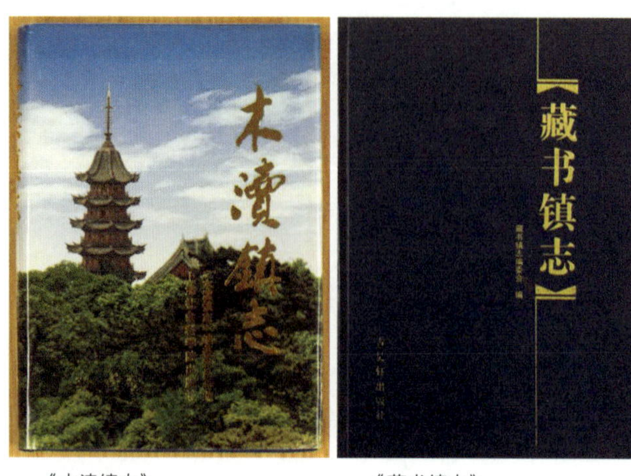

《木渎镇志》　　《藏书镇志》

地方文献　本条目收录木渎籍与外地籍人士有关木渎的方志、家谱以及其他相关的地方文献目录。

木渎镇地方文献书目表

表 2

朝代	姓名	文献书目	刻本或出版时间
宋朝	朱长文	《琴台志》	
明朝	冯　翼	《渎上篇》四卷	
	杨循吉	《金山杂志》一卷	明冯可宾《广百川学海》刻本
	释竺芳铠	《天平志》三卷	清抄本
	赵宧光	《寒山志》一卷	
	佚　名	《寒山记》一卷、后记一卷	
	黄习远	《灵岩山志》八卷	明万历刻本
	陈仁锡	《尧峰山志》六卷	明万历刻本，崇祯十一年（1638）刻本
	释弘储　殊　致	《灵岩纪略》内篇二卷、外篇二卷	清初刻本
清朝	向　球　李　标	《穹窿山志》六卷	清康熙刻本
	吴伟业　向球	《穹窿山志》四卷	1943 年惠心可铅印本，苏州图书馆藏
	李　标	《穹窿山志》六卷	
	徐达沅　毛庆善	《涧上草堂纪略》二卷	
	沈　钊	《灵岩新书》十二卷	
	王　镐	《灵岩志略》一卷	清乾隆刻本，民国石印本
	释明煦	《灵岩崇报禅寺小志》一卷	
	顾嘉誉	《横山志略》六卷	抄本，现藏苏州博物馆
	释远照	《尧峰山志》存四至六卷	潘圣一抄，毛装本
	章日照	《灵岩三家诗选》	

续表 2

朝代	姓名	文献书目	刻本或出版时间
清朝	汪　正	《灵岩诗》(不分卷)、《木渎诗征》八卷、《木渎诗存》十四卷、《木渎文存》八卷	
	顾　沅	《韩蕲王祠墓志》	
	钱照原　钱福年	《木渎钱氏家谱》	
	范瑞信　范宏金	《天平范氏家谱》	清光绪二十五年（1899）刻本
	佚　名	《木渎袁氏家谱》	
		《木渎严氏家谱》	
	佚　名	《木渎姜氏家谱》	
		《木渎柳氏家谱》	
		《木渎徐氏家谱》	
		《木渎沈氏家谱》	
	周硕诚	《木渎周氏家谱》	1934 年重修
现当代	张郁文	《木渎小志》六卷首一卷附一卷	1921 年苏州华兴印书局铅印本
	佚　名	《灵岩志略》不分卷	民国石印本
	李根源	《穹窿小记》不分卷	抄本，苏州博物馆藏
		《松海》一卷	1935 年，苏州铅印本
	善人桥农村改进会	《善人桥区政录》	1934 年铅印本
	王洁人　朱孟乐	《善人桥的真面目》	1934 年 11 月利苏印书社
	释妙真　张一留	《灵岩山志》八卷首一卷、末一卷	1948 年铅印本
	蒋根源	《木渎历史名人》(四册)	哈尔滨出版社，2001 年 3 月
	潘泽苍	《木渎镇志》	上海社会科学院出版社，1999 年 1 月
	周土龙	《藏书镇志》	古吴轩出版社，2004 年 8 月
	柯继承　杨学良	《苏州穹窿山》	古吴轩出版社，2003 年 10 月
	沈红娣	《李根源与小王山》	古吴轩出版社，2011 年 10 月
	俞　菊	《灵岩繁花正盛时——木渎发展实录》	古吴轩出版社，2015 年 7 月
	李嘉球	《穹窿山名胜与名人》	上海书店出版社，2015 年 12 月
		《姑苏城西是“天堂”——苏州木渎名人冢墓录》	古吴轩出版社，2016 年 2 月

刺绣作品（2017年）

大事纪略

穹窿山乌龟墩出土的新石器时代陶片证明，距今7000多年的马家浜文化时期，木渎地区就有先民活动。3000多年前，吴国君王曾在木渎西南地区建造都城，规模宏大。2500多年前，吴王阖闾、夫差曾在木渎姑苏山、灵岩山上建造姑苏台和馆娃宫，极尽雄伟与豪华。此后，秦始皇、康熙、乾隆等帝王曾巡幸木渎。司马迁、白居易、范仲淹等众多鸿儒名士曾到过木渎，并留下灿烂篇章。

木渎，宋朝设镇，明初设立巡检司，清朝县丞移驻，素有“吴中第一镇”之称。2014年，木渎又被列为苏州市“强镇扩权”改革试点单位，赋予部分县级管理权限。在漫长的历史长河中，木渎大地上发生的大事、要事不胜枚举，现撷取其中几个重要的镜头片段与读者分享。

吴王建造姑苏台、馆娃宫

春秋时，吴王在木渎建造的姑苏台、馆娃宫是两处极其豪华的著名建筑。姑苏台与楚国的章华台、魏国的铜雀台并称，馆娃宫则是中国古代最早的山顶皇家园林。

姑苏台建在横山西北麓的姑苏山上。据《越绝书》《吴越春秋》《史记》《吴地记》《吴郡志》等典籍记载，吴王阖闾十一年（前504），吴王在姑苏山上建造楼台（《吴地书》又云为“阖闾十年筑”），因山而命名。姑苏山又名姑胥山、姑馀山，因此亦称姑胥台、姑馀台。阖闾在姑苏山建造姑苏台，一是以望太湖，监视越兵动向，以防敌人偷袭；二是暗中窥测境内百姓动静，以防聚众起事。姑苏台“三年聚材，五年乃成”（或说“经营九年始成”），“高三百丈，宽八十四丈”（《吴郡志》），能望见三百里外，造九曲路以登临，吴王春夏游姑苏台，秋冬游馆娃宫。

吴王夫差元年（前495），夫差继位后，为雪槜李之仇，率兵伐越，于夫椒之战中大败越国，攻破越都（今浙江绍兴）。越王勾践采纳大臣文种降和之计，入吴为人质，夫差囚勾践于灵岩山石屋内。三年后，夫差释放勾践归越。夫差得意忘形，大兴土木，沉湎酒色，生活荒淫。而勾践则卧薪尝胆，精心实施伐吴之计。接受文种建议，进献美女西施、郑旦，夫差于是在灵岩山上营建馆娃宫。越王勾践十年（前487），派出木工3000余人入山寻找巨木，找到神木两根，“大二十围，长五十寻”（《吴越春秋》，下同）。越王命令工匠精心制作，“阳为文梓，阴为楩楠，巧工施校，制以规绳，雕治圆转，刻削磨砻，分以丹青，错画文章，婴以白璧，镂以黄金，状类龙蛇，文采生光”，派文种亲自送到吴国。吴王见后大悦，决定重新扩建姑苏台。工程十分浩大，三年聚材，五年建成。源源而来的木材堵塞灵岩山下的河流港渎，木渎因此而得名。

重建的姑苏台依据山势走向，盘旋曲折，台上建造豪华的春宵宫、海灵馆和馆娃阁，装饰豪华，宫殿排水管道用铜浇铸而成，栏杆、门槛用玉石雕琢而成，柱子、屋椽、屋桷上都镶嵌珠玉。春宵宫里有宫妓千人，为作长夜之饮，特铸造千石酒钟；又建天池，池中造青龙舟，舟中盛致妓乐，每天与西施为嬉。

建于馆娃宫遗址上的灵岩山寺（2017 年）

馆娃宫坐落于灵岩山顶上，即现灵岩山寺址。吴王夫差为宠幸西施而兴建，亭台楼阁，曲榭长廊，凿井挖池，栽花植树。有琴台、砚池、玩花池、玩月池、吴王井、响屧

廊，山下有采香泾。其中，响屧廊更是别出心裁，夫差为与西施取乐，在琴台下，左折而东，直到灵岩塔西侧，建造了一条70多米的长廊，挖空地下，然后铺上楩梓木板，西施和宫女在上面轻歌曼舞时，发出“咚咚”响声，悦耳动听，于是人称“响屧廊”。

吴王夫差为建造姑苏台、馆娃宫，消耗了吴国的物力、财力与民力，百姓深受其苦，以致“行路之人道死巷哭，不绝嗟嘻之声，民疲士苦，人不聊生”。吴王夫差十四年（前482），夫差率兵北上伐齐之机，越王乘虚进攻吴国，打败太子友，焚毁了姑苏台、馆娃宫。

链接：姑苏台台址之争

姑苏台被越军焚烧后，遭到严重破坏，但仍保存部分宫室、馆阁，越王勾践灭吴后曾从山阴（今浙江绍兴）“徙治姑胥台”（《越绝书》）。秦始皇三十七年（前210），秦皇嬴政东游会稽郡，返回途中曾登上姑苏台。西汉，司马迁曾登临姑苏台，眺望太湖。唐代，姑苏台基尚在，崔鶠《姑苏台赋》云：“与客游于横山之下，有台岿然出于群山”。李白、刘禹锡、许浑等人也曾登临并留下诗文。至北宋，姑苏台遗址逐渐消失，朱长文《吴郡图经续记》云：“今人殆莫知其处”。

自北宋起，姑苏台台址成为历史之谜，众说纷纭。主要有以下几说：

一、姑苏山。唐《吴地记》云：“姑苏台，在吴县西南三十五里。阖闾造，经营九年始成。其台高三百丈，望见三百里外，作九曲路以登之。”并引《史记正义》云：“在吴县西南三十里，横山西北麓姑苏山上。”南宋《吴郡志》亦云：“姑苏台，在姑苏山。”明清多数学者沿用此说，清徐崧、张大纯《百城烟水》云：“姑苏山……在横山西北。古姑苏台在其上，至今人称胥台山。”清乾隆《吴县志》云：“姑苏山，在横山西北，一名姑胥、一名姑馀……古姑苏台在其上，至今人称为胥台山。”1926年4月，李根源曾到姑苏山调查，在西跨塘左岸找到姑苏庙，当地百姓告诉他：“去此二里许，和合山半，有姑苏台。”特地前往姑苏山，“至则巨石峭拔，有石池、石壁，皆人工造作，非天然物，台四周隐隐有旧建筑遗迹”（《吴郡西山访古记》卷一）。张壬士亦认为姑苏台在姑苏山上，他在其《木渎小志》

姑苏山上姑苏亭（2016 年）

“山”“古迹”两处有记载。

二、茶磨山。茶磨山又称茶盘山，在横山东北，形状如磨，山顶平坦。其南半里许是宝积山，山上有吴王拜郊台。南宋周必大认为姑苏台在茶盘山，与拜郊台前后相望，故称“两台”。其《南归录》云：“姑苏前后两台，相距半里。俗云拜郊台，为城三重，遗基俨然，夫差与西施宴游之地。”明莫震、莫旦《石湖志》袭用此说，云：“姑苏台，在横山东麓，下临石湖，即今茶磨山是其遗址，与拜郊台前后相望，故云两台。上皆平夷，俨然台殿之迹。或谓在姑胥山者，恐非。”

三、胥山（今名清明山）。胥山，吴王杀子胥投之于江，吴人立祠于此，故名。元高德基《平江记事》云：“胥山，在吴县西四十里……阖闾即其山筑台，以望太湖，名姑胥台。下有九折路，南出太湖。故老云：吴音谓胥为苏，今以须为苏是也，故谓山为苏山，台为姑苏台。”清乾隆《吴县志》云：“胥山，在（吴）西四十里，或云即姑苏山。《水经注》云：‘胥山上今有坛石，长老云：胥神所治也，下有九折路，南出太湖，阖闾造以游姑苏之台，以望太湖也。’《越绝书》云：‘阖闾徙治胥山。’”清金友理《太湖备考》沿用此说，并按语说：“由诸书观之，曰望太湖，曰高见三百里，曰在县西三十五里，皆与胥山合。姑苏台当在此山。”又引顾龙光《皋峰纪略》云：“吴王游姑苏之台，正此山也。尧峰麓小紫石山，亦名姑苏台，然云高见三百里，则必以皋峰为正。”现代历史学家顾颉刚《苏州史志笔记补遗》云：“《吴县志》谓太湖之滨、箭泾之尾间有胥山，上有九曲径，与《越绝书》所云：‘阖闾造九曲路以游姑苏台而望太湖’者合，疑此姑苏台真址。”又说：“今胥山下有九曲路，又面临太湖，似较合理。如果可信，自来说姑苏山者皆属错误，而胥山为真姑苏山。《水经》所言，胥山有坛……或曰即姑苏山，姑苏台在其上，确非虚构。”

四、皋峰山。清末，冯桂芬认为在胥山东边的皋峰山上，云“皋峰山，在尧峰西三里……皋峰山顶有石筑基址，传为吴王殿基。或云即是姑苏台址。旧志，台在姑苏山，误。《太湖备考》胥山条下辨之甚详。”（同治《苏州府志》）张壬士则认为山上的石筑是吴王行宫殿基，引《越绝书》：“阖闾徙治胥山，即此。盖行宫也。”

五、七子山（横山）。1936年3月，吴越史地研究会总干事卫聚贤到苏州实地考察，认为七子山即姑苏山，姑苏台建于七子山上，并写就《姑苏台》一文。云：“七子山为吴县最大、最高之山，以此为勾吴中最大之山，剐名为勾吴山，音转为姑苏山。姑苏山上建姑苏台，因横山高，立在台上，太湖除西南角一隅外，全部可望见，而所谓‘高见三百里’相同；正峰有五六里，所谓‘横五里’相符。”

由于年代久远，加上没有考古发现，姑苏台址究竟在何处，至今众说纷纭，成为吴文化研究中的一个难解之谜。

穹窿山麓修筑水利工程

穹窿山是苏州海拔最高、山体面积最大的山峰。自汉代起，人们便在穹窿山东南麓修筑水利工程，以灌溉山下农田。工程共有三堰二池五闸，是苏州历史上持续时间最长的水利工程，直至20世纪90年代废弃，历时2000多年。

清乾隆《吴县志》载："度其泉源，创立三堰二池五闸，以资蓄泄，备旱潦，山氓便之。"三堰为上堰、下堰、过山堰；二池为荷花池、圆塘池；五闸分别为上堰闸、下堰闸、过山堰闸、荷花池闸、圆塘池闸。其中五闸相传由汉代朱买臣任会稽太守时所创（见民国《木渎小志》）。

此后，历朝历代均有修理。明成化八年（1472），吴县知县雍泰曾亲自带领农民于穹窿山陇阪间寻得源头，修筑一堰，分筑东西两条渠道：东边渠道由白马岭南流，逾过苍坞赵王墓折而向西，西边渠道由山下溇环赵王墓而向东，"二流相合近采香泾，潴聚

上堰闸遗址（2015年）

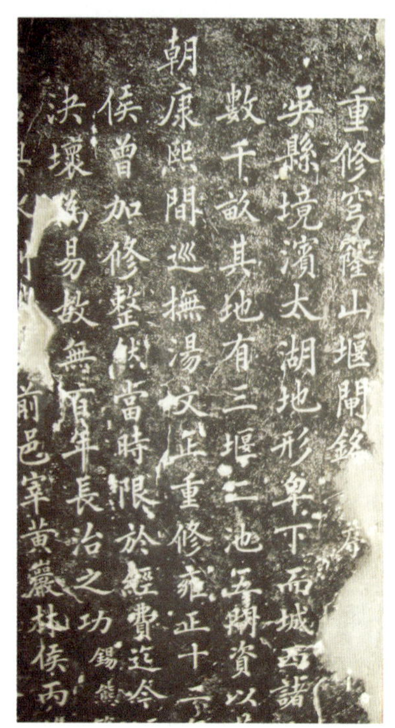

〔清〕光绪《重修穹窿山堰闸铭碑序》（2015年）

成潭”。雍泰相度地形，修筑两道石堰，堰各置闸，随水旱而闭启，工程历时三月而告成。明万历三十年（1602），吴县知县曾汝召曾经重修。清康熙二十年（1681），吴县知县王霖重修穹窿山堰闸池塘。汤斌任江苏巡抚时，曾请帑开浚张家塘等河，建筑堰闸。工程规模较大，乡民感戴，在藏书庙旁建造汤文正公祠，供奉其肖像（《穹窿小记》）。清雍正六年（1728），经朝廷大臣鄂礼题准，在邓尉、穹窿两山间开凿紫藤坞河（俗称新开河），南通吕浦桥，直通太湖，引湖水灌田，使得“乡农无旱潦之虞，禾田无荒芜之患，山田得水利济无穷”（清乾隆《吴县志》）。雍正十二年（1734），高其倬任江苏巡抚时曾委督吴县知县江之瀚，浚筑穹窿山麓堰闸池塘。工程“开土二千二百五十方，采石六百五十余丈，土石工共四万六千余工，发帑银二千三百六十两有奇”（清同治《苏州府志》）。清道光十三年（1833），江苏巡抚林则徐联手邑绅潘曾沂、尢崧镇、徐僖等人倡议疏浚，先后疏浚穹窿山麓张家塘、东天河、香山港、枣木泾、朱家河、兴福塘等，南达太湖，北通光福铜坑港，“环绕二十余里，灌田万余亩”，赢得百姓称赞。道光十六年（1836），林则徐委派吴县知县贺崇禧负责疏浚重修，堤旁遍栽杨柳、桃花，以固堤岸，蓄水灌田。工程结束后，“尚有余资”。林则徐“节谕建祠，并饬府县立案，每年春秋邑宰致祭”。老百姓为感激林则徐，在汤斌的祠堂里增添林则徐塑像，每年春秋祭祀。

清光绪五年（1879），吴县知县高心夔主持修葺穹窿山上堰、下堰，里人严国标出资，山人黄恩湛董督其役。光绪三十年（1904），李超琼任吴县县令后主持整修穹窿山三堰五闸，拨款1800余缗（一说帑银1300余两）。吴锡熊撰书《重修穹窿山堰闸铭碑》，碑立于藏书庙。清宣统元年（1909）春，吴县知县王士暄应里人张家良、邑人吴锡熊等请求，捐资修建穹窿山堰闸，重建闸与神庙，斥资700余缗。1932年12月，善人桥农村改进会组织乡民重修穹窿山水利工程，历时30余日，凿石、培土人工3400人，计用石灰1100担，石条130余丈，总费用2200多两银子。张一麐撰写《重修穹窿山五闸记》。

穹窿山三堰二池五闸水利工程，堪称是吴地农耕文明的一个缩影。随着时代的发展逐渐失去其功能作用，于90年代彻底废弃。现尚存上堰、下堰、圆塘池、过山堰等遗迹。

康熙皇帝两次到木渎

清康熙二十八年（1689），康熙皇帝第二次南巡。农历正月初八，从京城出发，于二月初三驾临苏州，驻跸织造署。次日，出阊门，乘舟，历山塘，游虎丘。初五，由驻跸的苏州织造署出发，亲历郊外，咨访稼穑，御舟至木渎镇，舍舟登陆，走御道到光福玄墓山圣恩禅寺，观梅吾家山，当夜住宿圣恩寺四宜堂。初六，天气下雨，康熙皇帝在细雨中登上灵岩山，游览灵岩山寺、琴台、响屧廊、浣花池诸胜。赋《登灵岩》诗云："霏微灵雨散春烟，按辔逍遥陟翠巅。香水通流明若鉴，琴台列石势如拳。诸峰尽在青萝外，万井全依彩仗前。闻是吴宫花草地，空余钟磬梵王筵。"在灵岩山寺休息时，为灵岩山题"岚翠"匾。当天原本计划游华山，因天气下雨未成行，写下《欲游华山不果》诗，云："欲向青山涧壑行，春云又变晓阴轻。勾陈不遣惊禅定，恐碍林间碧草生。"虽然没有到华山，但题写"远青"匾额。康熙三十五年（1696），远在京城的康熙皇帝特地御书经书，敕赐给灵岩山寺。

康熙皇帝华山诗碑（2017年）

康熙三十八年（1699），第三次南巡。农历三月十四日，御舟入境，沿途迎谒者，数百里不绝，而苏州尤盛。先是到浙江，致祭禹陵等。四月初一，自浙江还苏州，驻跸织造衙门。初三卯刻（早上5~7点），康熙皇帝驾幸华山，御题“华山翠岩寺”额，赐“香域”匾，并题联“闲起溪云下，诗清山雨归”。御制《华山寺》诗云：“警跸来初地，青山鸟道深。风生松涧合，云暗石苔侵。静昼飞闲蝶，余春噪晚禽。空留支遁迹，物外托宸襟。”康熙四十四年（1705）三月十七日，第五次南巡，将穹窿山上真观真人召至苏州行宫，敕赐“餐霞挹翠”额。

乾隆南巡六次到木渎

清乾隆十六年（1751）二月，乾隆皇帝南巡到木渎，先后游览寒山、华山、灵岩山、天平山，登上莲花峰，眺望全吴胜景。所到之处都作诗、题词、撰联，写下《寒山千尺雪》《听雪阁》《寒山千尺雪即景杂咏》《华山》《恭依皇祖华山诗韵》等诗。当晚下榻灵岩山行宫，作《驻跸灵岩》。次日，游览灵岩诸胜，用沈德潜诗韵写下《馆娃宫》《琴台》《响屧廊》《涵空洞》《吴王井》《砚池》《采香泾》《玩花池》，留下“最爱灵岩秀，真宜烟客登”诗句。画家张宗苍晋献《吴中十六景》（一说十八景），其中木渎有万笏朝天、千尺飞泉、法螺曲径、华山鸟道、天池石壁、灵岩积翠、穹窿仙观、苏台春景八景，乾隆皇帝分别题诗。三月，从浙江回銮，重游华山、灵岩山，题额撰联，作《华山翠岩寺》3首、《灵岩行宫即景杂咏》3首，赐灵岩山寺御书《心经塔》1卷、《般若波罗蜜多心经》1卷。乾隆到天平山范文正祠祭祀，赋诗称范仲淹“千秋传树业”“正色立朝身”，作《题高义园》《白云泉和居易韵》诗。

乾隆二十二年（1757）三月第二次南巡，乾隆皇帝遍游寒山诸胜，写下《寒山别墅》《飞鱼峡》《驰烟驿》《绿云楼》《对瀑》《戏题空谷》《寒山千尺雪叠旧作韵》《听雪阁叠前韵》等诗。游华山时，地方大吏准备了山轿，乾隆坚持徒步攀登莲花峰，“小立极游目，已足畅清兴”，直到中午返回，写下《游华山》《恭依皇祖华山诗韵》。当天驻跸灵岩山，写下《驻跸灵岩叠旧作韵》。从灵岩山来到穹窿山，游览上真观、拈花寺，登上望湖亭眺望太湖，分别作诗，赞叹“穹窿真穹窿，阳山卑尔许”。从邓尉探梅返回，重游灵岩山，写下《馆娃宫》等诗 11 首。游览天平山时，写有《游天平山十六韵》等 3 首。再游寒山，写下《千尺雪杂咏》等诗 11 首。“灵岩纡罕跸，所为游寒山”，在《再游寒山别墅》中称赵宧光“凡夫果不凡，即境知人仙”。

乾隆二十七年（1762）三月第三次南巡，乾隆皇帝仍按上次路线游览。在寒山，写有《寒山别墅》等 9 首。在灵岩山，到临湖榭观赏落日，写下《灵岩夕景》和《临湖榭怀古》等诗。第二天到穹窿山，在《穹窿上真观》中写有“具区眼底近，可以畅心胸”诗句，并作《题拈花寺》2 首。当天邓尉探梅后，返回灵岩山行宫。游天池山，写下“天池有水滏浆如，仿佛明皇玉女居”之句。游天平山，《题高义园》中有“万笏天平翠，名园有范家”之句。还写下《题龙门用高启韵并示沈德潜》。第二天再到寒山，写下《芙蓉泉》等诗 4 首。

乾隆皇帝很喜欢寒山，乾隆三十年（1765）闰二月第四次南巡时，写有《寒山别墅》等诗 9 首，称“蔚翠麦田真罨画，适来原在画中游”。在华山，写下《四依皇祖华山诗韵二首》。在灵岩山，写有《灵岩寺西入石路用唐刘长卿韵》等 15 首。游穹窿山，作《上真观》《寄题拈花寺》。游天平山高义园，见到珍藏的范仲淹书法《伯夷颂》，题诗道：“韩辞范楷伯夷躅，俱是千秋第一流。必自卓标天地节，方堪坐解庙堂忧。”并用白居易、高启原韵赋诗白云泉、龙门。

相传为迎接皇帝巡幸，上年冬天地方官员组织木渎农民在灵岩山前田野，分畦种上蚕豆、小麦、紫云英、油菜。此次乾隆登灵岩向南望去，只见山前田野红黄青绿一片锦

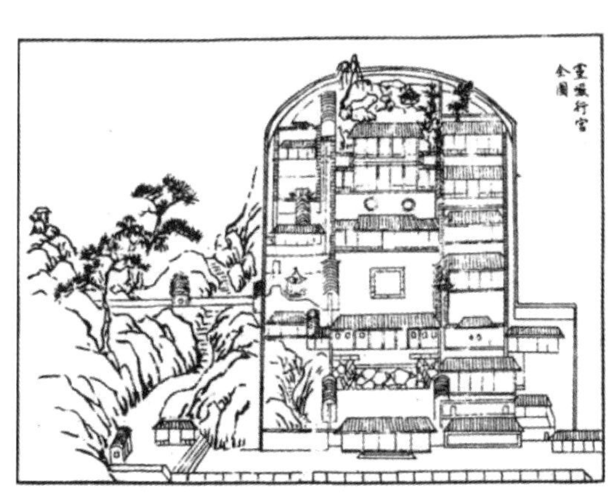

灵岩山行宫图

穹窿山望湖亭乾隆诗碑（2015 年）

绣，组成“天下太平”4 个大字，大为欣喜，于是降旨江浙两省钱粮减免一半，木渎农田赋税全部予以减免。

乾隆四十五年（1780）春第五次南巡，乾隆皇帝写下《题寒山别墅》等诗 8 首。驻跸灵岩山，写下《驻跸灵岩四叠旧作韵》《玩花池》等 11 首。到穹窿山，写有《穹窿山上真观叠乙酉旧作韵》《过拈花寺不入寄题》。“驻跸灵岩有余暇，园游高义去非赊”，返回灵岩山后，游览天平山，写有《游高义园》，再题范仲淹《伯夷颂》，再用白居易、高启韵赋诗白云泉、龙门。

乾隆皇帝对寒山千尺雪更是钟情有加，流连久之，当场御书题额。后来在热河（承德避暑山庄）、西苑（今中南海）仿建千尺雪，游盘山（今属蓟县）晾甲石时，见“奔泉倒峡，与寒山殆难伯仲”，亲自绘画《千尺雪图》（又称《寒山图》），并作图记。后又命张宗苍画《寒山千尺雪》、董邦达画《西苑千尺雪》、钱维城画《热河千尺雪》，各绘图而合装成卷，分贮四处，称寒山是“鼻祖”。

乾隆四十九年（1784）二月第六次南巡，在寒山写下《寒山千尺雪五叠旧作韵》等11首。在华山，写有《六依皇祖华山诗韵》。游天平山，写有《咏龙门四叠高启韵》等5首。在《白云泉六叠白乐天韵》中，他比较白居易，其中有“我自先忧天下者，岂能效彼乐斯间”之句。

据同治《苏州府志·巡幸》记载，乾隆皇帝六次到木渎寻胜访古，先后赋诗215首、题匾23额、撰联27副。当年，华山、灵岩、寒山、支硎都有行宫，而驻跸灵岩山行宫最多。

冯桂芬木渎开局修府志

冯桂芬是清道光二十年（1840）庚子科一甲二名进士，榜眼及第，官至詹事府右春坊、右中允。他是改良主义的先驱，著有《校邠庐抗议》，提出“以中国之伦常名教为原本，辅以诸国富强之术”，主张采西学，制洋器，发展军事工业以及其他事业。清同治五年（1866）冬，冯桂芬因“夙疾频作，城中应酬烦恼”，在木渎下塘街购得沈德潜旧居，取名“校邠庐”，挈家移居于此。他“疏池凿石，种竹栽花，又筑高楼，藏书万卷”。

同治八年（1869），苏州知府李铭皖聘请冯桂芬担任《苏州府志》总纂。府志卷帙众多，工程浩繁，为此冯桂芬就地开设修志局，请来潘锡爵、胡元浚、雷浚、李龄寿、徐诵芬、郭文标、张瑛、钱荣高、徐敦仁、熊其英、赵钧、柳商贤、王颂蔚、叶昌炽、管礼耕、施绍书、徐廷栋担任分纂，府晋蕃、潘世昀、殷诒谷、丁士涵、周圭、沈清范、袁宝璜担任检校，金兰、潘其钤、徐家畴、杨引传、陶煦、陶焘、沈嘉澍、冯应图、华耀鋆、张藻翔、孙文楷参与采访，其中不少是他在紫阳、正谊书院时的门生，王颂蔚、叶昌炽、袁宝璜更有“苏州三才子”之誉，各路才俊汇聚一堂，“征佚举堕，补缺搜遗”，各尽所长，陆润庠也时常聚局讨论。

冯桂芬《同治重修苏州府志》(2017 年)

冯桂芬自幼体弱多病，经历太平天国运动，颠沛流离，血气渐亏，旧疾时作。他办事认真，喜欢操劳，为修成一代良志，殚精竭虑，制定体例，设计纲目，协调统筹，修改稿子，身体终于支撑不住。同治十三年(1874)二月起，病情加重，到三月中旬，胸膈时常隐隐作痛，饮食递减，但还坐起如常，不废笔墨。四月十三日病逝在木渎。十一月二十一日，葬于天池山竺坞。

可以告慰的是，经过 5 年的努力，全书 150 卷的府志书稿基本完成。剩余的工作，由他儿子冯芳缉、冯芳植主持，两年后完成。清光绪八年(1882)，府志由江苏书局刻印出版。木渎由此成为苏州最后一部府志的纂修之地。

30 年代善人桥设立农村改进试验区

1931 年 2 月，中华职业教育社在苏州召开第七届董事会议，有邓尉探梅之旅。途中，职教社的胡春藻提议在苏州设立农村改进试验区，当场得到大家的赞同。在商量地点时，张一麐提出设在穹窿山下的善人桥，一是因为离城市较远，农民山居者风气较朴实，着手改进，或易成功；二是因为李根源庐墓于小王山，“习与乡民居，已有信用，可得其指导之力”（《〈善人桥的真面目〉引言》，下同）。众人推举张一麐、李根源、江问渔、胡春藻、廖南才、黄蕴厚、吴广涵、姚惠泉、李锦章、殷愓生、丁光麟等为筹备员。不久，由 11 人组成的善人桥农村改进会委员会（以下简称“改进会”）成立。3 月 17 日第一次会议，公推张一麐为主席委员（后改为主任）。随即进行调查，聘请专家规划，筹措经费。

当时，吴县有 19 个区，善人桥属第二区（木渎）。为了有利于开展工作，特申请将善人桥从第二区划出，专门成立新区。同年 12 月经省核准，翌年元旦吴县第二十区正式成立，将原第二区的焦山镇以及唐港、蒋巷等乡，原第三区（光福）的北山湾、观桥、篁村三乡划入，“东西约二十二里，南北约二十里，全面积约一百四十六方里”，计有善人桥、焦山 2 个镇和蒋巷、唐港、塘湾、三里、顾家、渡登、胜巷、楂（遮）山、篁村、观桥、北山湾 11 个乡，计 204 个自然村，共有 3658 户、人口 14579 人（其中女性 7087 人）。改进会依据自治区为范围，试验改进计划；实行联席会议制，民主管理，经费公开。改进会办事部办公地点初设在穹窿山藏书庙，后迁至山下宝林寺。

改进会内设总务、农务、教育、保安、建设 5 股，成立人事调解委员会；设立借贷所，借款种类有戽水、养蚕、肥料、赎田、猪食、置房、购农机等 16 项；在塘湾等地设 6 个分会。在各村组建保卫团；开办轿役、农具使用、蚕桑技术训练班，先后组织农友参观团参观苏州农校、江苏省立农具制造所；开办县立学校，派员视导私塾小学，更换教科书，改进教学方法；组织学生开展演讲会、运动会；开展民众教育，设立农民教育馆、民众夜校，还设立茶园谈话、民众壁报、书报处、代笔处、问讯处、娱乐室，举办循环演讲、元旦同乐会、纳凉会；开辟农场苗圃，试办稻麦特约田（试验田），成立蚕桑合作社；疏浚河浜，修桥筑路，绿化山岭，兴修水利；倡导文明生活，凿水井，造浴室，建马棚，戒鸦片，种牛痘，破除迷信活动。

改进会还开展济贫帮困活动，1932 年 12 月发起组织冬季临时济贫会。1933 年 11 月 12 日举行长寿会，组织全区 106 名 60 岁及以上的老人参加，“颇极一时之盛”。开展植树造林活动，1933 年、1934 年分别在穹窿山双堰及马冈山英雄冢植树 5544 株。1932 年 12 月与 1933 年 10 月，两次举行农产品展览，组织参观人数达 1404 人。每年 5 月 15 日至 21 日，会同区内各机关、学校开展卫生运动。

经过三年孜孜兀兀的埋头苦干，改进会在各方面都取得显著成绩。为总结成功得失，1934 年 10 月改进会编辑刊印了《善人桥的真面目》。抗日战争爆发后，改进会自然解散。

淞沪抗日英烈归葬马冈山

1932 年 1 月 28 日淞沪抗战爆发后，退隐在苏州的李根源与苏州名士张一麐等即发表抗日演说，赴前线慰问抗战将士；成立苏州各界抗敌后援会，并组织红十字会由苏州倡善局赴淞沪战地救死扶伤，将伤员运回苏州治疗，收殓阵亡将士遗骸。战争结束，李根源等募款在善人桥马冈山建造“英雄冢”，安葬王得胜等 78 名（最初 64 名）在淞沪

英雄冢（2015 年）

无名英雄墓（2015 年）

抗战中负伤至苏州抢救而不幸牺牲的烈士，亲自题写碑名、碑记。并于次年 3 月 12 日，隆重举行公祭典礼。

1937 年 8 月 13 日，日军袭击淞沪，李根源与张一麐又立即组成各界抗敌后援会，开设医院，救护伤员、收容难民。两人倡议组织“老子军”，发布宣言和相关规则。8 月 15 日，李根源与张一麐等冒着生命危险，径往前线劳军，与冯玉祥、张治中、张发奎、杨虎等抗日将领相会，先后收葬 1200 余具阵亡将士遗骸于英雄冢。后因英雄冢墓地有限，李根源出面与明末探花陈仁锡后裔商量，找到灵岩山西石码头五龙公墓东侧一块墓地续葬。11 月 5 日，他躬亲运送忠骸 82 棺至此，率乡民学生万人，披麻致祭，负土安葬，并赋《奉安东战场阵亡将士忠骸》五言绝句。

英雄冢坐西向东，封土高近 2 米，东西长 28 米，南北宽 7 米。左右两侧各立一碑，左碑阴刻李根源书古隶“英雄冢”三字，旁刻碑记云：“中华民国二十年九月十八日，日本陷我辽东三省。明年一月二十八日，复犯我上海，我十九路、第五路与之浴血鏖战，至三月一日援兵不至。日寇潜渡浏河，我军腹背受敌，二日全军退昆山。是役也，战死者万余人，舁葬于苏州善人桥马冈山七十八人。著姓氏于碑，题曰英雄冢。中华民国二十二年四月朔日，腾冲李根源题书。”碑后刻吴伟业所书抗日阵亡78名战士英名。右碑阳刻张治中将军题书“气作山河”四个径尺大字，阴刻张治中所撰碑文：“李印泉先生在苏集前第十九路军及我第五军上海抗日一役殉国将士骸骨，凡七十八具，葬于马冈山之麓，命名为英雄冢。以治中曾忝附其役属题。自维当时制敌无术，书此不觉愧悲交集，泪下如绠矣。中央陆军军官学校教育长、前第五军军长张治中。”碑阴刻有奉化俞济时篆书和北路第四军第三纵队指挥官、陆军第十八师师长王敬久楷书题记各一段，表彰并铭记英烈为保卫民族而不惜牺牲之精神。

1986年，马冈山英雄冢被列为吴县文物保护单位。

1949年中国人民解放军第三野战军政治部设在木渎

1949年4月27日苏州解放后，中国人民解放军第三野战军继续向上海方面挺进，对上海形成强大攻势。5月11日，第三野战军政治部移驻于木渎。政治部主任唐亮、副主任钟期光等领导住在木渎下塘街7号。房主薛根林热诚欢迎解放军的到来，将自家所住的第一排三大间房屋迅速腾让出来，全家动手打扫得干干净净，让解放军住下。当时政治部首长住在左厢房，右厢房住的是顾秘书，堂屋中间住有10名战士，其中有2名炊事员。为了给政治部首长提供一个安全宁静的工作环境，薛根林不让家人尤其是小孩到解放军住处附近大声戏闹；而且对看到、听到政治部的一些有关情况，从不向外透露。有一次，薛家后园的门不见了，房主怕不安全，及时四处查寻，找了回来，马上把后门安装好。

政治部所属负责电信工作的解放军人数较多，住在附近的下塘街3号，房主邱天宝也主动腾出两大间房屋让解放军居住。为了解决解放军召开会议的需要，下塘房主顾赞

第三野战军政治部驻所（1996 年）

康将自家的大客厅等三间房屋腾让出来，专作解放军开会用。第三野战军司令部有关首长从苏州到木渎时，均到此客厅与政治部有关领导人员会晤议事、休息。

在此期间，木渎镇上的严和美、吴昌记等米行及时筹集大米 3.5 万公斤作为军粮，满足了前线作战部队的食粮需要。

15 日，政治部主任唐亮在木渎主持召开上海市军事接管委员会第三次会议，研究上海军管事宜，做出 19 条决议，为接管上海奠定了基础。5 月 25 日上海解放在即，政治部领导及机关人员离开木渎。

1977 年木渎石匠参与北京毛主席纪念堂石料工程

1976 年 10 月，中共中央决定在北京建造毛主席纪念堂。经毛主席纪念堂工程总指挥部副总指挥、北京建筑工艺雕塑厂厂长方海根（苏州枫桥人，金山石匠出身）的建议，并根据吴县选送的样石检验结果，同意选用金山、藏书、枫桥三地的花岗石。

吴县承担纪念堂南、北甬道石料工程，其中，北甬道与人民英雄纪念碑台阶相接，长54米、宽30米；南甬道向前门延伸，长59米、宽30米，另有30米宽踏步6级。两甬道总长113米，建筑面积3870平方米，有大小不同规格的石料39种、4359块，成品石料总重量3020.8吨。石料质量要求石色一致，斑纹匀称，无隐缝，无白矾带，无“青胖块”；细加工要求正面及四侧上半部全部甲级錾细，底面及四侧下半部则丙级双细（无糙粒），錾光平面之误差在两毫米之内，錾细部位及线脚口角不允许有超过一毫米的凹陷缺口。

1977年2月初，成立毛主席纪念堂吴县石料工程总指挥部，将其列为“一号工程”，分别下达任务（其中金山1908块、藏书2224块），金山、藏书、枫桥相应建立分指挥部和领导小组。2月7日，三地分别召开由710人、1100多人、640人参加的“毛主席纪念堂石料工程献红心动员大会”，并建立采石、细石加工、雕刻、下水、搬运等组。会后，三地调集全社工匠分别在金山寿桃山宕、仙人宕，藏书庙山宕（后因石色变化，移至天池山牛头岭3号、4号宕，取名“太阳山”），枫桥乌龟山宕、田鸡山5号宕开始采石。

工程石料大，数量多，时间紧，任务重，指挥部决定实行“三八”班作业。细石工匠挑灯夜战，每天工作长达16小时以上，工人以工地为家，场面动人，事迹感人。工

石料开采现场（1977年）

程期间，人人参与，八方支援，吴县铜矿、铁矿、交通局运输公司直接参加运输设备的安装、架设以及石料的装运；华东电业局保证对宕口及加工工地夜以继日供电；村民在农忙时节赶搓草绳数万公斤，供石料包装之用；当地驻军、学校师生、共青团员、民兵以及吴县石灰氮厂、吴县制氧机厂的干部工人纷纷至工地自发开展平整路基、挑泥做路等义务劳动，累计 3000 多人次。

4 月 23 日，藏书分指挥部召开 1000 多人参加的毛主席纪念堂石料工程太阳山会战誓师大会；金山、枫桥公社组织近 200 名细石工支援太阳山大会战；工地上 400 多名细石工各显技艺，工作时间延长至 24 小时。5 月 3 日上午，全部工程所需石料的开采、加工任务完成。次日，最后一批石料在藏书篁村市桥下水装船，由苏州郊区水上派出所汽艇引航，民兵武装押运，运抵苏州火车站。

5 月 3 日，藏书、金山、枫桥三地石厂选派吴登林、钱兴宝、钟明元、钟龙生、张金和尚、沈才生、包文才、周彩宝、李根元、柳水根、张火根、祖兴宝、朱林祥、杜杏根、徐岳明 15 名细匠，由藏书公社的许根土带队赴京参加现场安装。6 月 19 日竣工，工人返回。

2001 年江苏首家（金星）村股份合作社成立

2001 年 8 月 26 日成立的金星村股份合作社，是江苏省首家村股份合作社。合作社经过前期准备、清产核资、股权界定、折股量化、章程制定、社员代表产生 6 个阶段。从 2001 年 1 月起，由市、区、镇农办、经管办组织村级领导向先进单位学习考察，并结合实际，制定计划方案，重点做好资产确定、户籍排摸及劳动力变动情况，拟定股权界定、折股量化办法及合作社章程草案，向上级党委呈报试点方案，以获得批准。2001 年 6 月完成村级集体资产清理核实后，聘请苏州市永信会计师事务所对村级集体资产进行评估，评估基准日至 2001 年 5 月 31 日止。评估核实：该村拥有集体净资产总额为

4295.44万元，其中，实物性净资产为2643.05万元，占61.53%；村办公、商业用地使用权折价1652.39万元，占38.47%。

股权设集体股和个人分配股两类，其中，集体股占总股本的8%，持股者为村经济（股份）合作社；个人分配股（包括基本股、享受股和现职村班干部分配股3种）占总股本的92%，持股者为村民（社员）个人。首先要定享受对象，即截至2001年6月30日，户籍在本村年满18周岁以上村民，截止日以后新增及原有户籍人员不再分配股份。经民主评议，初步确定总股股份为527.98股，其中，集体股为42股，个人分配股为485.98股，其中419名户籍在村内的18周岁以上村民享受每人1股的基本股，125人为职在股在、职离股消的现职干部分配股，及8种对象18项内部照顾享受股，加上占8%的集体分配股，股份合作社设定的总股为513.8股。同时对4295.44万元村集体经营性净资产按513.8股折股量化给村民，每股净资产83601元。规定股份合作社每年净收益的60%左右用于积蓄，30%~40%用于按股分红，起点为每年每股826元。明确股权暂不得继承、转让，不得买卖、抵押，不得退股提现。

在此基础上，制定《木渎镇金星村股份合作社章程》，共8章25条。2001年8月26日召开成立大会，经40名村民代表无记名投票、选举产生金星村股份合作社董事会、监事会成员，200多户农户领到了村股份合作社股权证。

村股份合作社的建立，在一定程度上解决了农村集体资产管理中普遍存在的产权主体缺位、民主监督不到位等体制性缺陷，拓宽了集体经济发展思路，有利于集体资产的

金星村股份合作社成立（2001年）

保值增值。折股量化到人，使进入城镇的农民成为“股民”，股份分红成为农民收益的组成部分，“人人有股份，年年有分红”，直接促进农民的增收，有利于增强基层组织的号召力和凝聚力。

2017 年 12 月，金星村股份合作社拥有集体资产 6 亿元，其中有工业小区 4 个，标准工业厂房 16.98 万平方米，三产用房 4.45 万平方米，年净收益 2200 万元，用于村民的分红超过 500 万元。合作社给村民分红总数为 2724.86 万元，人均每股 60279 元，户均（2.5 股）150697.5 元。

藏书镇的设立与撤销

1950 年 3 月，置善桥镇和天池、藏书、焦山 3 乡，归木渎区管辖。1953 年 5 月，善人桥改镇为乡，仍隶属木渎区。1954 年 9 月，善桥、天池、藏书、焦山 4 个乡划归苏州市郊区管辖。1956 年 1 月，焦山、藏书乡合并为藏书乡，善桥、天池乡合并为善桥乡。1957 年 12 月，藏书乡、善桥乡合并，定名藏书乡，总面积 40.53 平方千米，乡政府驻善人桥集镇。1958 年 8 月，藏书乡复归吴县管辖（不设区）。1958 年 9 月 27 日成立藏书人民公社，下设向前（五峰）、前锋、建丰（后分设勤丰）、永丰、繁荣、合丰、社光、兴奋（后分设农林）、解放（后分设生建）、永新、民主、东方、天池、篁村、官桥 15 个生产大队、205 个生产小队。1968 年 4 月，建立公社革命委员会。

1983 年 7 月恢复乡建制，藏书人民公社管理委员会改为藏书乡人民政府。生产大队改为村，生产小队改为组。1993 年 6 月撤乡建镇，实行镇管村体制。1998 年，被江苏省农林厅、省花木协会命名为“花木之乡”。2000 年年末，藏书镇辖 1 个居民委员会和五峰、前锋、勤丰、建丰、永丰、繁荣、合丰、社光、兴奋、农林、解放、生建、永新、民主、东方、天池、篁村、官桥 18 个行政村、230 个村民小组、155 个自然村。2002 年，曾被江苏省文化厅命名为“民间工艺之乡——石雕之乡”。

原藏书镇政府大院（2017 年）

2006 年 9 月 25 日，藏书镇撤销。230 省道以北地区，包括藏东村（五峰）、藏北村（天池）和藏中村的一半、藏书社区（善人桥集镇）并入木渎镇，计有 27.29 平方千米、83 个自然村、121 个村民小组，5097 户、17477 人；同时设立藏书办事处（正科级建制）。230 省道以南，绕城高速公路以西地区，包括穹窿、接驾社区划入穹窿山风景区，计有 10.53 平方千米、21 个自然村，47 个村民小组，1216 户、4625 人。230 省道以南，绕城高速公路以东地区包括合丰村、采香泾村划入胥口镇，计有 8 平方千米、32 个自然村，62 个村民小组，1810 户、7243 人。

2009 年木渎春秋古城遗址考古发现

2009 年，中国社会科学院考古研究所与苏州市考古研究所联合在木渎西部地区开展大规模考古调查，经过一年多的发掘，基本确定了木渎春秋古城遗址的年代和范围。该遗址考古发现被评为2010年度全国十大考古新发现。

木渎春秋古城址位于木渎山间盆地内，包括木渎镇、胥口镇和穹窿山风景区部分地区，四周山脉环绕，由四个山口与外相通。城址呈不规则形状，城墙大致沿盆地边缘而建，其中南北两道城墙之间相距约6728米。北城墙位于五峰村一带，残长1150米。城墙横截面呈梯形，上宽12.9~15.35米，底宽22.3~22.35米，现存最高处3.2米，堆筑而成。外侧城壕与城墙的走向一致，宽约15米，总长约1050米。另发现一处水门遗存，豁口处水道宽约13米。南城墙位于新峰村一带，城墙总体呈东西走向，总长约560米，在西端有一豁口，由此处城墙拐向南，形成“两墙夹一河”的布局。向南延伸部分城墙长约360米。城墙现存地表墙宽15~45米，也是堆筑而成。两段城墙之间的河道宽12.3~13.9米，东北段呈东北—西南流向，南段拐为南北流向。河道内淤积层出土物包括印纹陶片、瓦片、铜镞、原始瓷碗、陶钵、木构件等遗物，显示其使用时期为春秋晚期。已钻探发现的河道总长约850米。南城墙外东南侧发现淤土堆积，北边缘与城墙大致平行，南侧通向太湖。初步推断此片水面与城墙同时，即在城墙修建和使用时，在城墙的东侧、南侧分布着大片的天然水面，即为城址东南侧的自然界限。盆地东部的刘庄木东公路附近和西部的堰头村一带分布有推测为东、西城墙的遗迹，相距约6820米。

古城内还在合丰村一带发现一座小城址，呈圆角长方形，东西长约460米，南北宽约430米，面积约19万平方米。多座土墩位于城址的北侧和东侧，呈一线分布，构成小城的城墙，长约600米。城墙外侧有环绕城壕。马巷上一带有大面积的石器作坊遗址，可见陶片与大量石制品半成品、成品等。廖里、横泾巷、上堰头村一带分布着东周时期遗址，其中在廖里地点的发掘发现东周时期和马桥时期的遗存。

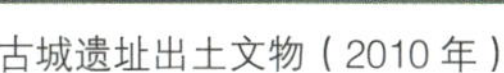
古城遗址出土文物（2010年）

木渎春秋古城遗址考古发掘（2010 年）

据调查，城内尚存土墩遗址 235 处，分布在五峰、新峰、廖里和合丰等村，形状高度不一。在不少土墩的堆积中，采集到东周时期的几何印纹陶片、原始瓷片等遗物。其中，D157 发掘发现东周时期建筑基址的线索，结合南水门河道内出土的板瓦残片、木构件等，可以认定城内原有大型建筑基址。

依据考古调查和发掘的城墙、城门、护城河、建筑基址、手工业作坊遗址、一般居址、墓葬、窖藏等各类遗存的年代、等级与性质的研究及对由各类遗存所构成的聚落群的综合分析，可初步确认木渎古城是一座春秋晚期具有都邑性质的大型城址。

木渎春秋古城遗址的发现，解开了苏州一带东周时期大规模、高等级聚落群的核心遗址在哪里的谜题，为春秋晚期吴国都城的探索提供了重要的证据。城址规模大，遗存丰富，为东南地区两周时期的考古学文化研究提供了一个关键基点，进而为深入探讨吴越地区诸多历史问题提供了重要的考古资料。

木渎春秋古城遗址（2010 年）

2014 年木渎被列为“强镇扩权”改革试点单位

2014 年 11 月，根据江苏省及苏州市《经济发达镇行政管理体制改革试点工作指导意见》，木渎镇被列入苏州市“强镇扩权”改革试点单位，赋予木渎镇部分县（区）级经济社会管理权限。按副县级管理，明确镇政府为经济社会管理权限实施主体。建立权责明确、行为规范、公正透明、廉洁高效的镇行政管理体制和运行机制，增强木渎镇统筹协调、自主决策、依法行政与公共服务的能力。

区政府及有关部门依法直接将部分权力（除行政许可、行政处罚外）交由木渎镇行使。区级行政执法机关和木渎镇政府签订委托执法协议书，明确委托执法范围。镇政府严格按照法定执法程序，使用委托行政执法机关的法律文书，从事受委托执法事项的执法活动。通过健全执法信息共享、执法联席会议、联合执法队伍、案件首接负责等制度，建立起分工明确、责任到位、优势互补的联合执法体系，形成城乡一体、上下结合的执法格局。工商、税务、公安、国土资源、环保等区级政府部门在木渎镇的派出机构实现管理下移，现场办理，分片管理。

区政府赋予木渎镇发展决策、项目审批、社会管理、综合执法和检查特许等 13 个方面 44 项行政管理事项及权限，以委托、交办等形式交由木渎镇行使。实行镇级财政增量分享，对镇级财政当年地方财政收入比核定收入基数增收部分原则上全额留镇使用。在木渎镇范围内收取的规定经费和土地出让金地方留成部分，原则上按规定全额用于木渎相关项目与事务。镇主要负责人享受副县（区）级待遇。垂直部门派驻机构年度考核及主要领导任免须事先征求木渎镇党委意见。新增用地指标向木渎镇倾斜，对符合条件的项目，优先解决用地指标。木渎镇通过复垦、造地等途径增加的土地指标全部留镇使用，使用有结余的由市、区优先收购。镇非农建设项目占用耕地不能实现占补平衡的，在本区域范围内实行异地补充。

木渎镇由乡镇科级建制提升为副县（处）级建制，形成“七局二办一中心”内设机构格局。

2016年设立穹窿山（藏书）风景管理区

穹窿山是吴中第一名山，然而因行政管理体制分散，长期以来得不到充分开发利用，以致缺失于1982年国务院公布的13个太湖风景名胜区之列。

90年代起，穹窿山名胜古迹逐步重新恢复。为更好地保护挖掘、开发利用穹窿山丰富的自然资源和人文资源，科学、有序地发展旅游产业，2006年苏州市吴中区人民政府决定设立穹窿山风景管理区，范围为原藏书镇230省道以南、绕城高速以西区域，面积10.53平方千米，并成立风景管理区管理委员会，下辖穹窿、接驾2个社区。

管理委员会职能是风景管理区的规划、建设、管理；景点的恢复和新建的工程管理；旅游资源的保护挖掘、开发利用、营销推介、广告策划；森林资源及环境的保护；景区一、二、三产的经营管理；社会事务管理和新农村建设等工作。内设党政办、经济和旅游发展办、社会事务办、财务和资产管理办、党建科，下属2个事业单位：孙武书院、旅游管理综合服务中心。

穹窿山风景管理区设立后，抓基础，抓产业，抓服务，修筑了全长12千米的盘山公路，蜿蜒曲折，直达山顶，贯穿各个景点。恢复与兴建了望湖园、宁邦寺、万鸟园、孙武文化园等景点。成功打造孙子兵法文化旅游节、“苏州穹窿山兵圣杯”世界女子围棋锦标赛、“穹窿山·行走的格桑花”、健康养生文化节等品牌。2013年，穹窿山风景管理区获评国家AAAAA级旅游景区。2016年11月，管理区由木渎镇代管，改设穹窿山（藏书）风景管理区。2017年9月，原穹窿山风景管理区撤销，正式划归木渎镇。2017年年底，管理区总人口5284人，完成全口径财政收入5112.33万元，公共财政预算收入2699.45万元，全年接待游客128万人次，实现旅游综合收入5900.32万元。

主要参考文献

〔唐〕陆广微著:《吴地记》,江苏地方文献丛书,江苏古籍出版社,1986年。

〔宋〕朱长文撰:《吴郡图经续记》,江苏地方文献丛书,江苏古籍出版社,1986年。

〔宋〕范成大撰:《吴郡志》,江苏地方文献丛书,江苏古籍出版社,1986年。

〔明〕卢熊著,苏州市地方志办公室编:《〔洪武〕苏州府志》,明洪武十二年(1379)刻本,广陵书社,2015年。

〔明〕王鏊撰:《姑苏志》,明正德元年(1506)刻本。

〔明〕杨循吉撰:《金山杂志》,《广百川学海》刻本;《吴中小志丛刊》,广陵书社,2004年。

〔明〕赵宧光撰:《寒山志》,清抄本;《吴中小志丛刊》,广陵书社,2004年。

〔清〕吴伟业、向球纂修:《穹窿山志》,清康熙十年(1671)刻本。

〔清〕宋如林等修,石韫玉纂:《〔道光〕苏州府志》,清道光四年(1824)刻本,江苏古籍出版社,1991年影印。

〔清〕李铭皖等修,冯桂芬纂:《〔同治〕苏州府志》,清光绪八年(1882)江苏书局刻本,江苏古籍出版社,1991年影印。

张郁文辑:《木渎小志》,1921年苏州华兴印书局铅印。

李根源撰:《吴郡西山访古记》,1929年曲石精庐李氏家木刻本。

曹允源、李根源等纂修:民国《吴县志》,1933年铅印本影印。

释妙真、张一留编:《灵岩山志》,1948年铅印本。

吴县经济委员会编:《吴县工业志》,上海社会科学院出版社,1993年。

《木渎镇志》编纂委员会编:《木渎镇志》,上海社会科学院出版社,1999年。

《藏书镇志》编纂委员会编:《藏书镇志》,古吴轩出版社,2004年。

李嘉球著:《穹窿山名胜与名人》，上海书店出版社，2015 年。

李嘉球编著:《姑苏城西是“天堂”——苏州木渎名人冢墓录》，古吴轩出版社，2016 年。

编纂始末

木渎自古有修志的优良传统。早在北宋时期，朱长文就撰有《琴台志》，记述灵岩山的历史与文化。明代，冯翼编成《渎上篇》4卷，记载木渎的历史、人物、风俗等。明清时期，山志、寺志编纂成为木渎文化的一大特色，先后有《金山杂志》《天平志》《寒山志》《尧峰山志》《灵岩山志》《灵岩纪略》《穹窿山志》《灵岩志略》《横山志略》《灵岩新书》《灵岩崇报禅寺小志》《韩蕲王祠墓志》等问世，其中记述灵岩山的志书有5部，不同版本的《穹窿山志》有4部、不同版本的《尧峰山志》有3部，面广量多，堪称全国乡镇之最。

1921年，张郁文所辑的《木渎小志》由苏州华兴印书局铅印问世，首次全面、系统记述了木渎的建置、区划、山水、古迹、人物、寺观、祠庙、冢墓、物产、风俗、艺文、杂志、题咏等内容，成为真正意义上的木渎地方志。80年代后期起，木渎开始新方志编写工作，多家县属企业先后编写了厂志（内部印刷）。1999年1月，潘泽苍主编的《木渎镇志》出版；2004年8月，周土龙主编的《藏书镇志》出版，实现木渎辖区地方志的全覆盖。

2015年7月，木渎镇申报中国名镇志文化工程，获得江苏省地方志编纂委员会办公室的批准。同年9月，成立《木渎镇志》编纂委员会和编写组。《中国名镇志丛书·木渎镇志》的编写分为两个阶段：2015年9月至2017年6月为第一阶段。编写组人员有黄林森、肖林生、陈军、殷建平、万鸣忠、周土龙等11人，并任命了主编、副主编，曾经数易其稿。2017年7月至2019年正式出版为第二阶段。特聘苏州文史、方志专家李嘉球担任主编，重新调整纲目，重新搜集资料、增补内容，并将志书下限由2015年12月延伸至2017年12月。编写组人员有万鸣忠、周土龙、陈军。2018年1月、5月、7月，先后完成《中国名镇志丛书·木渎镇志》初稿、二稿、复审稿。经市、区两级方志专家3次评审，不断修改完善，于9月形成终审稿，进入省级终审程序。同年10月30日，江苏省地方志编纂委员会办公室、苏州市地方志办公室、吴中区地方志办公室联合组成专家组对终审稿进行评审，顺利通过评审验收。编写组认真吸收专家的意见，再次对志稿进行修改、补充。凡四订纲目，六易其稿，最终于12月完成全部志稿。

木渎镇党委、政府高度重视中国名镇志文化工程，主要领导多次关心《中国名镇志丛书·木渎镇志》编纂工作。宣传委员顾国培具体分管后，勇于担当，抓紧抓实，对镇志编纂工作进行摸底调查，及时调整工作思路和方法，主动与苏州市、吴中区地方志办公室的领导沟通，在镇主要领导的支持下，采用外聘专家的形式，加快了编写进程，从而确保高质量地完成《中国名镇志丛书·木渎镇志》编纂任务。

李嘉球负责《中国名镇志丛书·木渎镇志》纲目的设计、调整和全志文字（除园林古镇、古镇保护、藏书羊肉外）的撰写、修改、补充、润色，以及志书图片的设计、编辑工作。万鸣忠、周土龙两位老同志克服各种困难，积极配合主编搜集资料，认真阅校志稿。钱桂锋、陆珮琳负责全志图片的搜集、整理工作。志书图片摄影及提供者有钱桂锋、张炎龙等42人，参与志书编务工作的有马崇仪等7人，对他们的支持和帮助表示真诚的谢意。

为了保持历史的延续性，本志统合古今，不设上限，下限至2017年12月。记述地域范围以2017年木渎镇辖区为准，如实记载所涉及的历史变迁。

《中国名镇志丛书·木渎镇志》的编纂出版，得到中国地方志指导小组办公室、江苏省地方志办公室、苏州市地方志办公室、吴中区地方志办公室的高度重视，并给以热诚指导与支持，同时也得到社会各界的大力支持。在此，谨致以最衷心的感谢！

因编纂时间仓促，掌握的资料有限，编写水平不够，在编纂中难免会有疏漏和错误，敬请各级领导、方志专家、社会各界以及广大读者批评指正。

编　者

2019年3月